中华优秀传统文化在现代管理中的创造性转化与创新性发展工程
"中华优秀传统文化与现代管理融合"丛书

"四书"修身管理研究

吴通福◎著

企业管理出版社
ENTERPRISE MANAGEMENT PUBLISHING HOUSE

图书在版编目（CIP）数据

"四书"修身管理研究 / 吴通福著. -- 北京 : 企业管理出版社, 2024. 12. --（"中华优秀传统文化与现代管理融合"丛书）. -- ISBN 978-7-5164-3206-8

Ⅰ．B222.15；B825

中国国家版本馆CIP数据核字第20250M8L43号

书　　名：	"四书"修身管理研究
书　　号：	ISBN 978-7-5164-3206-8
作　　者：	吴通福
责任编辑：	于湘怡
特约设计：	李晶晶
出版发行：	企业管理出版社
经　　销：	新华书店
地　　址：	北京市海淀区紫竹院南路17号　　邮　　编：100048
网　　址：	http://www.emph.cn　　电子信箱：1502219688@qq.com
电　　话：	编辑部（010）68701661　　发行部（010）68417763　68414644
印　　刷：	北京联兴盛业印刷股份有限公司
版　　次：	2025年1月第1版
印　　次：	2025年1月第1次印刷
开　　本：	710mm×1000mm　1/16
印　　张：	17.5
字　　数：	217千字
定　　价：	98.00元

版权所有　翻印必究 · 印装有误　负责调换

编 委 会

主　任：朱宏任　中国企业联合会、中国企业家协会党委书记、常务副会长兼秘书长
副主任：刘　鹏　中国企业联合会、中国企业家协会党委委员、副秘书长
　　　　孙庆生　《企业家》杂志主编
委　员：（按姓氏笔画排序）
　　　　丁荣贵　山东大学管理学院院长，国际项目管理协会副主席
　　　　马文军　山东女子学院工商管理学院教授
　　　　马德卫　山东国程置业有限公司董事长
　　　　王　伟　华北电力大学马克思主义学院院长、教授
　　　　王　庆　天津商业大学管理学院院长、教授
　　　　王文彬　中共团风县委平安办副主任
　　　　王心娟　山东理工大学管理学院教授
　　　　王仕斌　企业管理出版社副社长
　　　　王西胜　广东省蓝态幸福文化公益基金会学术委员会委员，菏泽市第十五届政协委员
　　　　王茂兴　寿光市政协原主席、关工委主任
　　　　王学秀　南开大学商学院现代管理研究所副所长
　　　　王建军　中国企业联合会企业文化工作部主任
　　　　王建斌　西安建正置业有限公司总经理
　　　　王俊清　大连理工大学财务部长
　　　　王新刚　中南财经政法大学工商管理学院教授
　　　　毛先华　江西大有科技有限公司创始人
　　　　方　军　安徽财经大学文学院院长、教授
　　　　邓汉成　万载诚济医院董事长兼院长

冯彦明	中央民族大学经济学院教授
巩见刚	大连理工大学公共管理学院副教授
毕建欣	宁波财经学院金融与信息学院金融工程系主任
吕　力	扬州大学商学院教授，扬州大学新工商文明与中国传统文化研究中心主任
刘文锦	宁夏民生房地产开发有限公司董事长
刘鹏凯	江苏黑松林粘合剂厂有限公司董事长
齐善鸿	南开大学商学院教授
江端预	株洲千金药业股份有限公司原党委书记、董事长
严家明	中国商业文化研究会范蠡文化研究分会执行会长兼秘书长
苏　勇	复旦大学管理学院教授，复旦大学东方管理研究院创始院长
李小虎	佛山市法萨建材有限公司董事长
李文明	江西财经大学工商管理学院教授
李景春	山西天元集团创始人
李曦辉	中央民族大学管理学院教授
吴通福	江西财经大学中国管理思想研究院教授
吴照云	江西财经大学原副校长、教授
吴满辉	广东鑫风风机有限公司董事长
余来明	武汉大学中国传统文化研究中心副主任
辛　杰	山东大学管理学院教授
张　华	广东省蓝态幸福文化公益基金会理事长
张卫东	太原学院管理系主任、教授
张正明	广州市伟正金属构件有限公司董事长
张守刚	江西财经大学工商管理学院市场营销系副主任
陈　中	扬州大学商学院副教授
陈　静	企业管理出版社社长兼总编辑
陈晓霞	孟子研究院党委书记、院长、研究员
范立方	广东省蓝态幸福文化公益基金会秘书长

范希春	中国商业文化研究会中华优秀传统文化传承发展分会专家委员会专家
林　嵩	中央财经大学商学院院长、教授
罗　敏	英德华粤艺术学校校长
周卫中	中央财经大学中国企业研究中心主任、商学院教授
周文生	范蠡文化研究（中国）联会秘书长，苏州干部学院特聘教授
郑俊飞	广州穗华口腔医院总裁
郑济洲	福建省委党校科学社会主义与政治学教研部副主任
赵德存	山东鲁泰建材科技集团有限公司党委书记、董事长
胡国栋	东北财经大学工商管理学院教授，中国管理思想研究院院长
胡海波	江西财经大学工商管理学院院长、教授
战　伟	广州叁谷文化传媒有限公司 CEO
钟　尉	江西财经大学工商管理学院讲师、系支部书记
宫玉振	北京大学国家发展研究院发树讲席教授、BiMBA 商学院副院长兼 EMBA 学术主任
姚咏梅	《企业家》杂志社企业文化研究中心主任
莫林虎	中央财经大学文化与传媒学院学术委员会副主任、教授
贾旭东	兰州大学管理学院教授，"中国管理 50 人"成员
贾利军	华东师范大学经济与管理学院教授
晁　罡	华南理工大学工商管理学院教授、CSR 研究中心主任
倪　春	江苏先锋党建研究院院长
徐立国	西安交通大学管理学院副教授
殷　雄	中国广核集团专职董事
凌　琳	广州德生智能信息技术有限公司总经理
郭　毅	华东理工大学商学院教授
郭国庆	中国人民大学商学院教授，中国人民大学中国市场营销研究中心主任

唐少清	北京联合大学管理学院教授，中国商业文化研究会企业创新文化分会会长
唐旭诚	嘉兴市新儒商企业创新与发展研究院理事长、执行院长
黄金枝	哈尔滨工程大学经济管理学院副教授
黄海啸	山东大学经济学院副教授，山东大学教育强国研究中心主任
曹振杰	温州商学院副教授
雪　漠	甘肃省作家协会副主席
阎继红	山西省老字号协会会长，太原六味斋实业有限公司董事长
梁　刚	北京邮电大学数字媒体与设计艺术学院副教授
程少川	西安交通大学管理学院副教授
谢佩洪	上海对外经贸大学学位评定委员会副主席，南泰品牌发展研究院首任执行院长、教授
谢泽辉	广东铁杆中医健康管理有限公司总裁
谢振芳	太原城市职业技术学院教授
蔡长运	福建林业技术学院教师，高级工程师
黎红雷	中山大学教授，全国新儒商团体联席会议秘书长
颜世富	上海交通大学东方管理研究中心主任

总编辑： 陈　静
副总编： 王仕斌
编　辑：（按姓氏笔画排序）

于湘怡　尤　颖　田　天　耳海燕　刘玉双　李雪松　杨慧芳
宋可力　张　丽　张　羿　张宝珠　陈　戈　赵喜勤　侯春霞
徐金凤　黄　爽　蒋舒娟　韩天放　解智龙

序 一

以中华优秀传统文化为源　启中国式现代管理新篇

中华优秀传统文化形成于中华民族漫长的历史发展过程中，不断被创造和丰富，不断推陈出新、与时俱进，成为滋养中国式现代化的不竭营养。它包含的丰富哲学思想、价值观念、艺术情趣和科学智慧，是中华民族的宝贵精神矿藏。党的十八大以来，以习近平同志为核心的党中央高度重视中华优秀传统文化的创造性转化和创新性发展。习近平总书记指出"中华优秀传统文化是中华民族的精神命脉，是涵养社会主义核心价值观的重要源泉，也是我们在世界文化激荡中站稳脚跟的坚实根基"。

管理既是人类的一项基本实践活动，也是一个理论研究领域。随着社会的发展，管理在各个领域变得越来越重要。从个体管理到组织管理，从经济管理到政务管理，从作坊管理到企业管理，管理不断被赋予新的意义和充实新的内容。而在历史进程中，一个国家的文化将不可避免地对管理产生巨大的影响，可以说，每一个重要时期的管理方式无不带有深深的文化印记。随着中国步入新时代，在管理领域实施中华优秀传统文化的创造性转化和创新性发展，已经成为一项应用面广、需求量大、题材丰富、潜力巨大的工作，在一些重要领域可能产生重大的理论突破和丰硕的实践成果。

第一，中华优秀传统文化中蕴含着丰富的管理思想。中华优秀传统文化源远流长、博大精深，在管理方面有着极为丰富的内涵等待提炼和转化。比如，儒家倡导"仁政"思想，强调执政者要以仁爱之心实施管理，尤其要注重道德感化与人文关怀。借助这种理念改善企业管理，将会推进构建和谐的组织人际关系，提升员工的忠诚度，增强其归属感。又如，道家的"无为而治"理念延伸到今天的企业管理之中，就是倡导顺应客观规律，避免过度干预，使组织在一种相对宽松自由的环境中实现自我调节与发展，管理者与员工可各安其位、各司其职，充分发挥个体的创造力。再如，法家的"法治"观念启示企业管理要建立健全规章制度，以严谨的体制机制确保组织运行的有序性与规范性，做到赏罚分明，激励员工积极进取。可以明确，中华优秀传统文化为现代管理提供了多元的探索视角与深厚的理论基石。

第二，现代管理越来越重视文化的功能和作用。现代管理是在人类社会工业化进程中产生并发展的科学工具，对人类经济社会发展起到了至关重要的推进作用。自近代西方工业革命前后，现代管理理念与方法不断创造革新，在推动企业从传统的小作坊模式向大规模、高效率的现代化企业，进而向数字化企业转型的过程中，文化的作用被空前强调，由此衍生的企业使命、愿景、价值观成为企业发展最为强劲的内生动力。以文化引导的科学管理，要求不仅要有合理的组织架构设计、生产流程优化等手段，而且要有周密的人力资源规划、奖惩激励机制等方法，这都极大地增强了员工在企业中的归属感并促进员工发挥能动作用，在创造更多的经济价值的同时体现重要的社会价值。以人为本的现代管理之所以在推动产业升级、促进经济增长、提升国际竞争力等方面须臾不可缺少，是因为其体现出企业的使命不仅是获取利润，更要注重社会责任与可持续发展，在环境保护、社会公平等方面发挥积极影响力，推动人类社会向着更加文明、和谐、包容、可持续的方向迈进。今天，管理又面临数字技术的挑战，更加需要更多元的思想基础和文化资源的支持。

第三，中华优秀传统文化与现代管理结合研究具有极强的必要性。随着全球经济一体化进程的加速，文化多元化背景下的管理面临着前所未有的挑战与机遇。一方面，现代管理理论多源于西方，在应用于本土企业与组织时，往往会出现"水土不服"的现象，难以充分契合中国员工与生俱来的文化背景与社会心理。中华优秀传统文化所蕴含的价值观、思维方式与行为准则能够为现代管理面对中国员工时提供本土化的解决方案，使其更具适应性与生命力。另一方面，中华优秀传统文化因其指导性、亲和性、教化性而能够在现代企业中找到新的传承与发展路径，其与现代管理的结合能够为经济与社会注入新的活力，从而实现优秀传统文化在企业管理实践中的创造性转化和创新性发展。这种结合不仅有助于提升中国企业与组织的管理水平，增强文化自信，还能够为世界管理理论贡献独特的中国智慧与中国方案，促进不同文化的交流互鉴与共同发展。

近年来，中国企业在钢铁、建材、石化、高铁、电子、航空航天、新能源汽车等领域通过锻长板、补短板、强弱项，大步迈向全球产业链和价值链的中高端，成果显著。中国企业取得的每一个成就、每一项进步，离不开中国特色现代管理思想、理论、知识、方法的应用与创新。中国特色的现代管理既有"洋为中用"的丰富内容，也与中华优秀传统文化的"古为今用"密不可分。

"中华优秀传统文化与现代管理融合"丛书（以下简称"丛书"）正是在这一时代背景下应运而生的，旨在为中华优秀传统文化与现代管理的深度融合探寻路径、总结经验、提供借鉴，为推动中国特色现代管理事业贡献智慧与力量。

"丛书"汇聚了中国传统文化学者和实践专家双方的力量，尝试从现代管理领域常见、常用的知识、概念角度细分开来，在每个现代管理细分领域，回望追溯中华优秀传统文化中的对应领域，重在通过有强大生命力的思想和智慧精华，以"古今融会贯通"的方式，进行深入研究、探索，以期推出对我国现代管理有更强滋养力和更高使用价值的系列成果。

文化学者的治学之道，往往是深入研究经典文献，挖掘其中蕴含的智慧，并对其进行系统性的整理与理论升华。据此形成的中华优秀传统文化为现代管理提供了深厚的文化底蕴与理论支撑。研究者从浩瀚典籍中梳理出优秀传统文化在不同历史时期的管理实践案例，分析其成功经验与失败教训，为现代管理提供了宝贵的历史借鉴。

实践专家则将传统文化理念应用于实际管理工作中，通过在企业或组织内部开展文化建设、管理模式创新等实践活动，检验传统文化在现代管理中的可行性与有效性，并根据实践反馈不断调整与完善应用方法。他们从企业或组织运营的微观层面出发，为传统文化与现代管理的结合提供了丰富的实践经验与现实案例，使传统文化在现代管理中的应用更具操作性与针对性。

"丛书"涵盖了从传统文化与现代管理理论研究到不同行业、不同

序 一

领域应用实践案例分析等多方面内容，形成了一套较为完整的知识体系。"丛书"不仅是研究成果的结晶，更可看作传播中华优秀传统文化与现代管理理念的重要尝试。还可以将"丛书"看作一座丰富的知识宝库，它全方位、多层次地为广大读者提供了中华优秀传统文化在现代管理中应用与发展的工具包。

可以毫不夸张地说，每一本图书都凝聚着作者的智慧与心血，或是对某一传统管理思想在现代管理语境下的创新性解读，或是对某一行业或领域运用优秀传统文化提升管理效能的深度探索，或是对传统文化与现代管理融合实践中成功案例与经验教训的详细总结。"丛书"通过文字的力量，将传统文化的魅力与现代管理的智慧传递给广大读者。

在未来的发展征程中，我们将持续深入推进中华优秀传统文化在现代管理中的创造性转化和创新性发展工作。我们坚信，在全社会的共同努力下，中华优秀传统文化必将在现代管理的广阔舞台上绽放出更加绚丽多彩的光芒。在中华优秀传统文化与现代管理融合发展的道路上砥砺前行，为实现中华民族伟大复兴的中国梦做出更大的贡献！

是为序。

朱宏任

中国企业联合会、中国企业家协会
党委书记、常务副会长兼秘书长

序 二

文化传承　任重道远

财政部国资预算项目"中华优秀传统文化在现代管理中的创造性转化与创新性发展工程"系列成果——"中华优秀传统文化与现代管理融合"丛书和读者见面了。

一

这是一组可贵的成果，也是一组不够完美的成果。

说她可贵，因为这是大力弘扬中华优秀传统文化（以下简称优秀文化）、提升文化自信、"振民育德"的工作成果。

说她可贵，因为这套丛书汇集了国内该领域一批优秀专家学者的优秀研究成果和一批真心践行优秀文化的企业和社会机构的卓有成效的经验。

说她可贵，因为这套成果是近年来传统文化与现代管理有效融合的规模最大的成果之一。

说她可贵，还因为这个项目得到了财政部、国务院国资委、中国企业联合会等部门的宝贵指导和支持，得到了许多专家学者、企业家等朋友的无私帮助。

说她不够完美,因为学习践行传承发展优秀文化永无止境、永远在进步完善的路上,正如王阳明所讲"善无尽""未有止"。

说她不够完美,因为优秀文化在现代管理的创造性转化与创新性发展中,还需要更多的研究专家、社会力量投入其中。

说她不够完美,还因为在践行优秀文化过程中,很多单位尚处于摸索阶段,且需要更多真心践行优秀文化的个人和组织。

当然,项目结项时间紧、任务重,也是一个逆向推动的因素。

二

2022年,在征求多位管理专家和管理者意见的基础上,我们根据有关文件精神和要求,成立专门领导小组,认真准备,申报国资预算项目"中华优秀传统文化在现代管理中的创造性转化与创新性发展工程"。经过严格的评审筛选,我们荣幸地获准承担该项目的总运作任务。之后,我们就紧锣密鼓地开始了调研工作,走访研究机构和专家,考察践行优秀文化的企业和社会机构,寻找适合承担子项目的专家学者和实践单位。

最初我们的计划是,该项目分成"管理自己""管理他人""管理事务""实践案例"几部分,共由60多个子项目组成;且主要由专家学者的研究成果专著组成,再加上几个实践案例。但是,在调研的初期,我们发现一些新情况,于是基于客观现实,适时做出了调整。

第一,我们知道做好该项目的工作难度,因为我们预想,在优秀文化和现代管理两个领域都有较深造诣并能融会贯通的专家学者不够多。在调研过程中，我们很快发现，实际上这样的专家学者比我们预想的更少。与此同时，我们在广东等地考察调研过程中，发现有一批真心践行优秀文化的企业和社会机构。经过慎重研究，我们决定适当提高践行案例比重，研究专著占比适当降低，但绝对数不一定减少，必要时可加大自有资金投入，支持更多优秀项目。

第二，对于子项目的具体设置，我们不执着于最初的设想，固定甚至限制在一些话题里，而是根据实际"供给方"和"需求方"情况，实事求是地做必要的调整，旨在吸引更多优秀专家、践行者参与项目，支持更多优秀文化与现代管理融合的优秀成果研发和实践案例创作的出版宣传，以利于文化传承发展。

第三，开始阶段，我们主要以推荐的方式选择承担子项目的专家、企业和社会机构。运作一段时间后，考虑到这个项目的重要性和影响力，我们觉得应该面向全社会吸纳优秀专家和机构参与这个项目。在请示有关方面同意后，我们于2023年9月开始公开征集研究人员、研究成果和实践案例，并得到了广泛响应，许多人主动申请参与承担子项目。

三

这个项目从开始就注重社会效益，我们按照有关文件精神，对子项目研发创作提出了不同于一般研究课题的建议，形成了这个项目自身的特点。

（一）重视情怀与担当

我们很重视参与项目的专家和机构在弘扬优秀文化方面的情怀和担当，比如，要求子项目承担人"发心要正，导人向善""充分体现优秀文化'优秀'二字内涵，对传统文化去粗取精、去伪存真"等。这一点与通常的课题项目有明显不同。

（二）子项目内容覆盖面广

一是众多专家学者从不同角度将优秀文化与现代管理有机融合。二是在确保质量的前提下，充分考虑到子项目的代表性和示范效果，聚合了企业、学校、社区、医院、培训机构及有地方政府背景的机构；其他还有民间传统智慧等内容。

（三）研究范式和叙述方式的创新

我们提倡"选择现代管理的一个领域，把与此密切相关的优秀文化高度融合、打成一片，再以现代人喜闻乐见的形式，与选择的现代管理领域实现融会贯通"，在传统文化方面不局限于某人、某家某派、某经典，以避免顾此失彼、支离散乱。尽管在研究范式创新方面的实际效果还不够理想，有的专家甚至不习惯突破既有的研究范式和纯学术叙述方式，但还是有很多子项目在一定程度上实现了研究范式和叙述方式的创新。另外，在创作形式上，我们尽量发挥创作者的才华智慧，不做形式上的硬性要求，不因形式伤害内容。

（四）强调本体意识

"本体观"是中华优秀传统文化的重要标志，相当于王阳明强调的"宗旨"和"头脑"。两千多年来，特别是近现代以来，很多学者在认知优秀文化方面往往失其本体，多在细枝末节上下功夫；于是，著述虽多，有的却如王阳明讲的"不明其本，而徒事其末"。这次很多子项目内容在优秀文化端本清源和体用一源方面有了宝贵的探索。

（五）实践丰富，案例创新

案例部分加强了践行优秀文化带来的生动事例和感人故事，给人以触动和启示。比如，有的地方践行优秀文化后，离婚率、刑事案件大幅度下降；有家房地产开发商，在企业最困难的时候，仍将大部分现金支付给建筑商，说"他们更难"；有的企业上新项目时，首先问的是"这个项目有没有公害？""符不符合国家发展大势？""能不能切实帮到一批人？"；有家民营职业学校，以前不少学生素质不高，后来他们以优秀文化教化学生，收到良好效果，学生素质明显提高，有的家长流着眼泪跟校长道谢："感谢学校救了我们全家！"；等等。

四

调研考察过程也是我们学习总结反省的过程。通过调研，我们学到了许多书本中学不到的东西，收获了满满的启发和感动。同时，我们发现，在学习阐释践行优秀文化上，有些基本问题还需要进一步厘清和重视。试举几点：

（一）"小学"与"大学"

这里的"小学"指的是传统意义上的文字学、音韵学、训诂学等，而"大学"是指"大学之道在明明德"的大学。现在，不少学者特别是文史哲背景的学者，在"小学"范畴苦苦用功，做出了很多学术成果，还需要在"大学"修身悟本上下功夫。陆九渊说："读书固不可不晓文义，然只以晓文义为是，只是儿童之学，须看意旨所在。"又说"血脉不明，沉溺章句何益？"

（二）王道与霸道

霸道更契合现代竞争理念，所以更为今人所看重。商学领域的很多人都偏爱霸道，认为王道是慢功夫、不现实，霸道更功利、见效快。孟子说："仲尼之徒无道桓、文之事者。"（桓、文指的是齐桓公和晋文公，春秋著名两霸）王阳明更说这是"孔门家法"。对于王道和霸道，王阳明在其"拔本塞源论"中有专门论述："三代之衰，王道熄而霸术焻……霸者之徒，窃取先王之近似者，假之于外，以内济其私己之欲，天下靡然而宗之，圣人之道遂以芜塞。相仿相效，日求所以富强之说，倾诈之谋，攻伐之计……既其久也，斗争劫夺，不胜其祸……而霸术亦有所不能行矣。"

其实，霸道思想在工业化以来的西方思想家和学者论著中体现得很多。虽然工业化确实给人类带来了福祉，但是也带来了许多不良后果。联合国《未来契约》（2024年）中指出："我们面临日益严峻、关乎存亡的灾难性风险"。

（三）小人儒与君子儒

在"小人儒与君子儒"方面，其实还是一个是否明白优秀文化的本体问题。陆九渊说："古之所谓小人儒者，亦不过依据末节细行以自律"，而君子儒简单来说是"修身上达"。现在很多真心践行优秀文化的个人和单位做得很好，但也有些人和机构，日常所做不少都还停留在小人儒层面。这些当然非常重要，因为我们在这方面严重缺课，需要好好补课，但是不能局限于或满足于小人儒，要时刻也不能忘了行"君子儒"。不可把小人儒当作优秀文化的究竟内涵，这样会误己误人。

（四）以财发身与以身发财

《大学》讲："仁者以财发身，不仁者以身发财"。以财发身的目的是修身做人，以身发财的目的是逐利。我们看到有的身家亿万的人活得很辛苦、焦虑不安，这在一定意义上讲就是以身发财。我们在调查过程中也发现有的企业家通过学习践行优秀文化，从办企业"焦虑多""压力大"到办企业"有欢喜心"。王阳明说："常快活便是功夫。""有欢喜心"的企业往往员工满足感、幸福感更强，事业也更顺利，因为他们不再贪婪自私甚至损人利己，而是充满善念和爱心，更符合天理，所谓"得道者多助"。

（五）喻义与喻利

子曰："君子喻于义，小人喻于利"。义利关系在传统文化中是一个很重要的话题，也是优秀文化与现代管理融合绕不开的话题。前面讲到的那家开发商，在企业困难的时候，仍坚持把大部分现金支付给建筑商，他们收获的是"做好事，好事来"。相反，在文化传承中，有的机构打着"文化搭台经济唱戏"的幌子，利用人们学习优秀文化的热情，搞媚俗的文化活动赚钱，歪曲了优秀文化的内涵和价值，影响很坏。我们发现，在义利观方面，一是很多情况下把义和利当作对立的两个方面；二是对义利观的认知似乎每况愈下，特别是在西方近代资本主义精神和人性恶假设背景下，对人性恶的利用和鼓励（所谓"私恶即公利"），出现了太多的重利轻义、危害社会的行为，以致产生了联合国《未来契约》中"可持续发展目标的实现岌岌可危"的情况。人类只有树立正确的义利观，才能共同构建人类命运共同体。

（六）笃行与空谈

党的十八大以来，党中央坚持把文化建设摆在治国理政突出位置，全国上下掀起了弘扬中华优秀传统文化的热潮，文化建设在正本清源、守正创新中取得了历史性成就。在大好形势下，有一些个人和机构在真心学习践行优秀文化方面存在不足，他们往往只停留在口头说教、走过场、做表面文章，缺乏真心真实笃行。他们这么做，是对群众学习传承优秀文化的误导，影响不好。

五

文化关乎国本、国运，是一个国家、一个民族发展中最基本、最深沉、最持久的力量。

中华文明源远流长，中华文化博大精深。弘扬中华优秀传统文化任重道远。

"中华优秀传统文化与现代管理融合"丛书的出版，不仅凝聚了子项目承担者的优秀研究成果和实践经验，同事们也付出了很大努力。我们在项目组织运作和编辑出版工作中，仍会存在这样那样的缺点和不足。成绩是我们进一步做好工作的动力，不足是我们今后努力的潜力。真诚期待广大专家学者、企业家、管理者、读者，对我们的工作提出批评指正，帮助我们改进、成长。

企业管理出版社国资预算项目领导小组

前　言

瓜瓞绵延的中华民族，创造了丰富灿烂的中华文化；深厚博大的中华文化，哺育了源远流长的中华民族。当今，对中华优秀传统文化的创造性转化和创新性发展成为越来越多人的自觉，中华民族迎来了伟大复兴的光明前景。

中华传统文化历来所主张的、所向往的天下为公、为政以德、天人合一、自强不息、厚德载物等观念，在以"四书"为代表的古典心性论儒学典籍中得到了系统阐释。"四书"体现了人本主义的终极关怀观、大同主义的制度建构观以及和平主义的治国理政观。

孔子说："君子修己以敬，修己以安人，修己以安百姓。"（《论语·宪问》）孟子说："天下之本在国，国之本在家，家之本在身。"（《孟子·离娄上》）荀子说："闻修身，未尝闻为国也。"（《荀子·君道》）老子说："为无为则无不治。"（《道德经·第三章》）又说："我无为而民自化。"（《道德经·第五十七章》）《史记·太史公自序·论六家要旨》说："夫阴阳、儒、墨、名、法、道德，此务为治者也，直所从言之异路，有省不省耳。"修己治人、养生致治是古典儒家、道家对于管理本质的理解，管理始于修己身，止于众身修，换句话说，修身是管理的起点，也是管理的终点。"四书"是古典心性论儒学的主要载体，阐释"四书"的修身思想，是彰显传统中国思想之特色，实现传统中国思想之功能，推动中华优秀传统文化创造性转化和创新性发展的需要。

为了帮助更多的人认识和理解以"四书"为主要载体的古典心性论儒学，了解传统文化的特色和精华，成为中华文化又一次返本开新的参与者和实践者，我在2014年录制了《修己安人话"四书"》视频公开课。基于后续几年阅读"四书"的新认识，在2019年8月又形成《"四书"导读》在线开放课程，论述《论语》《大学》《中庸》《孟子》修身思想的基本要义。

2023年7月，企业管理出版社开始推动财政部和国务院国资委支持的"中华优秀传统文化在现代管理中的创造性转化与创新性发展工程"项目，我根据出版社的意见和项目"尽可能深入浅出"的要求，对以上课程的内容做了力所能及的调整。

整定后的书稿共五章。第一章是对修身思想与中华管理文化创造性转化和创新性发展的关系相关问题的概括性说明；第二章在简述《论语》《大学》《中庸》《孟子》时代与要义的基础上，阐述"四书"在发端于中唐的儒学复兴运动中建立起来的大致过程、思想意涵及其当代价值；第三章阐述"四书"对于身何以可修的问题的回答；第四章是"四书"的理想人格论；第五章清理"四书"关于修身工夫的详细指点。

"四书"历代阐释文献极其丰富，流传最广、影响最大的当数朱子的《四书章句集注》，当然争议也最多。本书参考了包括朱子《四书章句集注》在内的具有代表性的权威诠释，在一些句段篇章上提出了自己的见解。欢迎读者批评指正。

吴通福
二〇二四年六月

目　录

第一章　中华传统文化中的修身与管理　1
第一节　中华传统文化与管理　3
第二节　修身的要素与结构　8
第三节　修身思想的演变历程　12
第四节　修身思想的转化发展　15

第二章　"四书"的成立与意义　19
第一节　"论""学""庸""孟"的时代与内容　21
第二节　"四书"的成立　35
第三节　"四书"的当代价值　46

第三章　"四书"论修身的根据　67
第一节　天命新诠　69
第二节　仁生礼乐　75
第三节　天命之性　86
第四节　性善论证　90

第四章　"四书"论修身的目的　103
第一节　孔子论士与君子　105
第二节　君子依乎中庸　111
第三节　孟子的人格理想　118
第四节　"典型在夙昔"："四书"中的圣贤群像　122

第五章　"四书"论修身的工夫　169
第一节　工夫总纲　171
第二节　立志　193
第三节　辨志　199
第四节　博文　206
第五节　时习　215

参考资料　251

第一章
中华传统文化中的修身与管理

中华优秀传统文化的创造性转化和创新性发展之所以需要管理视角，原因有二：其一，在汉语文中，"文化"的古义是转变成为人，即造成理想的人格，与修身意指相同；其二，从中华优秀传统文化的内容构成看，超越突破后的中华优秀传统文化以圣人和善治为文明理想，思想、制度和行政围绕修身成治展开，而修身成治实质上也就是我们今天说的管理。

如果把《易·贲·彖》"文明以止，人文也""观乎人文，以化成天下"视为"文化"一词的本土源头，那么文化就是让人成为真正的人。而要成为真正的人，就必须修身。同样，如果把儒家的"修己以敬"和道家的"养生致治"视为本土文化对管理的理解，那么修身即管理，其目的均落在整全人格的形成和理想社会的构建上。因此，管理是探究中华优秀传统文化创造性转化和创新性发展的重要视角，修身则是理解中华管理思想的核心基点。传统修身思想的创造性转化和创新性发展，涉及语言亦即表达方式和思想亦即理论体系两个方面，需要经由理论和实践两个步骤，即：要在充分认识传统修身思想的理论、历史及其现代转化已有成果的基础上，将修身思想运用于社会管理、公共管理、企业管理和国家治理等领域。

"四书"是传统修身思想的重要载体，传统修身文化创造性转化和创新性发展需要有对"四书"修身思想的深入认识。

第一节　中华传统文化与管理

一、欲文化，须修身

"文化"中的"文"字，根据已有研究，应该是"人"的另外一个象形字。《说文解字》说"文，错画也"，意指线条交错。这是许慎局限于小篆字形给出的解释。高鸿缙解释说：以错画表纹，纹不拘何物也，兹以错画表其通象而已，故文（纹）为指事字，名词。《左传》以"文"为文字，直到秦始皇时代才"文字"连称，秦以后渐渐以"字"代"文"，"文"引申为文字、文章、文采等意，又为《说文》所说的"错画也"的本义另造新字"纹"。商承祚根据金文断定"文"的小篆字形乃省变，并非初体，许慎据省变字形给出"错画也"的训释，是错误的。陈梦家认为古文字中的"文"像一个正面直立的人，"文"字最初的意义是从人身发展出来，然后才发展为由人心所构成的"文"字。[1] 可见，以正面直立的形象代表人，其实就是说"文"是人的另一个象形字。随着人们对人的认识从人身转向人心，也就是当人认识到人的躯体不足以规定人时，于是在"文"字中间加了"心"字，字形与"㐫"接近。所以《尚书·大诰》中的"文王"一直被曲解为"㐫王"，这个错误一直到清代的吴大澂才得到纠正。

根据"文"的这两个字形，我们可以确定文的本义是人。由人的形象引申为凡一切可见的外在的现象之称，如天文、地文、水文、人文，这是"文"在空间上向外扩张出的引申义。结合典籍用字，"文"又多指示那些让人成为人的东西，也就是《周书·谥法》的六等之"文"，这是把在人自身这里随着时间的展开而不断成就的东西称为"文"。六

---

[1] 李圃，郑明. 古文字释要[M]. 上海：上海教育出版社，2010：853-854.

等之"文"中的两个与单个主体相关,即"道德博厚谓之文""勤学好问谓之文"。《论语》中,孔子以"敏而好学,不耻下问"(论语·公冶长)为"文";又从主体向客体引申,就是诗书礼乐,如"子以四教:文、行、忠、信"(《论语·述而》)的"文"和"行有余力,则以学文"(《论语·学而》)的"文",都指诗书礼乐。六等之"文"另外四个则关乎人与自身之外人、事的关系,即以己之文成人之文也谓之文,即"经纬天地谓之文""慈惠爱民谓之文""愍民惠礼谓之文""锡民爵位谓之文"。如《尚书·尧典》"钦明文思,允恭克让"中的"文",伪孔安国传就是用经天纬地来解释的,所谓经纬天地曰文,就是把人利用天地间的一切条件创造出来(经纬)的事物称作文。又如《论语·宪问》:"公叔文子之臣大夫僎,与文子同升诸公。子闻之,曰:可以为'文'矣。"意即孔子认为像公叔文子这样就可以赐予爵位了。

再看"化"字。《说文解字》说:"化,教行也。"许慎以化为教化的说法也应该是后起的,非化字本义。朱芳圃说"化"像人一正一倒之形,即今所谓翻跟头。《国语·晋语》说:"胜败若化。"三国韦昭注:"化,言转化无常也。"就是改变无常谓之化。《荀子·正名篇》说:"状变而实无别而为异者,谓之化。"这是非常允当的解释。

"文明"和"文化"出现在中国典籍的同一脉络中。"文明"已经成词,但含义有待诠释,也就是说,其含义到底是"文与明"还是"文之明",需要结合语境具体分析。《易·乾·彖》:"见龙在田,天下文明。"孔颖达疏:"天下文明者,阳气在田,始生万物,故天下有文章而光明也。"把文明解释为有文章而光明,也就是文与明。《易·贲·彖》:"刚柔交错,天文也;文明以止,人文也。观乎天文,以察时变;观乎人文,以化成天下。"孔颖达疏:"用此文明之道,裁止于人,是人之文德之教……圣人观察人文,则诗书礼乐之谓，当法此教而化成天下也。"我不同意孔颖达的解释，因为这里的止并不是裁止他人，这里的"止"是止于至善之"止"，也就是《大学》所说的："为人君，止于人；为人臣，止于敬；为人子，止于孝；为人父，止于慈。"根据我们前面对"文"引申义的解说，天文即宇宙天地的运行之象。人文就是人的存在之象，"文明以止，人文也"是就个体而言，这里的文明不是《易·乾·彖》的文和明，而是文之明，意思是弄清楚、想明白人之所以为人而止于至善，这是人在生命中应该展示出来的形象。天文是就实然说，人文却需要从应然说。这里如果展开说，其实就是汉学与宋学的不同、礼学与理学的不同。

所谓文之明实际上就是明人之明德，朱子把"明德"解释为"人之所得乎天而居于心，具众理以应万事者也"（《大学章句》），虽然受到清儒戴震的批评，但其实朱子的解释并没有脱离《大学》的上下文语脉。我前面对于"文"字含义要合人身、人心的解说与朱子的诠释完全吻合。理解了这一点，我也就可以确定"观乎人文，以化成天下"其实就是《大学》所说的明明德于天下。如果我对"文明以止"的解释是对的，那么朱子对明明德于天下的解释、所谓"三纲领""八条目"的分疏、格物补传，以及以礼乐刑政来诠释《中庸》"修道之谓教"的"教"其实都是朱子还没有完全从汉儒之学破茧而出的陋说。

知道"文"字含义的演变，才能够了解"文明""文化"在经典中的确切含义。就古义看，文化其实就是让人变成真正的人，也就是修身。这里的人，首先指每一个个体自己，并且要修己以敬，所以文化首先是成己；"己欲立而立人，己欲达而达人"（《论语·雍也》），这是指要帮助别人自知自觉也变成真正的人，能近取譬，反求诸己，想想自己是如何变成真正的人就可以，也就是成己成物无二道。《礼记》云："无

5

本不立，无文不行。"这句话本指人的忠信之质，所谓本质。知性、德性等乃人所本有，本知性而发为科学，本德性而发为德行，只是从潜在的有变成现实的有，就是《荀子》所说的"状变而实无别"，存在状态发生了改变，而实际上并没有区别，还是同一个人。

因而，就汉文字古义论，我们可以说，要文化（转变为人，形成理想人格），须修身。

二、古典儒道思想以修身为管理

宋元之际的马端临在《文献通考·总序》中区分了两类不同的史实，"理乱兴衰，不相因者也。晋之得国异乎汉，隋之丧邦殊乎唐，代各有史，自足以该一代之始终，无以参稽互察为也。典章经制，实相因者也。殷因夏，周因殷，继周者之损益百世可知，圣人盖已预言之矣……其变通张弛之故，非融会错综、原始要终而推寻之，固未易言也。"晚清民初的章太炎谈国粹，以语言文字（思想的物质载体）、典章制度、历史人物为大宗。他们的意见都以制度为传统中的重要内容，而制度的源泉在思想。

中华有系统的思想导源于殷周之际，发皇于春秋战国，以诸子为主干。《史记·太史公自序·论六家要旨》说："夫阴阳、儒、墨、名、法、道德，此务为治者也，直所从言之异路，有省不省耳。""治"本来的意思就是理想的治理，司马谈说诸子思想务为治，就是说诸家思想都致力于建立理想的治理，用当下经发掘而又流行起来的说法就是"善治"。六家中儒道两家建立理想的治理的基本思路，其实都是从圣人到善治，而衡断善治的标准在于是否能达成人人各尽所能、各适其性的理想。

把"修己以敬""修己以安人""修己以安百姓"当成本土文化所理

解的管理，早已耳熟能详，人所共喻。古典道家认为儒家"依靠仁义礼乐建立起来的社会秩序一定不是一个理想的社会秩序，因为在这个秩序中，人会受到礼乐的束缚，不能得到自由与逍遥。所以，道家思想的起点是个人而不是社会，只是道家认为如果这个社会上所有的人都能认识到什么是人的真正的生命，什么是真正的自我，天下当然可以从大乱到大治"[1]。这就是养生致治。

修己安人、养生致治是儒道两家对治理的理解，其内容始于修己身，止于众身修，换句话说，修身是管理的起点，也是管理的终点，从圣人到善治。理想的人，理想的治，落脚点也在所有人的整全人格的形成上。如果这个理解可以接受，那么就应该认识到，中国传统思想中的管理，其目的根本不在于通过行使权力带来效率，而只是文化，也就是让人成为真正的人，只不过儒道两家对于什么是真正的人的问题有不同的认识与理解。因此就古典儒道学说而言，根本不去讨论权力制衡是完全可以理解的。因为在这两家的思想体系中，运用权力的正当方式是不去运用权力，所谓为政以德，所谓无为而治，说的都是这个意思。

如前所述，中国古典所说的文化，其含义即转变成为真正的人，要成为真正的人，就必须修身。从古典儒道思想的立场看，善治的途径与目的都是修身，始于修己身，终于众身修，其实质就是以修身为管理。所以我们要非常严肃地对待从修身的视角思考中华优秀管理文化的创造性转化和创新性发展的课题。

---

[1] 吴通福. 国学导论［M］. 上海：复旦大学出版社，2013：86.

第二节　修身的要素与结构

一、修身活动的构成要素

修身活动涉及主体、客体、目标、环境及方法等构成要素，下面以"五经"和"四书"为主要文献依据，旁及道释二家，分别简要阐释。

修身的主体，是个体的主宰性，是人的理性生命，或者说是能自作主宰的个体，是作为理性的存在者的个人，可以称为理性自我。人作为个体，能自作主宰，在中国传统思想里，就以之作为人的善性，或者直接断为人性善。这一思想起源于《诗》《书》《易》的时代：《诗经》用民之秉彝、《尚书》用天叙恒性、《周易》用继善成性来说明。[1] 孔子践仁而知天，下学而上达，以人之仁乃广大无私的天之所命，《大学》以明德作为仁之内容，《中庸》直接断为天命之性，继起的孟、荀分别从实践理性、认知理性两面来说人的主宰性。汉唐、宋明儒者进行了两度综合，最后表述为天命之性或义理之性。同为本土思想的道家则从道法自然来说人之所以居于四大之一，全在人能体广大无私、生而不有、为而不恃、长而不宰的道于身，因此道家从纯任自由的心灵来说人自本自根的主宰性。从印度输入的佛教在中国化过程中受中土"人皆可以为尧舜"思想的影响，也倡言"心佛与众生，是三无差别"。

修身的客体，是个体的自然生命、物质生命，或说是形躯"自我"。个体的物质生命需要正常存在与延续，而从中自然衍生的感情欲望如果没有理性生命的指引，小则戕害一己之生命，大则影响人伦之秩序。但是从另一面说，个体理性生命之圆成也有待于物质生命之能正常发挥其

---

[1] 吴通福. 中国古典管理哲学 [M]. 北京：经济管理出版社，2016：53-55，79-87，119-123.

力量，换句话说，没有生命力的参与，一切有情的成圣作佛也没有可能。所以中国思想中向来弘扬的生命可贵之说所主张的生命之可贵处就包括个体的物质生命和理性生命。孔子肯定富与贵乃人之所欲，《乡党》篇呈现的圣人气象就包括健康适度的日用饮食。孟子明确主张人之于大体（心官）与小体（耳目口体）兼所爱而兼所养，所谓"饮食之人无有失也，则口腹岂适为尺寸之肤哉"（《孟子·告子上》）。佛家也有人身难得之说。

修身的环境，是个体意志所指向的对象，有内环境，有外环境，足以包揽无余。《论语·学而》说："学而时习之。"《中庸》说："君子之中庸也，君子而时中。"这里的时，是时时、随时之意，即无时不在，故《中庸》说："道也者，不可须臾离也。"孟子说："必有事焉而勿正，心勿忘，勿助长。"（《孟子·公孙丑上》）程颐说："体用一源，显微无间。"（《伊川易传·序》）内环境是意志隐而未外发的状态，虽未外发，但主体对于其指向之善恶却知之甚晰，所以《中庸》说："莫见乎隐，莫显乎微。"而其外发于事，表现为行为，即体显用，其真实意志之所指也唯独主体自身可以判断。王阳明说："无声无臭独知时，此是乾坤万有基。"（《咏良知四首示诸生·其四》）道释二家在主体与客体的内涵体悟上与儒家不同，但在修身的环境概指意志所涉及之对象上则并无两样。

修身的目标，是身心安雅、弘道立命。儒道释三家身心性命的实际所指有不同，但都认为修身的目标不能只是自了而已：儒家说内圣外王、己立立人、己达达人、独善兼善；道家说养生致治；佛家说自渡渡他。

修身的方法，是兼爱兼养、思学并重、知行合一。就儒家而言，因为要实现善其身而善天下之目标，故必须大体小体兼养以厚植其强大的生命力，获得履行善的意志的至大至刚的力量，包括勇毅与知识技能。孔子提出仁者必有勇，同时还要学习知识；《中庸》强调尊德性而道问学，敦厚而崇礼；在孟子则必养气与知言并重。这些都与后世儒者把修身工夫[1]全部化约为意志的纯化不同。

二、修身思想的理论框架

根据从圣人到善治的基本理路，修身思想必然指向阐释何谓圣人圣治的价值论，圣人圣治何以可能的本体论，圣人圣治如何可能的方法论等不同面向。因此，修身思想包括理想人格论、天道性命论及修身工夫论等部分。其中，理想人格论涉及修身目标的阐释，天道性命论是对个体何以能修身及何以需修身的论证，成德工夫论则是对如何修身的方法的指点。

在理想人格论的问题上，儒道释三家都悬有一终极理想为鹄的。儒家从心所欲不逾矩（《论语·为政》），从下学而上达于知天（《论语·宪问》），致中和而为天地、育万物（《中庸》），尽心知性知天（《孟子·尽心上》）；道家"载营魄抱一"（《道德经·第十章》），都体悟到了人心与天道的同一，也就是天人合一的理想生命境界，虽然儒道在人心与天道的实际内容的认识上存在差异。当然，各家都认识到保有这种同一的久暂在不同的个体那里有不同的表现，因而呈现不同层次的人格，人需要锲而不舍、循序渐进、勇猛精进的努力。比如孟子说："可欲之谓善，有诸己之谓信，充实之谓美，充实而有光辉之谓大，大而化之之谓圣，圣而不可知之之谓神。"（《孟子·尽心下》）《庄子》则有四门示相的隐喻

---

[1] 本书所说"工夫"是宋明新儒学的常用术语，其含义接近我们今天说的道德修养、道德实践活动，典型用法如黄宗羲《明儒学案自序》中的"心无本体，工夫所至即其本体"。

（《庄子·应帝王》）。佛教的六凡四圣，人们耳熟能详，天台宗提出理即、名字即、观行即、相似即、分真即、究竟即以统摄从凡夫到佛的阶位。

在天道性命论的问题上，孔子通过人生的亲证，把握了天命于（即内在于）每一个人的仁，从五十而知天命到七十而从心所欲不逾矩，其实指向了人能进行永不停息的道德创造的自由无限心与生生不息、於穆不已的天道的同一，为天人合一的最高生命境界奠定了坚实的基础。《中庸》则明确定义生生不息、於穆不已的天道表现在人这里就是人能使天地万物各得其所、永不停息地进行道德创造的本性。孟子认为仁即人心，尽心则知性，知性则知天。《道德经》认为整全广大的宇宙之道（天道）以令万物自为、使万物得其自由为法则（"道法自然"），而宇宙间只有人能将整全广大的宇宙之道体现于身，故人能与天、道同其伟大。（"道大，天大，地大，人亦大。域中有四大，而人居其一焉。"）这就是道家的天人合一观。

在修身工夫论的问题上，儒道释三家也各擅胜场。此处仅以古典儒家为例略加阐释。圣为仁且智之名，仁者乃有德之称，德行由行为来表现，而一个行为的发生，由意志和技能促成。因此，成就德性的工夫包括纯化意志和强化能力两个方面。纯化意志又包括两个方面：一是端正整个生命的方向，也就是立志，由此确立生命的完整性，使得人的生命不再是一块块碎片；二是纯化单个行为的动机，也就是辨志。强化能力也包括两个方面：一是获得对应该做什么以及怎样去做的认知，在朱子那里就是广识事理之当然，稽考圣贤之成法，这是传统时代的经史之学的核心目的，在当下通常的途径是诉诸科学和哲学；二是在生活实践当中不断提高行动的能力。这四个方面，借用朱子三传史蒙卿《果斋训语》的说法，即尚志、居敬、穷理和反身。孔子所说学思合一及博文约礼都是对这同一修身工夫的不同表述，孔子进而又高度概括为修己以敬。

第三节 修身思想的演变历程

周公将道德原则作为政治活动的根本原则后，经孔子的"政者，正也"(《论语·颜渊》)、《大学》的明德亲民、《中庸》的"君子笃恭而天下平"，到孟子的"以不忍人之心，行不忍人之政"(《孟子·公孙丑上》)和荀子的"闻修身，未尝闻为国也"(《荀子·君道》)，从圣人到圣治一直是中华传统文化思想所肯定的理想模式。因此，修身思想的变迁每每会带来经济生活、家庭与社会组织，乃至国家与天下秩序等的新变化。同时，作为对管理实践反思的管理思想不只受管理对象变迁的制约，而且与思想家对理想世界的构想有关。因此，综合考量社会文化环境与学术思想变迁这两方面的因素，传统修身思想主要内容的演变历程可以分为三个阶段。

一、古典时期

从上古到秦统一，是中国从族群部落走向地方分权的早期国家再凝聚成大一统中央集权的成熟国家的阶段，也是学术思想从学在官府走向百家争鸣，再到谋求"使天下无异议"的阶段。

中国思想的曙光初露于殷周之际，殷周更替过程中产生的《洪范》和《周易》，成为后世中国思想的重要源头。《诗经》中的《雅》《颂》尤其是《生民》《公刘》《绵》《皇矣》《文王》《大明》六篇周人开国史诗，《尚书》的"周初八诰"，《周易》的卦爻辞，围绕"皇天无亲，惟德是辅"的主旨，基本撑开了传统修身思想的义理纲维。

春秋时代德治式微，孔子以为弘扬由周公主导建立而现实中逐渐消逝的传统是治理天下国家、恢复社会秩序的良方。因此，孔子虽谦称述而不作，实则以述为作，首次以生命亲证圆成了传统修身的典范。而后墨、老、庄、孟、荀和韩非，对这一典范或批评否定，或调适上遂，共同创造了传统修身思想史的黄金时代。

古典时代的修身思想首先见于《诗经》《尚书》《周易》经传等经典文献，足以考见传统修身思想的渊深源远；其次见于《论语》《孟子》《老子》《庄子》等子书中，这些文献足以考见传统修身思想的波澜壮阔。

二、中古时期

从秦汉到唐中叶，中国历史经历了从统一到分裂又重新迈向统一的曲折历程。学术思想也大合大开，从逐渐找到适合大一统国家的意识形态到为无力介入政治、名教寻找理由并进而走向接受外来思想。这三种学术思想就是经学、玄学和佛学。

大一统国家意识形态的探索过程就是经学形态的形成过程，这一过程开始于早期两部著名杂家著作——《吕氏春秋》和《淮南子》，汉初的黄老以及经今古文学大师伏生、董仲舒、何休、刘向、王充、班固、郑玄等则是这一过程中的主要代表人物。大一统国家解体后，儒学意识形态也失去了牢笼人心的力量。虽然王朝体制及士庶生活仍受名教纲常规范，但在精神生活追求方面却转向了融合儒道两家思想的新道家，即玄学。玄学包括才性和名理两派，经过正始名士、竹林名士和中朝名士三个阶段，代表人物有刘邵、傅玄、何晏、王弼、嵇康、阮籍、向秀、郭象等。玄学为佛教思想的输入准备了非常好的条件。中土佛教早期依附玄学，即格义阶段的六家七宗之说，殊无胜义。鸠摩罗什僧团始有对空宗的准确理解，但依然只是绍述。自《大乘起信论》开始，中土佛教走上了吸收再创造的大道，于是形成中国佛教三宗，即华严宗、天台宗和禅宗。此三宗的祖统论和心性论及其广泛的社会影响，刺激士大夫生发出复兴儒学的要求，中国思想进入近世时期。

三、近世时期

从唐中叶到清中叶，经历了又一次政权从统一走向分裂再重新统一的过程。唐中叶开始，管理制度包括均田制、租庸调制、府兵制等逐步瓦解；社会层面，南北朝以来的世族门第式微，终于酿成五代辽宋夏金时期长达三百余年的分裂，直到13世纪才又重新统一。学术思想方面，从中唐开始，韩愈、李翱开新儒学运动之先河，经宋初三先生、荆公新学，周张二程接续创发，最后由朱子集其成，而争议也随之而起。朱子同时，以陆九渊为首的象山学派和以陈亮、叶适为首的浙东学派，皆不满意朱子之说。陆学在明中叶后经湛甘泉、陈白沙、王阳明、刘蕺山等人弘扬，成为心性论儒学的后殿；浙东学派则上承李觏、王安石的事功学说，下启明清之际的经世实学；朱学本身也在为元明清官方推崇的同时因和会陆学而形成一些新特点。明亡清兴这一天崩地裂的大变动促使士大夫反思理学，最后走向否定宋明新儒学所构建的形上世界，导致18世纪兴起的朴学的修身方式迥异于理学。

此一时期的修身思想包括三大派别：一是新儒学，代表人物包括唐中叶的韩愈及晚清同光之际的曾国藩等；二是经世实学，代表包括北宋时期以李觏、王安石等为代表的江西学派，南宋时期以陈亮、叶适为代表的浙东永嘉、永康学派，明清之际以颜元、李塨为代表的颜李学派；三是朴学，以顾炎武、惠栋、戴震、焦循、阮元等为代表。

第四节　修身思想的转化发展

自 1895 年公车上书开始，中国国家治理、社会管理制度逐渐向现代全面转型，新的管理制度呼唤新的管理思想。中国传统修身思想也在这一过程中开始了适应时代要求的转化与发展。

一、近现代的已有探索

从"戊戌"到"五四"，为接引自由主义时期。戊戌变法是制度变革的开始，"新政"催生了中国近代史上第一次现代化高潮。当时，民间资本日趋活跃，绅商群体随之初现。要构建新国家、新文明，必须有新公民。于是严复呼吁鼓民力、开民德、新民智；梁启超探求如何作育新民，其实就是开始探索传统修身思想的创造性转化；孙中山倡言人心是立国的大根本，号召国民以人格救国，继承改造忠孝仁爱信义和平诸德目；章太炎则提倡无我的革命道德。

下面简单总结自"五四运动"以来自由主义、传统主义和共产主义三种思潮。

自由主义思潮认为每个人为自己争自由便是为国家争自由，因此提倡健全的个人主义，主张用科学指导个人修养。

传统主义思潮的主流是新儒家，著名的代表人物有梁漱溟、冯友兰、贺麟、唐君毅、牟宗三、刘述先、杜维明等。梁漱溟在新文化运动高潮时刻重新弘扬孔门的人生态度，主张反求诸己，向内用功。冯友兰将儒家的人格层级论转化为人生境界说，并对儒学的尊理、忠恕、无为、中庸、谦冲、中和、絜情、勤俭、诚敬等德目及工夫的现代价值及其践行方法作了阐释。贺麟重新检讨儒家五伦观念，认为儒家学说经过转化可以开展出新的天地。唐君毅广泛吸收了中外各家的修养理论，最后归宗儒家，全面总结了操存涵养、省察克制的工夫理论，并作出新的解释，而且探究了如何将儒家礼乐教化转型为现代道德教育的问题。

共产主义思潮在"五四运动"后很快转化为改造中国社会的行动。早期代表人物之一李大钊号召"以青春之我创建青春之人类"，以青春之创造与奋斗作为自我的特质。李大钊还将儒学舍生取义学说转化为视死如归的革命人生观，认为人生的目的固然在发展自己的生命，可是也有为发展生命必须牺牲生命的时候。

二、当代的认识与实践

传统修身思想的实践运用，涉及人伦管理和组织管理的诸多领域。以企业管理为例，现代企业在中国出现伊始，儒家思想即影响其人、物、组织管理各方面。20世纪初的绅商即自觉探索结合中西管理智慧，穆藕初于原著初版四年后就将泰勒的《科学管理原理》翻译成中文。绅商是儒与商的结合体，是儒者的楷模、商界的精英，有对社会发展的崇高责任感和救世济民的远大抱负。传统修身思想运用于企业管理，不但能造就更多的儒商、道商等，而且对企业员工修身也能发生积极的影响。

修身思想的研究在管理学研究领域出现很晚，但是中国管理思想的发展历程中修身论述不但悠远丰富，而且一直居于管理思想与实践的基础和中心地位。由于一段时期以来西方学术的理论体系、话语体系在哲学社会科学研究领域占有绝对优势地位，这些论述尚未得到很好的整理。

从管理理论的视角看。中国管理学界的自我管理研究，始于引介西方自我管理理论，再据此研究中国传统自我管理思想。该领域的研究已涉及中国管理思想中的自我管理内涵、策略及其当代价值与应用等课题，比如吴照云教授主持的《中国古代管理思想通史》对中国古代自我管理思想较为系统的整理。当然，在肯定成绩的同时，也应该看到在研究范围的系统全面及理论基础的反省建构方面还有进一步提升的空间，例如，中西思想对自我的理解存在巨大差异，将自我管理与传统的修身直接对接，在文献选择和意义诠释上难免遗失与偏颇。就研究范围而言，对先秦时期的修身思想研究以孔子思想为开端并以之为重心，对儒家之外的其他各家研究不够深入，也就不能全面把握此一时期修身思想的发展逻辑。中古时期则根据时代发展序列，侧重探讨董仲舒、诸葛亮、葛洪、慧远、魏征等的修身思想，其实汉代的黄老之学和经学、魏晋新道家及南北朝隋唐佛学各宗门教门也都有非常丰富的修身思想。近世时期，对功利学派仅论列李觏，对理学则集中于二程和朱熹，实则对江西的荆公新学与浙江的永康、永嘉经世学派以及明清之际兴起的实学思潮和18世纪的朴学思潮的修身思想也应予以阐释。

从哲学思想的视角看。自由主义学者持工具主义立场，把哲学与文化看成人类为解决自身问题提出的方便施设，重在揭示思想文化产生的时代背景及其实用价值。由于人类问题的时代性特征，所以这些遗产已成过去，整理后写成专门史，如文物陈列在博物馆供人凭吊即可。传统主义学者虽然强调传统思想的永恒价值，但早期多重在建立后康德时代的道德形上学，援西学而超西学，努力为中国哲学在世界哲学中争地位。20世纪90年代以来，儒家工夫论逐步得到正视，但仍缺乏相关通史通论著作，更遑论探究其对修身理论的意义了。

从实践运用的视角看。新时代呼唤新文明，新文明需要新管理学。推进国家治理体系和治理能力现代化，需要造就一代代注重德操、献身真理、具有家国天下情怀的时代新人，这就要求管理学在管理价值论、管理主体论、管理客体论及管理方法论上必须有新突破、新进展，构建基于中华优秀传统文化的中国管理理论以指导新的实践，这是势所必至、理有固然。

综上所述，对传统修身思想及其转化和发展进行系统全面深入研究，不但有完善学术思想的理论价值，而且有助推建设中华现代文明的实践意义。

本书未能涉及以上有待补全及深入展开研究的各大端，仅以古典心性论儒学的最主要的载体——"四书"为主要文本，以传统修身思想的大宗——古典心性论儒学的修身思想为主要内容，希望能够提供一个深入研究传统修身思想的案例。接下来的第二章简述《论语》《大学》《中庸》《孟子》时代与要义，阐述"四书"成立的大致过程、思想意涵及其当代价值；第三章阐述"四书"对于身何以可修的问题的回答；第四章阐述"四书"的理想人格论；第五章梳理"四书"关于修身工夫的详细指点。

第二章
"四书"的成立与意义

《论语》约编成于曾子（前505—前435年）后、孟子（前372—前289年）前，《大学》和《中庸》原本是《礼记》中的两篇，《孟子》似是孟子晚年与弟子共同编定。此四者合称"四书"，是中唐以迄两宋的儒学复兴运动的结果。经过朱子诠释的"四书"成为近世中国官方意识形态的基本经典，塑造了中华民族走向现代文明的基本背景。重新诠释"四书"基本义理，对当下有科学文化与价值调适意义，也是为当代人修身立德提供本土文化资粮的必要之举。

第一节 "论""学""庸""孟"的时代与内容

一、《论语》的成书与传习

《论语》主要包括五类内容：一是孔子直接说的话；二是孔子回答门人及同时代人如鲁哀公、季康子等人的话或与他们的对话；三是孔子弟子的话或者弟子之间的对话，共四十八条；四是时贤或明王的话，其中仪封人一条、尧曰一条、周公语鲁公一条及柳下惠一条，共四条；五是叙事，四十余条。在这五类内容中，第一类和第二类占绝大部分，所以，《汉书·艺文志》说《论语》是孔子应答弟子、时人及弟子相与言而接闻于夫子之语，大抵是可以成立的。唐代陆德明的《经典释文序录》说："论语者，孔子应答弟子及时人所言或弟子相与言而接闻于夫子之语也。当时弟子各有所记，夫子既终，微言已绝，弟子恐离居已后各生异见，而圣言永灭，故相与论撰。因辑时贤及古明王之语，合成一法。谓之论语。"（《经典释文序录疏证》）应该是考虑到第四类内容而加以补充。元代的何异孙说："《论语》有弟子记夫子之言者，有夫子答弟子问者，有弟子自相答问者，又有时人相言者，有臣对君问者，有师子对大夫之问者，皆所以讨论文义，故谓之《论语》。"（《论语正义》）这是更加全面的概括。

这些内容的原始记录者主要应该是孔子的弟子，但是这些原始记录最后是由谁以及在什么时候编纂成《论语》一书的，自汉迄今，众说纷纭，难有定论。刘向《别录》仅说"《鲁论语》二十篇，皆孔子弟子记诸善言也"（《论语正义》）。这就是《三字经》中"《论语》者，二十篇，群弟子，记善言"一段话的出处。东汉的赵岐在《孟子题辞》中提出"七十子之畴会集夫子所言以为《论语》"（《孟子正义》）。这些记述都未指明到底是弟子中的哪些人纂辑了《论语》。两汉之际出现的《论语崇爵谶》说是子夏六十四人共撰仲尼微言。东汉末年的郑玄更明确地说是仲弓、子游、子夏等所撰定。唐代的柳宗元怀疑这一说法,认为曾子小孔子四十六岁,而《论语》记录了曾子的死,曾子死时,孔子弟子应该没有还活着的,所以《论语》大概是曾子弟子乐正子春、子思等编成的。宋代的程朱接受这一说法,认为《论语》成于有子、曾子之门人。类似以《论语》中称呼有子、曾子为子作为《论语》成于其门人的证据,还有人推断是原思、闵子骞的门人纂辑了《论语》,也已经被推翻。清代出现的认为孔子自己可能参与了《论语》编订的说法,主观臆断更加明显。所以,在没有更多的材料出现前,《论语》由七十子后学编成于曾子死后、孟子生前的说法,虽然宽泛但最为审慎和稳妥。

魏晋间何晏等人的《论语集解·叙》根据《汉书·艺文志》等材料,提供了从汉初迄魏晋间《论语》传本源流演变的情况。

其一,从汉初到西汉末的元、成时代是鲁论、齐论和古论三种传本并行的阶段。《鲁论语》出自鲁人,传习《鲁论语》的有常山都尉龚奋、长信少府夏侯胜、丞相韦贤及子韦玄成、鲁扶卿、太子太傅夏侯建、将军萧望之;《齐论语》系齐人所传,别有《问王》《知道》二篇,凡二十一篇,其中二十篇章句比《鲁论语》多,传习者有昌邑中尉王吉、少府朱畸、琅琊王卿、御史大夫贡禹、尚书令五鹿充宗、胶东庸生。《古论语》出于孔氏壁中,凡二十一篇,有两《子张》,篇次与《鲁论语》《齐论语》不同,孔安国作传,后汉马融也有注。

其二,安昌侯张禹的混编本。张禹本来随夏侯建习《鲁论语》,又跟庸生、王吉学《齐论语》,最后混编鲁论和齐论,号称"张侯论",向汉成帝讲授,因此被列于学官,通行于汉世。包咸、周氏的章句依据的就是张禹的混编本。

其三，郑玄今古文混合本。郑玄根据鲁论张、包、周之篇章，比对齐论、古论，然后注解。

其四，三国时魏国的何晏集解本《论语》，出现在魏晋间，一直流传到现在。

《论语》的讲习受历代不同环境、不同学风的影响，在不同历史时期呈现出不同的面貌。何晏著《论语集解》，汇集了孔安国、包咸、马融、郑玄、陈群、王肃、周生烈等众多的汉儒旧注，只是大量删除郑玄注，而过多保留了孔安国、王肃之说，很多人认为孔注其实并不是汉代孔安国所作。南朝梁皇侃的《论语义疏》依何晏本疏释，所引有自晋太保河东卫瓘以下凡十三家，都是"魏晋诸儒讲义，多涉清玄"（《四库全书总目》），可以作为研究玄学的史料。宋代的邢昺对皇氏本删削，附加许多思想性的解说，被看成《论语》学由汉学形态转向宋学形态的一个过渡。朱子集北宋诸儒的《论语》解释，著成《论语集注》，是《论语》宋学的标志性成果，后来理学家的讲论多述朱子。赵顺孙的《论语纂疏》，根据《文集》《语录》，并采集朱子学派如辅广、陈淳等人的注释，以朱注朱，非常便于参考。明末的刘宗周著《论语学案》，提供了广义性的心学者对于《论语》全文的解释，值得重视。清代学者考证经籍异文，搜辑汉儒旧说。焦循的《论语通释》疏释《论语》中一贯忠恕、仁、圣、异端等观念，从中可见清代学术从事义理之学的新方法。刘宝楠自称"不欲专己之学，不欲分汉宋门户之见"，所著《论语正义》在文字训诂、解释名物典制、考证历史事实等方面有长处。晚清戴望《论语注》引《春秋》公羊义解说《论语》，康有为借注《论语》中发自己的见解。与康氏同学于朱次琦的简朝亮，以《论语》诸家专书及散见者，萃而考之，为《论语集注补正述疏》，旁及诸经，征引史传，疏通证明，或以为远胜刘宝楠《论语正义》[1]，但其间也充斥许多烦琐无关的考证，转说转远。近现代的《论语》学名著有杨树达《论语疏证》，辑录先秦两汉典籍引《论语》者，对考见孔子思想源流很有参考价值。

二、《大学》的时代与意义

《大学》是《礼记》中的一篇，它是什么时候的著作以及作者是谁，向来并没有确定的说法。

《汉书·艺文志》有"记百三十一篇"，自注说是七十子后学者所记。唐代的孔颖达认为《礼记》之作出自孔氏，乃孔子没后七十二之徒共撰所闻而成。除《中庸》《缁衣》《月令》《王制》，其余众篇未能尽知所记之人。二程以其为孔氏之遗书加以尊信表彰，朱子才推定是孔子取古之大学所以教人之法，诵而传之以诏后世。三千之徒，盖莫不闻其说，而曾氏之传独得其宗，于是作为传义，以发其意。朱子根据这一看法，重新厘定《大学》篇章，编成经一章、传十章的改本，并且认为经一章盖孔子之言而曾子述之，传十章则曾子之意而门人记之。此说为宋明新儒者普遍接受，受到反对宋明新儒学学者的质疑，比如明清之际的陈确和18世纪学术界的杰出领袖戴震。新文化运动起，道统论崩塌，此后《大学》长时间被众多学者认为是汉代儒家的作品。

根据《论语》里曾子的言论，可以看出曾子之学有三个特色。一是弘毅，就是仁以为己任的担当精神，而《大学》讲明明德于天下。二是内省，吾日三省吾身，而《大学》讲修身以诚意为本。三是孝悌，因此司马迁有曾子作《孝经》的说法。清代崔述虽然认为《大学》不是曾子所著，是战国时的作品，但他比对了《大学》和曾子思想的相关性，比

---

[1] 徐复观.中国经学史的基础[M].台北：台湾学生书局，1990：55.

如：孔子曰吾道一以贯之，曾子曰夫子之道忠恕而已矣，而《大学》所言皆忠恕之事。所以他认为《大学》之流传则必出于曾子，盖曾子得之于孔子，而后人又衍为《大学》。

《大学》是曾子之学的意见，近年来得到越来越多人的认同，主要基于出土文献的证据，最重要的是郭店楚简中的十一种十四篇儒书。根据专家研究，这些儒书的发现证实了《中庸》出于子思，《大学》中提出的许多范畴，包括修身、慎独、新民等，在竹简里都有反复的论述引申。《大学》有经有传的结构，与《五行篇》的经传非常相像。这些学者推断，宋以来学者推崇《大学》《中庸》，认为"学""庸"体现了孔门的理论理想，不是没有根据的。[1]

所以，我们根据这一意见，把《大学》作为战国初期的作品，虽未必是曾子手著，但是与曾子有密切关系。

《大学》从《礼记》中别出后，在儒学中获得了崇高的地位。程朱理学把《大学》作为初学入德之门。认为"论""孟"只是应机接物之微言，或因一时一事而发，于人虽切，然而问者非一人，记者非一端，前后浅深无序，抑扬进退不齐，不全部适用初学。《大学》是垂世立教之大典，通为天下后世而言，规模虽大，但首尾该备而纲领可寻，节目分明而工夫有序，于学者之日用非常密切。所以初学应该以《大学》为先。(《朱子读书法》)

阳明心学也以《大学》为教典。王阳明说："孟子集义养气之说，固大有功于后学。然亦是因病立方，说得大段；不若《大学》格致诚正之功，尤极精一简易，为彻上彻下，万世无弊。"(《传习录》)所以王阳

---

[1] 李学勤. 先秦儒家著作的重大发现[M]//郭店楚简研究(中国哲学：第二十辑). 辽宁：辽宁教育出版社，2000：16.

明"接初见之士，必借《学》《庸》首章以指示圣学之全功，使知从入之路。"(《大学问》)"平时论学，未尝立一言，惟揭《大学》宗旨，以指示人心。谓《大学》之教，自帝尧明德睦族以降，至孔门而复明。其为道也，由一身以至家国天下，由初学以至圣人；彻上彻下，通物通我，无不具足。此性命之真，几圣学之规矩也。"(《传习录注疏》)王阳明弟子钱德洪认为《大学》一书是千古圣学宗要。

朱子的《大学章句》和王阳明的《大学古本》，一先一后，都是通过对《大学》文本进行阐释表达自己的理学思想。受此影响，历史上出现了众多的《大学》改本。一直到现在，重订《大学》篇章的工作还在延续，足见《大学》在思想史上的持久影响力。

《大学》所指的"大学"到底是什么，向来的解释也颇有不同。

汉代的郑玄说：名曰大学者，以其记博学可以为政也。(《礼记正义》)认为大学就是学问大、学问广博的意思。

北宋吕大临认为大学是与小学相对说的，小学教礼乐射御书数六艺及孝友睦姻任恤之行，大学教修身之德和治天下国家之道。古之教者，学不躐等，必由小学然后进于大学。自学者言之，不至于大学所止则不进；自成德者言之，不尽乎小学之事则不成。朱子则以为八岁入小学，教之以洒扫、应对、进退之节，礼乐、射御、书数之文；十五岁入大学，教之以穷理正心、修己治人之道。(《四书章句集注》)还有一种看法则不承认大人之学与小子之学之区分，认为大学是探究人人如何成为大人之学，而所谓大人，就是以天地万物为一体的人，比如尧舜禹汤文武和孔子。(《大学问》)尧舜禹汤文武以天地万物为一体，以他人之困苦荼毒为己身之疾痛，公是非，同好恶，视人犹己，视国犹家，见善不啻若己出，见恶不啻若己入，视民之饥溺犹己之饥溺，而其民熙熙皞皞，杀之不怨，利之不庸，施及蛮貊，而凡有血气者莫不尊亲，于是民也能以天地万物为一体。孔子以天地万物为一体，疾痛追切，虽欲已之而自有所不容已，所以汲汲遑遑，若求亡子于道路，而不暇于暖席，并非为了人知人信。(《传习录注疏》)所以，大学就是大人之学，就是学以至圣人之学。

三、《中庸》的时代与要义

和《大学》不同，《中庸》是《礼记》中少数汉代学者明确指出过作者的几篇中的一篇。司马迁在《史记·孔子世家》中说："子思作《中庸》。"郑玄认为《中庸》是孔子的孙子子思为昭明圣祖之德而写的(《礼记正义》)，这也成为郑玄诠释《中庸》的一个基本立足点。

朱子接受了汉儒子思作《中庸》的说法，把子思和《中庸》作为四子和"四书"的组成部分并加以推演。认为《中庸》是"子思子忧道学之失其传而作"，而道学的内容就是所谓"人心惟危，道心惟微，惟精惟一，允执厥中"十六字心传，也就是尧舜禹汤文武及伊尹、傅说、周公、召公等圣君贤相历世相传的道统。孔子"虽不得其位，而所以继往圣、开来学，其功反有贤于尧舜者。然当是时，见而知之者，惟颜氏、曾氏之传得其宗。及曾氏之再传，而复得夫子之孙子思，则去圣远而异端起矣。子思惧夫愈久而愈失其真也，于是推本尧舜以来相传之意，质以平日所闻父师之言，更互演绎，作为此书，以诏后之学者。"(《四书章句集注》)

但前于朱子的欧阳修，与朱子同时代的吕祖谦和清代的崔述等都怀疑《中庸》是子思的作品。近代以来，随着道统论的解体，否定更甚，多认为《中庸》是秦汉之际儒家的作品。在三部著名的中国哲学史著作中，只有胡适的《中国哲学史大纲》把《中庸》和《大学》都作为孟子、荀子以前的儒书。但是强调有一分证据说一分话，有七分证据说七分话，没有证据便不说话的胡适，这时却说："我说这话，并无他种证据，只要细看儒家学说的趋势，似乎在孟子、荀子之前总该有几部这样的书，才可使学说变迁有线索可寻。"[1]这个说法当然不能令人满意，冯友兰就把《中庸》的时代放在秦汉之际。[2]劳思光先生因《礼记》辑于汉初而《中庸》的理论形态近于汉儒，认为其是宇宙论中心的伪儒学。[3]

有学者结合出土文献重新研究，认为"在有各种资料明确记载《中庸》是子思所作的情况下，仅仅根据一两句言论，便断定《中庸》一书晚出，显然难以成立"，于是倾向于肯定《中庸》是子思所作。但是又根据自己的理解，将《中庸》全文加以割裂。有的认为朱熹《章句》所定的第二章到第二十章"所以行之者一也"为一篇，仍以《中庸》名之，与《缁衣》等篇的情况一致，而把《章句》所定的第一章与第二十章"凡事预则立"以下合为一篇，主要谈论诚明，称作《诚明》；有的更几乎全部打散，新编成《中庸》及《天命》两篇。[4]这些研究肯定了《中庸》是子思所作，但用自己的理解篡改古文献的做法并不可取，因为《中庸》本身可以理解为一部成体系的、思想一致、前后一贯的作品。程朱就认为《中庸》始言一理，中散为万事，末复合为一理。

《中庸》和《论语》《孟子》《大学》相比，有三个特色。

第一个特色是，《中庸》可称得上是儒家思想的纲要。儒家成德之

---

[1] 胡适.中国哲学史大纲[M]//胡适全集：第5册.合肥：安徽教育出版社，2005：432-439.
[2] 冯友兰.中国哲学史[M].北京：中华书局，2014：377-383.
[3] 劳思光.新编中国哲学史：第2卷[M].上海：三联书店，2015：44-55.
[4] 梁涛.郭店楚简与《中庸》公案[M]//中国经学思想史.北京：中国社会科学出版社，2003：639-670.

学，其全部内容必然要包括三个部分：一是对于成德所要实现的理想人格与良善秩序的目标要有所说明，可以方便称作价值论；二是对于人能够实现这一目标的根据要有所说明，可以方便称作本体论；三是对于人实现圣人与圣治的工夫要给出指点，可以方便称作工夫论。从思想内容上看，当然可以说《论语》包含了成德之学的全部意蕴，践仁以知天，下学而上达，从心所欲不逾矩，有本体有工夫，但正如朱子所说，《论语》对学者来说虽然重要，但是问者非一人，记者非一端，前后浅深无序，抑扬进退不齐。(《朱子读书法》)《孟子》虽然从形式看要齐整一些，但也没有对儒学理论进行有系统的阐述。《大学》以明明德于天下为主题，侧重于下学工夫，没有涉及仁者知天命、不逾矩的境界。而《中庸》以诚的观念为核心，将上述三个部分整合成一个有机的整体：作为本体论的概念，诚为天道；作为工夫论的概念，诚为诚意；作为价值论的概念，诚为尽性。

第二个特色是，《中庸》对天人合一的阐明。《中庸》明确以天道下贯为人之性，人率性修道可以上达天德，致中致和最后能位天地、育万物，戒慎恐惧极于无声无臭。

第三个特色是，《中庸》对道统观念的承载。《中庸》不但以大舜、文王、武王、周公、孔子的立身行事具体指点成德工夫，还明确指出孔子祖述尧舜、宪章文武，上律天时，下袭水土，表现了儒家道统作为天地、人文之统的思想性格。所以，朱子选择在《中庸章句序》中阐释他关于道统的理论不是没有理由的。

《中庸》篇章，各家不同。朱子之前有《礼记》的郑注孔疏本，分为上下两卷三十六章。北宋的晁说之分八十二章。朱子之后，又有宋代黎立武的《中庸分章》、明代管志道的《中庸订释》等。王夫之分为五段，"第一章总论大要，以静存动察为体中庸之实学，上推其所以必然之理于天，而着其大用于天地万物，以极其功效之费。自'君子中庸'至'唯圣者能之'，辨能体中庸之人。自'君子之道费而隐'至'哀公问政'章，广陈中庸之道。自'自明诚'至'其孰能知之'，言能体中庸之人，备中庸之道者，惟其德。末章又总论之，示学者由动察静存而深造之，则尽性至命，而上合于天载。第二段步步赶到圣者上，第三段'鬼神'及'问政'章归本诚上，第四段'大哉圣人之道'章言至德，'仲尼祖述'章言小德大德皆归本德上。"（《四书笺解》）近代以来，顾实《中庸郑注讲疏》分十六章，而且每章用两个字命名；钱基博《四书解题及读法》以"治国其如示诸掌乎"以上为上篇，分四章，"哀公问政"以下为下篇，分三章。

朱子说："某旧读《中庸》，以为子思做，又时复有个'子曰'字，读得熟后方见得是子思参夫子之说著为此书。自是沉潜反覆，遂渐得其旨趣，定得今《章句》，摆布得来直恁么细密。"弟子黄榦说："《中庸》与他书不同，如《论语》是一章说一事，《大学》亦然，《中庸》则成大片段，须是滚读方知首尾，然后逐段解释，则理通矣。今莫若且以《中庸》滚读，以《章句》仔细一一玩味，然后首尾贯通。"（《四书纂疏》）

在我看来，《中庸》全书可以分成六个部分。第一部分是朱子《章句》的首章，可称为"总述大旨"章，其实是儒家思想的一个纲要。第二部分是"用中为常"章（朱子《章句》的第二章至第十一章），以无时不中接续首章的戒慎恐惧和中和位育，以知、仁、勇三德为入德之门，其实是陈述要有中庸之至德需要做哪些工夫。第三部分可称为"素位而行"章（朱子《章句》第十二章至第二十一章），主要阐述人应当在其当下所居之位，于家、于国、于天下行忠恕的修身工夫。第四部分可称为"天人合德"章（朱子《章句》第二十二章至第二十九章），主要阐述修身之功参赞化育的境界。第五部分，可称为"圣德配天"章（朱子《章句》第三十章至第三十二章），是对天人合德的圣人礼赞，郑玄所说子思昭明圣祖之德而作《中庸》，主要指这几章。第六部分，可称为"慎独位育"章（朱子《章句》第三十三章），阐述君子诚意慎独以至于无声无臭，可以看作全文的结论，即朱子"举一篇之要而约言之"（《四书章句集注》）。

四、孟子其人其书

孟子，名轲，战国时邹国人，是鲁公族孟孙氏之后。三桓子孙衰微后，分别前往多个诸侯国。邹在春秋时是邾子之国，到孟子时改称邹，与鲁国相邻，后被鲁国合并。现在有关孟子见梁惠王之前的种种记载，都是不可靠的。[1] 东汉赵岐在《孟子题辞》中说孟子"夙丧其父，幼被慈母三迁之教"（《孟子正义》），与《孟子》中前丧后丧的记载不吻合，显然是后起的传说。司马迁说孟子受业于子思弟子门下，赵岐说孟子受业于子思，但孟子自己说"予未得为孔子徒也，予私淑诸人也"（《孟子·离娄下》），诸人是哪些人，其实并不清楚。

但可以肯定，孟子治儒者之道，赵岐称孟子"通五经，尤长于《诗》《书》"。司马迁说《孟子》是"序《诗》《书》"（《史记·孟子荀卿列传》），可见经典对孟子思想塑造的影响。

《孟子》七篇引《诗》凡三十五次，用经典的权威来证明自己的思想和陈述历史。除四次出自《国风》外，其他都在《大雅》《小雅》。孟子曰："说《诗》者不以文害辞，不以辞害志，以意逆志，是为得

---

[1] 刘殿爵. 孟子生平事迹年代考［M］// 采掇英华：刘殿爵教授中译集. 香港：香港中文大学出版社，2004：123-130.

之。"[1]认为说《诗》不能拘泥于文字词句,而贵在能探得作者的动机与意向。比如孟子和公孙丑讨论《小弁》和《凯风》,有人认为《小弁》表达怨情,是小人之诗,孟子认为对有大过的亲人生怨情,正是仁心的流露,亲有大过而不生怨,这是疏离了亲人,是不孝;《凯风》中亲人是小过,亲有小过就生怨,也是不孝。[2]应该就是这一方法的运用。

《孟子》引《书》凡二十九次,反复称道尧、舜、禹、稷、益、皋陶、汤、傅说、文王、武王、伊尹、周公,比较伊尹、伯夷、柳下惠、孔子的圣人人格类型,讨论自汤至武丁及文王与纣的时势,历数大禹、周公、孔子救乱的努力,深究禅让与征诛的终极根据。可以看出,《尚书》一书是构成孟子性善论和仁政论的重要思想基底。孟子说:"尽信

---

[1] 出自《孟子·万章上》。咸丘蒙问曰:"语云:'盛德之士,君不得而臣,父不得而子。舜南面而立,尧帅诸侯北面而朝之,瞽瞍亦北面而朝之。舜见瞽瞍,其容有蹙。孔子曰:于斯时也,天下殆哉,岌岌乎!'不识此语诚然乎哉?"孟子曰:"否。此非君子之言,齐东野人之语也。尧老而舜摄也。《尧典》曰:'二十有八载,放勋乃徂落,百姓如丧考妣。三年,四海遏密八音。'孔子曰:'天无二日,民无二王。'舜既为天子矣,又帅天下诸侯以为尧三年丧,是二天子矣。"咸丘蒙曰:"舜之不臣尧,则吾既得闻命矣。《诗》云:'普天之下,莫非王土;率土之滨,莫非王臣。'而舜既为天子矣,敢问瞽瞍之非臣,如何?"曰:"是诗也,非是之谓也;劳于王事,而不得养父母也。曰:'此莫非王事,我独贤劳也。'故说《诗》者不以文害辞,不以辞害志,以意逆志,是为得之。如以辞而已矣,《云汉》之诗曰:'周余黎民,靡有孑遗。'信斯言也,是周无遗民也。孝子之至,莫大乎尊亲;尊亲之至,莫大乎以天下养。为天子父,尊之至也;以天下养,养之至也。《诗》曰:'永言孝思,孝思维则。'此之谓也。《书》曰:'祗载见瞽瞍,夔夔齐栗,瞽瞍亦允若。'是为父不得而子也。"

[2] 出自《孟子·告子下》。公孙丑问曰:"高子曰:'《小弁》,小人之诗也。'"孟子曰:"何以言之?"曰:"怨。"曰:"固哉,高叟之为诗也!有人于此,越人关弓而射之,则己谈笑而道之;无他,疏之也。其兄关弓而射之,则己垂涕泣而道之;无他,戚之也。《小弁》之怨,亲亲也。亲亲,仁也。固矣夫,高叟之为诗也!"曰:"《凯风》何以不怨?"曰:"《凯风》,亲之过小者也;《小弁》,亲之过大者也。亲之过大而不怨,是愈疏也;亲之过小而怨,是不可矶也。愈疏,不孝也;不可矶,亦不孝也。孔子曰:'舜其至孝矣,五十而慕。'"

《书》，则不如无《书》，吾于《武成》，取二三策而已矣。仁人无敌于天下，以至仁伐至不仁，而何其血之流杵也？"（《孟子·尽心下》）以道德判断臆测数百年前的记载，显然不足取法，但尽信书不如无书的态度，也有方法论的意义。

《孟子》没有谈到《易》，孟子是否学过《易》，很难判断。程颐称："孟子曰：'可以仕则仕，可以止则止，可以久则久，可以速则速。''孔子，圣之时者也。'故知《易》者莫如孟子。"（《四书章句集注》）邵雍说孟子得《易》之用。焦循认为"孟子深于《易》，悉于圣人通变神化之道""《孟子》七篇全是发明《周易》变通之义"（《孟子正义》）。这类说法都试图证明《孟子》和《周易》之间的内在相通。

孟子对《春秋》的理解非常深刻。认为《春秋》是孔子为拨乱反正而作，说："王者之迹熄而《诗》亡，《诗》亡然后《春秋》作。晋之《乘》，楚之《梼杌》，鲁之《春秋》，一也。其事则齐桓、晋文，其文则史。孔子曰：'其义则丘窃取之矣。'"（《孟子·离娄下》）"《春秋》无义战。"（《孟子·尽心下》）"《春秋》，天子之事。"（《孟子·滕文公下》）所以程颐说："知《春秋》者莫如孟子。"（《四书章句集注》）焦循说："于《春秋》独标乱臣贼子惧，为深知孔子作《春秋》之旨。"（《孟子正义》）

孟子说："君子深造之以道，欲其自得之也。自得之，则居之安；居之安，则资之深；资之深，则取之左右逢其原，故君子欲其自得之也。"（《孟子·离娄上》）孟子之学，应该是深造自得居多。

孟子学成后，是否即开始教授弟子，很难考定。孟子说："人之患在好为人师。"（《孟子·离娄上》）彭更说孟子"后车数十乘，从者数百人，以传食于诸侯"（《孟子·滕文公下》），但可以考见的孟子弟子仅有乐正子、万章、公孙丑、公都子、屋庐子、充虞、陈臻、徐辟等可数的几人。陈代、彭更、咸丘蒙和桃应四人，朱子以为是孟子弟子，崔述则认为不能确定。乐正子似乎在孟子见梁惠王前已经从学于孟子，在孟子居齐时，乐正子随从宣王嬖臣王欢到齐，孟子责备他舍馆定而后见长者[1]，又说他学古之道仅仅用以谋食[2]。

滕更是滕君之弟，来孟子门下受学，似乎应该被以礼相待，但孟子因为他挟贵而问、挟贤而问不予回答（《孟子·尽心上》）。虽然应该诲人不倦，但是又不喜欢那些没有诚意向学的人。孟子认为教人的方法很多，不屑于教诲其实也是一种教诲（《孟子·告子下》），正如孔子之于孺悲。弟子公孙丑认为孟子之道既高且美，又不可及如天之不可攀，问孟子为什么不改变，让人可以接近，能努力不断地去学？孟子说："大匠不为拙工改废绳墨，羿不为拙射变其彀率。君子引而不发，跃如也。中道而立，能者从之。"（《孟子·尽心上》）其实孟子对于有向道之心来学习的人，往者不追，来者不拒（《孟子·尽心下》）。这也是孔子与其进而不保其往的精神。

司马迁说孟子晚年"退而与万章之徒序《诗》《书》，述仲尼之意，作《孟子》七篇"（《史记·孟子荀卿列传》）。赵岐不同意司马迁的这一观点，称："于是退而论集所与高第弟子公孙丑、万章之徒难疑问答，又自撰其法度之言，著书七篇，二百六十一章三万四千六百八十五字。"（《孟子正义》）还有一种观点认为《孟子》为孟子弟子所记。唐代的林

---

[1] 出自《孟子·离娄上》。乐正子从于子敖之齐。乐正子见孟子。孟子曰："子亦来见我乎？"曰："先生何为出此言也？"曰："子来几日矣？"曰："昔昔。"曰："昔昔，则我出此言也，不亦宜乎？"曰："舍馆未定。"曰："子闻之也，舍馆定，然后求见长者乎？"曰："克有罪。"

[2] 出自《孟子·离娄上》。孟子谓乐正子曰："子之从于子敖来，徒哺啜也。我不意子学古之道，而以餔啜也。"

慎思《续孟子书》二卷,谓《孟子》七篇非轲自著,乃弟子共记其言。韩愈也说孟轲之书非轲自著,乃其徒万章、公孙丑等于轲没后相与记轲所言而成。清代的崔述认为七篇之文往往有可议者,果孟子所自著,不应疏略如是;而且书中称时君皆举其谥,其人未必皆先孟子而卒;书中多以子称孟子门人,而万章、公孙丑不称子且问答之言也很多,可见《孟子》是孟子弟子公孙丑、万章等追述孟子言行,并非孟子自著。三说中以司马迁说最为可信。

第二节　"四书"的成立

"四书"是在肇始于中唐的儒学复兴运动进程中逐步建构起来的。两汉之际佛教开始输入中土,佛学心性论提供给士大夫重新认识和理解《论语》《大学》《中庸》《孟子》四部古典时代儒家文献的思想资源,古典儒学的传承和要义得到了全新的阐释。

一、历史过程

中华大地上,早期华夏、东夷和苗蛮三大族群长时间交往融合,夏商时代出现早期国家。殷周更替后,周公主导创设礼乐秩序,这一秩序从春秋开始走向解体,社会行政制度慢慢由分封制向郡县制转型。在转型过程中,诸国异政,诸子异说,儒墨道法纷纷提出挽救社会危机的种种方案。秦政确立大一统中央集权,为使天下无异议,焚书坑儒,以吏为师,以法为教,二世而亡。炎汉代兴,废挟书律,先崇黄老,与民休息。武帝复古更化,独尊儒术。汉代的新儒学,屈民以申君,屈君以申天,是天人感应的神学目的论。虽然这被有的学者指为宇宙论中心的伪儒学，但是官学化的经学教育所造就的文官，也使儒家所倡导的伦理纲常得到广泛传播。汉末天下大乱，神学目的论被证伪，礼教虚文化，清议转向清谈，魏晋新道家引领学术思潮，用"有生于无"等学说处理自然与名教关系的时代课题，成为中国人接受佛教的导引。从士人和僧侣用道家的"无"与佛教的"空"格义开始，一步步传译、讲习、理解佛教空宗、有宗学说，建立了中国化佛教的三个宗派：天台宗、华严宗和禅宗。这一段历史时期，儒门淡泊，一时收拾不住，中国士大夫精神生活主要受佛学的影响。

由中唐时代的韩愈、李翱开启的儒学复兴运动，持续了几个世纪。几百年中，古典儒学的早期发展历程得到重新认识，帝制时代的儒术和古典儒学的关联被质疑，汉唐时代的注疏在理解儒家经典上的作用被重估。最后，经宋学代替经汉学，朱子及其学派注释的"四书""五经"成为新官学。作为这一运动的重要成果，"四书"的建构同样经历了很长的历史阶段。

作为宋明新儒学的先驱，韩愈了解到要清除佛学对士人思想的影响就得找到可以取代佛家思想的东西。当时流行的禅宗，自称教外别传，不立文字，明心见性，见性成佛。这一简易直捷的心性论是佛教获得广泛传播、产生巨大影响的主要因素。于是韩愈表彰《礼记》中的《大学》，因为《大学》讲正心诚意，而且不外天下国家讲正心诚意，不是自己明心见性就可以，还"将以有为"（《原道》），正心诚意是为了修身齐家治国平天下。跟韩愈同时的李翱，写《复性书》，依据《中庸》讲修身工夫，被欧阳修看作"《中庸》之义疏"（《读李翱文》）。韩愈又特别重视孟子，说"周道衰，孔子没，火于秦，黄、老于汉，佛于晋、魏、梁、隋之间"（《原道》），尧舜禹汤文武周公孔子之道至轲之死就不得其传了，这就将汉儒之学排除在儒家道统之外，因此，"道于杨墨老庄佛之学，而欲之圣人之道，犹航断港绝潢以望至于海"，认为"求观圣人之道必自孟子始"（《送王秀才序》）。先于韩愈，有礼部侍郎杨绾于唐代宗宝应二年上疏要求把《孟子》跟《论语》《孝经》一样列为兼经，作为明经科目。后于韩愈的皮日休也疏请以《孟子》为学科。

宋代重文抑武，士风丕变。范仲淹、欧阳修等推动革新政治、革新教育、革新学术。朝廷也开始提倡《大学》《中庸》，宋仁宗天圣八年，赐进士王拱辰《大学》一轴，此后考试及第一定赏赐《儒行》或《中庸》或《大学》。继庆历新政而有王安石新法，熙宁四年定贡举新制，以"论""孟"为兼经。王安石再次执政后，更制《三经新义》颁于学官。荆公新学流行，士大夫谈道德性命一时成为风气，王安石被认为是"程朱以前对人性论最有贡献、对孟子性善说最有发挥的人"[1]。其政敌司马光著《中庸大学广义》，是《大学》《中庸》并称别出的开始。[2]

风气既开，学统四起，周、程、张、朱相率而出，濂、洛、关、闽踵事增华。

周敦颐写《太极图说》，改造汉代人的宇宙论儒学；又著《通书》，将《中庸》更翻新谱。张载年轻时很有豪侠气派，要结集有志之士规复失地，去见范仲淹，范仲淹对他说："儒者自有名教可乐，何事于兵？"手写《中庸》交给他。范仲淹本人正是宋初思孟学兴起的关键人物。张载在范仲淹的启发下，幡然志道，继而求诸释、老，最后反求《六经》。张载重新研究《六经》的部分成果见于其所写的《经学理窟》，其中的《义理》篇说："学者信书，且须信《论语》《孟子》。

---

[1] 贺麟. 文化与人生[M]. 北京：商务印书馆，1988：298.
[2] 陈槃. 大学中庸新释[M]. 台北："国立"编译馆，1984：1.

《诗》《书》无舛杂,《礼》虽杂出诸儒,亦若无害义处,如《中庸》《大学》出于圣门,无可疑者。"以"学""庸"配"论""孟",与二程异曲同工。

二程以《大学》为初学入德之门,以《中庸》为孔门传授心法,视"论""孟"如丈尺权衡,认为穷尽"论""孟"之旨,《六经》之道可求,正如用丈尺权衡量度事物,自然知道长短轻重。至此,"四书"的建构初步完成,其定型则在朱子。

朱子几乎用一生精力研读"四书"。先著《精义》荟萃宋代二程、张载及其门人关于"论""孟"的解说,再著《或问》辩正各种解说的是非得失,最后于"论""孟"称"集注",于"学""庸"称"章句",合称《四书章句集注》,简称《四书集注》。"学""庸"章句前有序,"论""孟"集注前有序说。在《序说》和《序》里,朱子清理了古典儒学的发展脉络,建立起孔、曾、思、孟相承的道统。

朱子之后,宋明新儒学继续发展,对于是否以程、朱等人上接孟子之道统,存在不同认识,但对于朱子所建立孔、曾、思、孟的发展脉络,即如象山和阳明,也没有表示不同的意见,这应该可以看作宋明新儒学对于古典儒学发展历史的共同见解。

二、思想意涵

从唐宋儒学复兴运动的角度来考察"四书"的建构过程,都会注意到佛教的祖统论和心性论的刺激。

"四书"的建构,首先是要用儒家的道统去对抗佛教的祖统,说儒家的道,尧舜禹汤文武周公圣圣相承,再传到孔子,孔子传给曾子,曾子传给子思,子思传给孟轲,以"论""学""庸""孟"来表现孔、曾、思、孟道统的相传。其次是要用儒家的心性论来代替佛教的心性论,认为儒家不但有心性论，而且儒家的心性论要高于佛教的心性论。这两层意思，都首先表现于宋明新儒学的先驱韩愈。就前一点来说，陈寅恪先生指出韩愈建立道统以证明传授之渊源固然由孟子卒章所启发，但也是从新禅宗所自称者摹袭得来。[1]至于后一点，程门弟子尹彦明就认为王安石批评韩愈说正心诚意将以有为只能证明王安石自己对儒者之道缺乏认知。韩愈说："正心诚意便休，却是释氏也。正心诚意，乃所以将有为也。非韩子不能至是。"（《原道》）

就思想历史的意义说。首先，建构"四书"以体现孔、曾、思、孟相承的道统，就是从先秦齐头并列并无一确定的传法统系的庞杂的儒者集团中确定一个统系，借以决定儒家生命智慧的基本方向，这就对孔子生命智慧前后呼应的传承有了一个确定的认识，即确定出传承的正宗，决定出儒家的本质，而将传经的子夏、隆礼的荀子排除在孔子之道之外。其次，用"四书"尤其是《论语》《孟子》之义理来确定"五经"之主旨，先"四书"而后"五经"，就正如牟宗三先生所说，是直接以孔子为标准，就孔子生命智慧的方向讲成德之教，就是以成德之教为儒学，也就是以直接相应孔、孟的生命智慧而自觉地进行道德实践以清澈自己的生命、发展自己的德性人格为儒学，这就将天人感应的宇宙论儒学排除在儒学的传承外，从周、孔并称转向孔、孟并称。周、孔并称，孔子只是尧舜禹汤文武周公的骥尾，对后来者只是传经之媒介，这只是从外部看孔子，孔子并没有得到他应得的地位，其独特的生命智慧并没有被凸显出来。孔、孟并称，则是以孔子为儒家的创立者，孔子之所以为孔子才正式被认识。[2]

---

[1]陈寅恪.论韩愈[M]//金明馆丛稿初编.北京：三联书店，2012：320.
[2]牟宗三.心体与性体[M].台北：正中书局，1990：13-14.

就哲学思想的意义说。"四书"系统是心性之学相承的传统。朱子在《中庸章句序》中把"人心惟危,道心惟微,惟精惟一,允执厥中"作为道统的内容,认为是天下之至理,从本体和工夫两面给予充分阐发。

> 心之虚灵知觉,一而已矣,而以为有人心、道心之异者,则以其或生于形气之私,或原于性命之正,而所以为知觉者不同,是以或危殆而不安,或微妙而难见耳。然人莫不有是形,故虽上智不能无人心,亦莫不有是性,故虽下愚不能无道心。二者杂于方寸之间,而不知所以治之,则危者愈危,微者愈微,而天理之公卒无以胜夫人欲之私矣。精则察夫二者之间而不杂也,一则守其本心之正而不离也。从事于斯,无少间断,必使道心常为一身之主,而人心每听命焉,则危者安、微者著,而动静云为自无过不及之差矣。

弟子黄榦进一步发挥朱子的思想,先后写了《圣贤道统传授总叙说》和《中庸总论》两篇文章,收在《勉斋集》卷三,黄宗羲又把它录入《宋元学案》卷六三的《勉斋学案》。

《圣贤道统传授总叙说》有如下论述。

> 有太极而阴阳分,有阴阳而五行具,太极、二、五妙合而人物生。赋于人者秀而灵,精气凝而为形,魂魄交而为神,五常具而为性,感于物而为情,措诸用而为事。物之生也,虽偏且塞,而亦莫非太极、二、五之所为。此道之原之出于天者然也。圣人者,又得其秀之秀而最灵者焉,于是继天立极,而

得道统之传，故能参天地，赞化育，而统理人伦，使人各遂其生，各全其性者，其所以发明道统以示天下后世者，皆可考也。尧之命舜则曰："允执厥中。"中者，无所偏倚，无过不及之名也。存诸心而无偏倚，措之事而无过不及，则合乎太极矣，此尧之得于天者，舜之得统于尧也。舜之命禹则曰："人心惟危，道心惟微，惟精惟一，允执厥中。"舜因尧之命，而推其所以执中之由，以为人心形气之私也，道心性命之正也，精以察之，一以守之，则道心为主，而人心听命焉，则存之心，措之事，信能执其中。曰精曰一，此又舜之得统于尧，禹之得统于舜者也。其在成汤则曰："以义制事，以礼制心。"此又因尧之中，舜之精一，而推其制之法。制心以礼，制事以义，则道心常存，而中可执矣。曰礼曰义，此又汤之得统于禹者也。其在文王，则曰"不显亦临，无射亦保"，此汤之以礼制心也；"不闻亦式，不谏亦入"，此汤之以义制事也，此文王之得统于汤者也。其在武王，受丹书之戒，则曰："敬胜怠者吉，义胜欲者从。"周公系《易》爻之辞曰："敬以直内，义以方外。"曰敬者，文王之所以制心也；曰义者，文王之所以制事也，此武王、周公之得统于文王者也。至于夫子则曰："博学于文，约之以礼。"又曰："文行忠信。"又曰："克己复礼。"其著之《大学》，曰格物致知，诚意正心，修身齐家，治国平天下，亦无非数圣人制心制事之意焉，此又孔子得统于周公者也。颜子得于博文约礼、克己复礼之言，曾子得之《大学》之义，故其亲受道统之传者如此。至于子思，则先之以戒惧谨独，次之以知仁勇，而终之以诚。至于孟子，则先之以求放心，而次之以集义，终之以扩充，此又孟子得统于子思者然也。及至周子，则以诚为本，以欲为戒，此又周子钼继孔、孟不传之绪者也。至二程子则曰："涵养须用敬，进学则在致知。"又曰："非明则动无所之，非动则明无所用。"而为《四箴》，以着克己之义焉，此二程得统于周子者也。先师文公之学，见之《四书》，而其要则尤以《大学》为入道之序。盖持敬也，诚意正心修身而见于齐家治国平天下，外有以极其规模之大，而内有以尽其节目之详，此又先师之得其统于二程者也。圣贤相传，垂世立教，灿然明白，若天之垂象昭昭然；而隐也，虽其详略之不同，愈讲而愈明也。学者之所当遵承而固守也，违乎是则差也，故尝撮其要旨而明之。居敬以立其本，穷理以致其知，克己以灭其私，存诚以致其实，以是四者而存诸心，则千圣万贤所以传道而教人者，不越乎此矣。

上文主要就修身工夫论述。首先用周敦颐《太极图说》解释朱子"继天立极"的含义，认为人得五行之秀，所以是天地之灵，而圣人又得其秀之秀而最灵，所以能参天地，赞化育，而统理人伦，使人各遂其生，各全其性。尧得于天而合于天的就是尧命舜"允执厥中"的中，中乃民秉天地之所以生，是无所偏倚，无过不及。如果存心不偏不倚，行事自然就能无过不及。舜推究所以执中的根据，人如果从形气之私发心，则危殆不安。如果能时时省察，不杂私心，那么存心行事就都能执守中道。成汤说："以义制事，以礼制心。"(《尚书·商书·仲虺之诰》)以义作为行事的法则，以礼端正意志的方向，这是将执守中道的工夫具体化了。文王说："不显亦临，无射亦保。"(《诗经·大雅·思齐》)其实就是以礼制心，即做到内心守礼。又说："不闻亦式，不谏亦入。"(《诗经·大雅·思齐》)其实就是以义制事，即根据道德法则行动。武王说:"敬胜怠者吉,义胜欲者从。"(《大戴礼记·武王践阼》)周公系《易》爻之辞说:"敬以直内,义以方外。"[1]敬正是文王用来制心的,义正是文王用来制事的。孔子说:"博学于文,约之以礼。"(《论语·雍也》)又教弟子以"文行忠信"(《论语·述而》),告颜子以"克己复礼"[2],《大学》首章说的格物致知诚意正心修身齐家治国平天下,都是圣人制心制事的工夫。颜子对博文约礼的赞叹[3],对克己复礼的持守(《论语·颜渊》);曾子为《大学》作传,正是他们亲受道统的地方。《中庸》先以戒惧谨独为工夫,再以知仁勇为入德之门,又说明善诚身;孟子讲求放心,讲集义,这也是发挥圣人制心制事的工夫。周子以诚为本,以欲为戒。二程说:"涵养须用敬,进学则在致知",写《四箴》阐述克己复礼的思想,都是接续孔曾思孟的。朱子的"四书"之学私淑程子,外有以极其规模之大,而内有以尽其节目之详。圣贤相传,垂世立教,灿然明白,若天之垂象,昭昭然而隐,虽详略不同,但是越讲而越明。

黄榦的《中庸总论》主要从心性之学关于道之体用的方面展开论述。

> 《中庸》之书,《章句》《或问》言之悉矣,学者读之,未有不晓其文,通其义者也。然此书之作,脉络相通,首尾相

---

[1] 这里黄榦接受朱子的意见,以为《周易》爻辞乃周公所作,故有此语。此语出自《易·坤·文言》。

[2] 出自《论语·颜渊》。颜渊问仁,子曰:"克己复礼为仁,一日克己复礼,天下归仁焉。为仁由己,而由人乎哉?"颜渊曰:"请问其目?"子曰:"非礼勿视,非礼勿听,非礼勿言,非礼勿动。"颜渊曰:"回虽不敏,请事斯语矣。"

[3] 出自《论语·子罕》。颜渊喟然叹曰:"仰之弥高,钻之弥坚,瞻之在前,忽焉在后。夫子循循然善诱人,博我以文,约我以礼,欲罢不能,既竭吾才,如有所立,卓尔,虽欲从之,末由也已。"

应，子思之所述，非若《语》《孟》问答，章殊而旨异也。苟从章分句析，而不得一篇之旨，则亦无以得子思著书之意矣。程子以为始言一理，中散为万事，末复合为一理。朱先生以诚之一字为此篇之枢纽，示人切矣。今辄述其遗意而言之。

窃谓此书皆言道之体用，下学而上达，理一而分殊也。首言性与道，则性为体而道为用矣。次言中与和，则中为体而和为用矣。又言中庸，则合体用而言，又无适而非中庸也。又言费与隐，则分体用而言，隐为体，费为用也。自"道不远人"以下，则皆指用以明体。自言诚以下，则皆因体以明用。"大哉，圣人之道"一章，总言道之体用也。"发育万物，峻极于天"，道之体也。"礼仪三百，威仪三千"，道之用也。"仲尼"一章，言圣人尽道之体用也。大德敦化，道之体也。小德川流，道之用也。至圣则足以全道之用矣，至诚则足以全道之体矣。末言"上天之载，无声无臭"，则用即体，体即用，造道之极至也。虽皆以体用为言，然首章则言道之在天，由体以见于用。末章则言人之适道，由用而归于体也。其所以用功而全夫道之体用者，则戒惧谨独，与夫知仁勇三者，及夫诚之一言而已，是则一篇之大指也。子思之著书，所以必言夫道之体用者，知道有体用，则一动一静，皆天理自然之妙，而无一毫人为之私也。知道之有体，则凡术数辞章非道也。有用，则虚无寂灭非道也。知体用为二，则操存省察，皆不可以不用其力。知体用合一，则从容中道，皆无所用其力也。善言道者，未有加于此者也。

曰："孔、孟何为而不言也？"

曰："其源流可考也。孔子之学，传之曾子，曾子传之子思，子思传之孟子，皆此道也。曾子曰：'夫子之道，忠恕而已矣。'忠即体，恕即用也。'维天之命，於穆不已'，非道之体乎？'乾道变化，各正性命'，非道之用乎？此曾子得之孔子，而传之子思者也。孟子曰：'恻隐之心，仁之端也。羞恶之心，义之端也。辞让之心，礼之端也。是非之心，智之端也。'恻隐、羞恶、辞让、是非非道之用乎？仁义礼智非道之体乎？此又子思得之曾子，而传之孟子者也。道丧千载，濂溪周子继孔、孟不传之绪。其言太极者，道之体也。其言阴阳五行、男女万物者，道之用也。太极之静而阴，体也。太极之动而阳，用也。圣贤之言道，又安有异指乎？"

或曰："以性为体，则属乎人矣。子思以为天命；又以为发育万物，峻极于天；又以为经纶大经，立大本，知化育，乃合天人为一，何也？"

曰："性即理也。自理而言，则属乎天。以人所受而言，则属乎人矣。属乎人者，本乎天也，故曰'万物统体一太极，天下无性外之物'，属乎天者也。'一物各具一太极，性无不在'，属乎人者也。"

或曰："《中庸》言体用，既分为二矣。程子之言'性即气，气即性，道亦器，器亦道'，则何以别其为体用乎？"

曰："程子有言，'体用一源，显微无间'。自理而观，体未尝不包乎用。'冲漠无朕，万象森然已具'之类是也。自物而言，用未尝不具乎体。'一阴一阳之谓道''形色天性'之类是也。"

或曰："如此则体用既不相离，何以别其为费为隐乎？"

曰："道之见于用者，费也；其所以为是用者，隐也。费犹木之华叶，可见者也；隐犹花叶之有生理，不可见者也。小德之川流，大德之敦化，隐也；然大德之中小德已具，小德之中大德固存，此又体用之未尝相离也。"

黄榦认为《中庸》讲道之体用，下学上达，理一分殊，其实是从孔子来，而孔子"祖述尧舜，宪章文武"（《中庸》），其学实从"六经"来。孔子之学传曾子，曾子传子思，子思传孟子，都不外乎此道。曾子说："夫子之道，忠恕而已矣。"[1]忠即体，恕即用，《中庸》引"维天之命，於穆不已"（《诗经·周颂·维天之命》）是说道之体，"乾道变化，各正性命"（《易·乾·象》）是说道之用，这是曾子得自孔子而传给子思的。孟子说："恻隐之心，仁之端也。羞恶之心，义之端也。辞让之心，礼之端也。是非之心，智之端也。"（《孟子·公孙丑上》）恻隐、羞恶、辞让、是非是道之用，仁义礼智是道之体，这是子思得自曾子而传于孟子的。周濂溪继孔、孟不传之绪，用太极说道之体，指阴阳五行、男女万物为道之用。圣贤之言道其实并没有什么不同。

所以，总体来说，"四书"的建构，远不止以道统对抗祖统，实质上是儒学在新的时代条件下的返本开新。

第三节 "四书"的当代价值

中华文化在中唐以迄宋明的返本开新中形成的中国近世传统，构成

---

[1] 出自《论语·里仁》。子曰："参乎，吾道一以贯之。"曾子曰："唯。"子出，门人问曰："何谓也？"曾子曰："夫子之道，忠恕而已矣。"

了中华民族走向现代文明的基本背景。在这一新进程中，重新面对"四书"的思想义理，具有重要意义。

儒学是中国古典时代精神传统的主流，"四书"是中华传统文化精神重要的文献载体。晚清士大夫和民初以来的知识分子不断掘发"四书"中带有普遍、永恒意义的思想元素，希望它能成为中国社会与文化发展的思想资源。这一工作显然还在延续，也需要延续下去。

一、认识中华文明核心价值

连续性是中华文明的显著表征，但连续并不唯中华文明独有，所有经过轴心突破的文明都延续到了当下。中华文明的独特性表现在内向超越上，认为本体不是知识所行境界。这一独特的超越突破类型文明有三大特性。

第一是终极关怀上的人本主义。其实质是个体自由的发现，以德性完满为终极关怀。人本主义不是以人为本，不是他人以人民为本，而是主张每个人自己是自己的根本。孔子说："不怨天，不尤人，下学而上达，知我者其天乎？"（《论语·宪问》）又说："为仁由己，岂由人乎哉？"（《论语·颜渊》）"仁远乎哉？我欲仁，斯仁至矣。"（《论语·述而》）孟子接续孔子，提倡学贵自得。这些理念共同指引士大夫坚守独立人格，勇于自由探索，不断将中华文明推向新高度。中华民族不奉神权，不落物化，以德性代宗教，中华文明不但一直延续，而且始终保有创造活力。这就是中华文明的连续性和创新性。

第二是制度建构上的大同主义。其实质是共同体范围的划定。主张所有承认并践履德性自由的个体都应该也能够生活在同一共同体内，天下一家。这就是中华文明的包容性。

第三是治国理政上的和平主义。其实质是权力的自我约束。主张行使权力的正当方式是尚礼乐而去刑杀，耀文德而不观兵。理想的掌权者治内不自居有德，不纯任私智。只是法天道之自然，以自己对天道的遵循为民众之表率；只是"以百姓心为心"（《道德经·第四十九章》），让人民自主生活，自由发展。对外"诞敷文德，舞干羽于两阶"（《尚书·大禹谟》），"远人不服，则修文德以来之"（《论语·季氏》）。这就是中华文明的和平性。

不同于神本和物本的人本主义，中华文明的独特性表现于主要体现在"四书"古典心性论儒学对中国传统艺术生活、宗教生活与形成整全人格的关系的理解上。

（一）尽善尽美："四书"与艺术生活

古典儒家看艺术，首先着眼于它在人格培养过程中的作用。孔子说："人而不仁如礼何？人而不仁如乐何？"（《论语·里仁》）孔子一方面认为礼乐的基础是仁，一方面认为需要通过礼乐表现内在的仁。要将自己一步步向仁的境界提升，需要得到礼乐甄陶，这就是孔子说的"兴于《诗》，立于礼，成于乐"（《论语·泰伯》）。艺术的功能首先表现为在培养人格的过程中所发挥的作用。孔子说："《诗》可以兴，可以观，可以群，可以怨。迩之事父，远之事君，多识于鸟兽草木之名。"（《论语·季氏》）孔子自身学诗学乐，击磬鼓瑟（《论语·宪问》），每日而歌（《论语·述而》），终身不倦。孔子说："知之者不如好之者，好之者不如乐之者。"（《论语·雍也》）因此孔子也以诗乐教弟子。

艺术的又一个功能是政治教化。颜渊问为邦，孔子说："行夏之时，乘殷之辂，服周之冕；乐则韶舞。放郑声，远佞人；郑声淫，佞人殆。"（《论语·卫灵公》）所谓郑声淫，明显是道德意义的判断，孔子认为为邦应该废郑声，就是因为它无法承担教化民众的功能，反而会迷乱人心，所以政府有责任禁止这种不合道德标准的艺术。

《论语》中有用艺术推行教化的例子。弟子言偃（子游）为武城宰，孔子到武城，听到弦歌之声，就笑着说："割鸡焉用牛刀？"言偃回答说："昔者偃也闻诸夫子曰：'君子学道则爱人，小人学道则易使也。'"孔子就说："二三子！偃之言是也。前言戏之耳。"（《论语·阳货》）孔子和子游以弦歌为学道，认为无论君子还是小人都能通过弦歌之道受到教化。

艺术的功能是教化民众，所以统治者应该与众乐乐，与民同乐，乐民之乐，也就是说艺术活动应当符合人民的意愿，受到人民的欢迎，而不应当是人民所憎恶和反对的。

孔子之所以赋予艺术以修养与教化的功能，是因为孔子根据自己对艺术的体验提出了对艺术的善与美的统一的要求。

"子谓《韶》，尽美矣，又尽善也。谓《武》，尽美矣，未尽善也。"（《论语·八佾》）美作为艺术本性，孔子不否认其是评价艺术作品的标准，但不能是唯一标准。艺术作品的最高境界必须表现道德精神，也就是必须善，所以艺术的最高境界倚赖创作者的最高的人格修养。

艺术的最高境界是尽善尽美，而最高的人格境界，应该是仁与乐的统一，比如舜，比如孔子，还有颜回，都达到了仁与乐相统一的人格境界。孔子说："学而时习之，不亦说乎？有朋自远方来，不亦乐乎？"（《论语·学而》）又说："饭疏食饮水，曲肱而枕之，乐亦在其中矣。"（《论语·述而》）又说："发愤忘食，乐以忘忧，不知老之将至。"（《论语·述而》）他的生命里充满快乐，是真正陶醉于生命之乐的人。而颜回"一箪食，一瓢饮，在陋巷。人不堪其忧，回也不改其乐"（《论语·雍也》）宋代程颢说："昔受学于周茂叔，每令寻颜子、仲尼乐处，所乐何事。"程颐就孔颜乐处的话题说："使颜子而乐道，不为颜子矣。"意思是说：乐是仁的境界所带来的，并不是对外在对象的感性愉悦，道不能是外在的对象，而只能是主体的精神境界，所以乐道的说法是不能成立的。

孟子则突出人格中的生命力量，认为崇高人格是善与生命力的统一。孟子指出，就像味、声、色能够给人以诉之于口耳目的愉快一样，人的道德精神也能给人以诉之于心灵的愉快，理义之悦我心，犹刍豢之悦我口。(《孟子·告子》)孟子也指出礼乐的乐，应该以仁、义为内容。人内在的仁表现为外在的人格的美，"其生色也，睟然见于面，盎于背，施于四体，四体不言而喻。"(《孟子·尽心》)"充实之谓美"(《孟子·尽心》)是说自然生命为浩然之气所充满，浩然之气就是对履行道义充满自信心与使命感的沛然莫之能御的强大的生命力。所以孟子会说"若夫豪杰之士，虽无文王犹兴"(《孟子·尽心》)，会说"有为者亦若是"(《孟子·滕文公》)，会说"舍我其谁"(《孟子·公孙丑》)。当善的实现作为个体的完全自觉的无所畏惧的努力而表现出来的时候，它就不但会唤起我们敬重的道德感，而且会唤起我们惊叹的审美感，因为从中我们看到了人的自由，看到了人支配世界的力量。

孔子说："仁者乐山，智者乐水。"(《论语·雍也》)又说："岁寒，然后知松柏之后凋也。"(《论语·子罕》)又说："天何言哉？四时行焉，百物生焉，天何言哉？"(《论语·阳货》)又指奔腾不息的川流说："逝者如斯夫，不舍昼夜。"(《论语·子罕》)又说："骥不称其力，称其德也。"(《论语·宪问》)还赞许曾点浴乎沂、风乎舞雩、咏而归的志向。(《论语·先进》)《中庸》说："故至诚无息。不息则久，久则征，征则悠远，悠远则博厚，博厚则高明。博厚，所以载物也；高明，所以覆物也；悠久，所以成物也。博厚配地，高明配天，悠久无疆。如此者，不见而章，不动而变，无为而成。"又说："溥博渊泉，而时出之。溥博如天，渊泉如渊。"又说："肫肫其仁！渊渊其渊！浩浩其天！苟不固聪明圣知达天德者，其孰能知之？"

天地山川草木鸟兽虫鱼这些自然物，在中国先哲看来都含有德性。"人与自然又直接感通，且人当对自然有情，人在日常生活中亦重在顺自然而生活。故中国人恒能直接于自然中识其美善，而见物之德与人德相乎应。中国学者最能乐自然中之生活。""中国哲人之观自然，乃一方观其美，一方即于物皆见人心之德性寓于其中。此实至少为一种不私人心之德，以奉献于自然而客观化之于自然万物之大礼。故依中国先哲之教，君子观乎天，则于其运转无穷见自强不息之德；观乎地，而于其广大无疆见博厚载物之德；见泽而思水之润泽万物之德；见火而思其光明普照之德。"马有武德，牛有负重之德，羊有善美之德，犬有忠德，松柏有后雕之德，梅有清贞之德。人为万物之灵，而物类亦各有其灵而具人之德，这是中国人依人的仁心以观万物的审美精神所至。以仁心观万物，乐见万物并育而不相害，道并行而不相悖，不喜万物之间凌驾以相争，不重单纯的自然力、自然生命力的表现，而于自然界无往而不见此心仁德之流行，这是中国古人对自然的审美的最重要精神所在，由此也遥通于政教礼乐之大原。[1]

（二）参赞化育："四书"与宗教生活

从晚明耶稣会士入华以来，对于传统儒学是不是宗教，是否具有宗教性，中国在走向现代文明的过程中要不要改造儒学精神以建立一个新型宗教，争论一直很多。

梁启超认为，孔子虽然说"未能事人，焉能事鬼""未知生，焉知死"，然而孔子对祭祀很看重，说"祭如在，祭神如神在"，孔子一面不相信有神，一面又借祭祀仿佛有神以集中精神。儒家所讲的祭祀及斋

---

[1] 唐君毅. 中国文化之精神价值［M］. 北京：九州出版社，2015：195-199.

戒都只是修养的手段。《论语》说："非其鬼而祭之，谄也。""其鬼"和"非其鬼"的分别，和西方人的看法不同。我们认为只是鬼神不能左右我们的祸福，祭祀乃崇德报功：祭父母，因父母生我养我；祭天地，因天地给我们许多便利。父母要祭，天地山川日月也要祭。推之于人，则凡为国家地方捍患难建事业的人要祭。推之于物，则猫犬牛马神也要祭。如此，"报"的观念贯彻了祭的全部。中国人信佛宗释迦牟尼，信道宗太上老君，信基督教宗基督，可以并容，决不绝对排斥外教。中国之所以不排斥外教，就是因为本来就没有固定的宗教，信教只是崇德报功的意思。[1]

梁漱溟也有以道德代宗教的说法，认为中国缺乏宗教而以家庭伦理生活来填补，提出假如中国有宗教就是祭祖祭天之类。祭天祭祖的意义是一贯地在于"报本反始"。从这种报本反始以至崇德报恩等意思，可有许多崇拜。[2]

以"四书"为代表的古典心性论儒学认为价值根源于人的自觉心，人生的意义在于自觉心通过经验生命化成万物而展开其最高自由。自觉心的最高自由境界即为圣，天下之至圣能尽其性，尽人之性，尽物之性，一切时空条件下的经验世界，皆依自觉心而成为存有，故不需要创造世界的造物主的观念。而且圣与凡人直通，惟狂克念作圣，惟圣罔念作狂；但人不能成为上帝。中国人生活的价值判断与选择的指导原则，不是由任何本有的或外来的宗教所提供，知识分子如此，"愚夫愚妇"也是如此，道德训诫不外乎有良心和做好事，有良心就是心性论的通俗

---

[1] 梁启超.中国历史研究法[M].上海：上海古籍出版社，2019：388.
[2] 梁漱溟.中国文化要义[M]//梁漱溟全集：第3卷.济南：山东人民出版社，1989：95—121.

了解，做好事就是文化责任的通俗解释。[1]

从《论语》看，可知孔子已经将宗教中人应对神酬恩转向人伦之间，故历史成为中国人的宗教。孔子以人之自觉为人生活动之唯一基石，生命基本责任不在人神之间，也不在人物之间，而在人与人之间。这就是孔子的人伦观念，扩而充之，即成为一文化意义的历史观念。所谓人伦，原指人类分子彼此间之各种关系。人作为一个体，必须接受他人之助力，因此，人必须对他人有某种酬恩之义务。由此，孔子及日后儒者所提倡之人生态度是关心一切人之幸福，而在实践中依理分而尽其力：对于本国政府，对于父母，对于兄弟，对于师友，各有其理分，故忠、孝等观念即由此建立；但人对其他人亦有责任，于是儒者又有平治天下之怀抱。[2]

此种人对人之理分及责任观念不仅限于同时之人，而且扩及前代。因人之有今日之文化成绩，实与前人之不断努力有关。言文化成绩，则孔子以人类之文化成绩为一整体；古人与今人在文化大流中，亦属时间先后不同之共同工作者；故孔子时时赞美古人，绝无将古今割断之想法。

如果以为中国文化所重的伦理道德，只是求现实的人伦关系的调整，以维持社会政治之秩序；同时以为中国文化中没有宗教性的超越感情，中国之伦理道德思想都是一些外表的行为规范的条文，缺乏精神生活上的根据，这就犯了莫大的错误。这就是我们要提到的一种看法，认为天人合一思想蕴含着宗教性的超越感情。

以"四书"为代表的古典心性论儒学，以内在的心性作为道德实践

---

[1] 劳思光. 中国文化要义新编[M]. 香港：香港中文大学出版社，1998：192-194.
[2] 劳思光. 新编中国哲学史[M]. 上海：三联书店，2015：106-110.

的基础，依实践增加心性的觉悟。人的实践行为向外面扩大一步，内在的觉悟也扩大一步。实践的行为及于家庭，则内在的觉悟涵摄了家庭；及于国家，则内在的觉悟涵摄了国家；及于天下宇宙，及于历史，及于一切吉凶祸福之环境，则内在的觉悟也涵摄了此中的一切。人生一切行道而成物之事，皆为成德而成己之事。从外面看来，只是顺从社会之礼法，或上遵天命，或为天下后世立德立功立言者，从内在觉悟看，皆不外尽自己之心性。人道德实践的意志所关涉者无限量，自己之心性也无限量。然此心性之无限量，只可从道德实践时无限量之事物自然展现于前而为吾人所关切以印证吾人与天地万物实为一体。而由此印证，即见此心此性同时即通于天，于是能尽心知性则知天，存心养性亦即所以事天。而人性即天性，人德即天德，人之尽性成德之事，皆所以赞天地之化育。人的本心即宇宙心，人之良知之灵明即天地万物之灵明，人之良知良能即乾知坤能，亦即所谓天人合一思想。[1]

古典心性论儒学指点的道德实践工夫包括对道的宗教性的信仰。孔子说杀身成仁，孟子说舍生取义，志士不忘在沟壑，勇士不忘丧其元，都是要把仁义之价值超过个人生命之价值凸显出来。历代气节之士舍生取义、杀身成仁，这样的心志与行为，是对道的一种宗教性的超越信仰，信仰的是仁义价值本身，是道本身。也可说是要留天地正气，或为要行其心之所安，此中人心之所安之道之所在，即天地正气之所在，即使人可置死生于度外，则此心之所安之道，一方内在于此心，一方亦即超越个人之现实生命之道，而人对此道之信仰，无疑是宗教性的超越信仰。[2]

---

[1] 张君劢，等. 为中国文化敬告世界人士宣言[M]//唐君毅全集：第9卷. 北京：九州出版社，2016：21.
[2] 张君劢，等. 为中国文化敬告世界人士宣言[M]//唐君毅全集：第9卷. 北京：九州出版社，2016：17.

二、理解近世中华文明传统

（一）格物成物："四书"与科学文化

"四书"思想对于中国科学文化传统的影响可以从五个方面说，即：理性对于信仰的优先性、道德理性对于知识理性的优先性、天人合一与君子不器、科学精神和科学方法、仁以发知和知以行仁。下面分别加以简要阐释。

孔子说："盖有不知而作之者，我无是也。"（《论语·述而》）认为对于仁道要有所认知才能行仁道，否则就是无知妄作。孔子又以知及为仁守的前提。君子仁知勇三德，从完成后的境界说，孔子认为仁高于知和勇。（《论语·宪问》）可是就过程中的工夫说，知要先于仁。（《论语·子罕》）宋代尹焞说："成德以仁为先，进学以知为先，故夫子之言其序有不同者以此。"

子张问楚国的令尹子文、齐国的陈文子能否算得上仁，孔子都说："未知，焉得仁？"（《论语·公冶长》）关于"未知"何解，向来以未知为不晓得，未知如果是不晓得的意思，与"焉得仁"语意不连贯，既然说了焉得仁，怎么又会不晓得。所以我认为未知是不知之意，这句话的意思就是，连知都没有达到，怎么能算得上仁？朱子虽然也以未知为不晓得，但指出这二人未闻道的事实，说"子文之相楚，所谋者无非僭王猾夏之事。文子之仕齐，既失正君讨贼之义，又不数岁而复反于齐焉"（《四书章句集注》）。可见二人未闻道，所以未能行道。朱子同样以知为仁的前提。

孔子又说："笃信好学，守死善道。"（《论语·泰伯》）如果不好学，则没有丝毫的进德之功，终究无以笃其所信。只有好学不倦才可以与闻善道；也只有与闻善道才能守死善道。《论语》末章对成德工夫再次扼要概括也是知命、知礼和知言。《大学》明明德从知止于至善开始。《中庸》讲明善才能诚身，讲征而后信。孟子讲良知良能，讲知言。可见孔曾思孟都把内在于每个人的理性知觉而不是信仰一个外在的超越的主宰作为道德的基础。

孔子讲知者知人，知者利仁，孔子的知不以自然事物及其规律为对象。作为孔子的知的对象的天命、命、礼、言等都与人的成德相关。孔门的教学也不以成就客观知识为目的，主要是行为的引导与纯化意志的工夫的指点。孔子又说："多闻择其善者而从之，多见而识之，知之次也。"（《论语·述而》）闻见之知是知之次，是次于德性之知的。

《大学》格物的物也与自然事物无关，而是家国天下。《大学》的致知格物并不是求真理，并不是要认识大自然，而要想正心诚意，因而修身齐家治国平天下。《中庸》致中和、育万物，孟子讲万物皆备于我，是指我的心性在生命活动中创造万物，道德创造不但要人文化成，还要赋予外在的自然世界以意义，比如以我胀胀之仁心看得天地之浩浩，并不是对宇宙运行规律的认识。

孟子又说："知者无不知也，当务之为急；仁者无不爱也，急亲贤之为务。尧舜之知而不遍物，急先务也；尧舜之仁不遍爱人，急亲贤也。不能三年之丧，而缌小功之察；放饭流歠，而问无齿决，是之谓不知务。"（《孟子·尽心上》）知的当务之急是认识伦常中的大原则、大规范。

更大的限制来自天人合一与君子不器的思想。

"四书"思想不以天地为人之外的客观对象世界，这在有的学者看来，是中华传统文化缺乏科学精神的重要原因。比如，认为西方科学之根本精神有超出实用技术的动机可以导源于古希腊人之为求知而求知。此种为求知而求知之态度，乃是要先置定一客观对象世界，以使客观对象世界之条理及此理性的运用中所展现之思想范畴、逻辑规律，呈现于认识的心灵主体前,而加以观照涵摄。既而认为这种科学精神,为中国先哲所缺,因而中国理论科学不能继续发展,实用知识也不能继续扩充。[1]

另外,认为士君子以成就德性为贵,不以掌握某项专门技术为能。孔子说君子不器,而以学稼学圃为小人所为,君子好礼、好义、好信则下民莫敢不服等。孟子说劳心者治人,劳力者治于人。有的学者认为士大夫嫌恶用手,嫌恶劳动是中华传统文化不能产生实验科学的重要原因。"中国要发达实验科学,必得人人肯用他们的手来做实验,来做工作,必得打倒迷信以及一切天定胜人的观念方行。"[2]

至于"四书"思想与中国近代科学文化建立关联,有两种思路,一是直通,一是曲通。

所谓直通,就是疏浚"四书"思想所隐含的科学精神和科学方法。

胡适认为古代中国的知识遗产里确实有一个"苏格拉底传统":自由问答,自由讨论,独立思想,怀疑,热心而冷静的求知。孔子常说他本人"学而不厌,诲人不倦""好古,敏以求之"。孔子确实有许多地方使人想到苏格拉底,他也常自认不是一个智者,只是一个爱知识的人。孔子奖励学生怀疑,奖励他们提出反对意见。又如孟子公然说尽信书不如无书,认为要懂得《诗经》必须先有一个自由独立的态度。[3]

所谓曲通,就是从仁以发知和知以行仁的关系着眼。

---

[1] 张君劢,等.为中国文化敬告世界人士宣言[M]//唐君毅全集:第9卷.北京:九州出版社,2016:30.

[2] 竺可桢.中国实验科学不发达的原因[M]//刘钝,王扬宗.中国科学与科学革命——李约瑟难题及相关问题研究论著选.吉林:辽宁教育出版社,2002:45-51.

[3] 胡适.中国哲学里的科学精神与方法[M]//胡适全集:第7卷.合肥:安徽教育出版社,2005:483-513.

仁以发知和知以行仁，是孔子回答樊迟问仁问知时提出来的，仁是爱人，知是知人，爱人需知人，知人是为了爱人。因为有对他人、对民族、对人类的爱，要履行责任，就需要有对外在于自我的社会与自然的认识。中国人如不能使自身自觉为一认识的主体，则也不能完成其为道德的主体。中国人真要其自身成为一道德的主体，即必当要求建立其自身之兼为认识的主体。此道德的主体之要求建立其自身兼为一认识的主体时，此道德主体须暂忘其为道德的主体，即此道德之主体须暂退归于此认识之主体之后，成为认识主体的支持者，直到此认识的主体完成其认识之任务后，再施其价值判断，从事道德之实践，并引发其实用之活动。中国文化中必当建立一纯理论的科学知识之世界或独立之科学的文化领域，正为中国文化中之道德精神求其自身之完成与升进所应有之事。由理论科学的应用以发展实用技术，以使中国工业化，本与中国数千年文化中重利用厚生的精神一贯，而为中国人所理当要求。[1]

（二）以义为利："四书"与经济社会

"四书"思想在经济社会方面的影响，主要有四点：一是对君子来说，道对于食有优先性；二是对民众来说，养对于教有优先性；三是对治国来说，均对于富有优先性；四是从社会层面看，爱有差等形成差序格局。

以"论""学""庸""孟"为代表的古典心性论儒学，认为士君子应该以成就德性为生命的中心，虽然肯定富贵为人之所欲，但强调以道得之。君子谋道不谋食。国无道而得富贵，是可耻的。"总是将自然生命不断地向德性上提，决不在自然生命上立足，决不在自然生命的要求

---

[1] 张君劢，等. 为中国文化敬告世界人士宣言[M]//唐君毅全集：第9卷. 北京：九州出版社，2016：32.

上安设人生的价值。"[1]表现在治国上，就是以义为利，"先慎乎德。有德此有人，有人此有土，有土此有财，有财此有用。德者本也，财者末也，外本内末，争民施夺。故财聚则民散，财散则民聚。是故言悖而出者，亦悖而入；货悖而入者，亦悖而出。"不与民争利，"仁者以财发身，不仁者以身发财。未有上好仁而下不好义者也，未有好义其事不终者也，未有府库财非其财者也。""长国家而务财用者，必自小人矣。"（《大学》）

对治国者来说，应"德惟善政，政在养民"（《尚书·大禹谟》）。"必以人民的自然生命的要求居于第一的地位。治人的、政治上的价值，首先是安设在人民的自然生命的要求之上，其他价值，必附丽于此一价值而始有其价值。"[2]这就是养对于教等其他价值的优先性。

孔子告诉子贡，治国的先后顺序是既庶而富而教，富民先于教民，养先于教。（《论语·子路》）为政最重要的三件事是"足食，足兵，民信之矣"（《论语·子路》）。足食是制国用，量入为出，使有蓄积以备凶荒。去食是在免除征用民力之后继续蠲除赋税，又发仓廪以振贫穷，总之是使民免于匮乏。（《论语正义》）民食足则政府财政问题自然迎刃而解，了无困难，否则无财可理。[3]《论语·颜渊》记载孔子弟子有若回答哀公的话，说："百姓足，君孰与不足？百姓不足，君孰与足。"《论语·尧曰》说："四海困穷，天禄永终。"意思是，治国者如果让天下人民的生活陷于穷困之中，则君禄亦永绝，这是把人民是否能得其养

---

[1] 徐复观. 儒家在修己与治人上的区别及其意义[M]//儒家思想与现代社会. 北京：九州出版社，2014：61-78.

[2] 徐复观. 儒家在修己与治人上的区别及其意义[M]//儒家思想与现代社会. 北京：九州出版社，2014：61-78.

[3] 唐庆增. 中国经济思想史[M]. 北京：商务印书馆，2010：92.

作为决定统治者命运的关键。(《论语·尧曰》)又说:"所重民食、丧、祭。"这是认为首先要重视民众的生活。《论语·公冶长》指出子产有君子之道四,养民惠是其中之一,这是把养民作为君子的道德义务。《孟子·梁惠王上》提到,孟子的王道政治的基础是让民众免于饥寒,制民之产,使仰足以事父母,俯足以畜妻子,乐岁终身饱,凶年免于死亡。老者衣帛食肉,黎民不饥不寒。如果救死而恐不赡,哪有工夫治礼义?

解决民食问题的途径,也就是所谓的生财有大道,"生之者众,食之者寡,为之者疾,用之者舒,则财恒足矣。"(《大学》)生之者众,就是农工商各尽其力从事生产。《中庸》说"来百工则财用足",择可劳而劳之。食之者寡,就是淘汰冗员,减省无用之费。为之者疾,就是使民以时,不违农时,百姓急营农桑事业。用之者舒,就是君上缓用营造费用,量入为出。《论语·先进》记载,孔子因为冉有为季氏聚敛,宣称:"求非吾徒也,小子鸣鼓而攻之可也。"《大学》说:"与其有聚敛之臣,宁有盗臣。"孟子主张十税一,主张藏富于民,因民之所利而利之。

孔子虽然主张庶富而教,但不庶不富也未必可怕,可怕的是不均和不安。孔子说:"有国有家者,不患寡而患不均,不患贫而患不安。盖均无贫,和无寡,安无倾。"(《论语·季氏》)如果一时不庶,民众寡少,也不用急,就先让民众能各得其分。如果一时不富,财富不多,也不用急,就先让民众能上下相安。如果能各得其分,就不怕一时财富不足。如果能四境和平,就不怕一时民众寡少。如果能上下相安,就不用担心国家会有倾覆之患。

孟子根据孔子这种主张,建议正经界,采用井田制,分田制禄,天子公卿士大夫各得其分,上下相安。

在社会生活方面,古典儒学主张修己以安人,修身齐家治国平天下，亲亲而仁民，仁民而爱物。这样一种有等差的爱，表现为道德上的特殊主义和传统社会的差序格局。有社会学家这样批评道："儒家在道德上支持的是个人对于特定个人的私人关系——在道德上强调的只是这些个人关系。为儒教伦理所接受和支持的整个中国社会结构，是一个突出的特殊主义的关系结构。凡私人关系范畴之外的各种关系，在道德上就都是无关紧要的，而且普遍不愿对这些关系承担道德义务。"[1]这也是近代中国的启蒙思想家梁启超批评旧道德只有私德而没有公德的原因。梁启超说："公德者何？人群之所以为群，国家之所以为国，赖此德焉以成立者也。吾中国道德之发达不可谓不早，虽然，偏于私德，而公德殆阙如。试观《论语》《孟子》诸书，吾国民之木铎，而道德所从出者也，其中所教，私德居十之九，而公德不及其一焉。"[2]所谓差序格局，是社会学家费孝通提出的一个概念，他说："我们的社会结构是一块石头丢在水面上一圈圈推出去的波纹，波纹愈推愈远，也愈推愈薄。这就是差序格局。"[3]其观念基础就是古典儒学所主张的爱有差等。如果再从华夏社会往外推，就是柔远人、怀诸侯的天下秩序观。

萧公权先生说："仁道必须由近及远，既不能中道而废，也不可舍本逐末。牺牲了人类天然慈孝的性情去行大同博爱的理想，照孔子的学说看来，简直是磨灭人性的高调。"[4]可谓深具了解之同情。

---

[1] 塔尔科特·帕森斯. 社会行动的结构[M]. 张明德，夏翼南，彭刚，译. 南京：译林出版社，2003：616.
[2] 梁启超. 新民说[M]//梁启超全集：第2集. 北京：中国人民大学出版社，2018：538-539.
[3] 费孝通. 乡土中国[M]. 北京：北京大学出版社，2004：26.
[4] 萧公权. 孔子政治学说的现代意义[M]//迹园文录. 北京：中国人民大学出版，2014：42.

(三)德治法治:"四书"与政治生活

"四书"的政治观念,可以概括为五个方面:天下为公、人本主义、德治主义、和平主义和特殊主义。

天下为公可以说是孔子继承周公的天命观而提出的崇高的政治理想。他肯定尧舜禹有天下而不与的盛德,称扬文王三分天下有其二而服事殷的至德,表彰三以天下让的泰伯。《大学》认为明明德于天下的人可以为天子,孟子对于禅让与征诛的讨论,无不是认为天下应该由能保障人民福祉的有德者来治理(《孟子·万章》)。政治应该保障民众福祉,帮助民众发展人性、完善人性的思想就是古典儒家的人本主义的政治观。

依萧公权先生解释,所谓人本主义政治观,就是古典儒家的全部政治学说,从根本到枝节,都以人为其最高、最后和最直接的对象或目的。在古典儒家学说当中,政治生活是人性的表现,是人性发展的过程,是人类活动的结果,是满足人类要求的努力。人类全部的道德、社会和政治生活不过是发展人性,满足人性的具体历程而已。[1]

古典儒家所说的人性,包括与禽兽同具的生物性,与一部分禽兽相同的社会性及人类特有的道德性。政治家的工作就是给予每一个人努力满足这些要求的机会,并且协助或领导他去得到满足。而政治家之所以这样做,只是己欲立而立人,己欲达而达人,只是尽己性尽人之性,只有这样才能充分实现他自己的人性。但是徒善不足以为政,徒法不能以自行,政治要使民众免于匮乏,衣帛食肉,不饥不寒,还必须有安民养民的制度与政策,比如井田制、十税一等。要使民众实现其社会性和道德性,践行五伦,尊重和发展人格,必须建立礼乐秩序。政治家和政治

---

[1] 萧公权. 孔子政治学说的现代意义[M]//迹园文录. 北京:中国人民大学出版,2014:39.

权力要获得人民的支持，必须满足人民人性发展和完善过程中的这些要求。国家的主人和政权的拥有者，应该了解人民的重要性，认识到人民是国家的根本，保障人民的福祉。这就是所谓的民本主义。显然这并不是以人民为国家的主人的民主主义，因为政府权力并不属于人民，人民并没有拥有改变政府的权力，更遑论行使这种权力的具体的制度设计。[1]

如果政治的目的在于帮助人实现德性，则政治生活显然是道德生活的延长，政治行为与个人行为之间似乎没有根本差别，也就是明明德于天下的根本途径在于自天子以至于庶人，"壹是皆以修身为本"。因此政治生活的主要内容在于政治领导的培养德性。这就是为政以德的德治主义。

德治主义认为，德治主义的特性是不问政治权力本身是否正当，只问政治权力的运行是否正当。[2]也就是认为统治者必须按照忠恕的道德原则进行统治，所以简单地认为德治是人治，这是未达一间，德治是忠恕的道德原则在统治，所以德治离法治的距离反而不如法家主张的强化君主专制权力那么远。将忠恕的道德原则贯彻到政治领域，就是强调统治者有诸己而后求诸人，无诸己而后非诸人。民之所好好之，民之所恶恶之。(《大学》)君仁莫不仁，君义莫不义，君正莫不正。一正君而国定矣。(《孟子·离娄上》)政者，正也。其身正，不令而从；其身不正，虽令不从。(《论语·子路》)君子之德风，小人之德草，草上之风必偃。(《论语·颜渊》)所以以人格的感化和道德的启迪为治理人民的正当方法。[3]如果认为法治就是用严刑峻法强制人民服从，古典儒家当然反对

---

[1]劳思光.中国文化要义[M].香港：中国人文学会，1985：62.
[2]劳思光.中国文化要义[M].香港：中国人文学会，1985：60.
[3]萧公权.孔子政治学说的现代意义[M]//迹园文录.北京：中国人民大学出版，2014：46.

这种法治。古典儒家认为即使是合法的刑罚也不宜多用,更不用说不合法的杀伤了。儒家不只反对治理天下国家用刑杀,也反对吊民伐罪、拯斯民于水火之外的一切战争,而主张和平主义。

和平主义的思想与《尚书》这部号称政事之纲纪的经典有密切关系。从尧的协和万邦到大禹舞干戈于两阶,七旬而有苗格,都是以德服人,而不是以力服人的王道典型。孔子明确表示远人不服,则修文德以来之,既来之则安之,可谓古典儒家和平主义的经典表述。

古典儒家政治观念的又一个特色可称为特殊主义。古典儒家认为遗弃家庭范围内的人伦天性是不应当的。孔子说父子相隐才是直,这当然不是孔子认为盗窃是正当的行为而鼓励父子相隐,而是说假如人类至于父子的天性都沦丧了,那么社会当中的一切制度也会失去最后的凭依。[1]以普遍的仁爱作为人类道德、政治生活的基础正是使道德和政治超越部落、地域等限制的途径之一。其落后性恐怕也不是像有的人想象的那么浓厚。

朱子曾沉痛地说"尧舜三王周公孔子所传之道未尝一日得行于天地之间"(《与陈同甫》)。晚清的张之洞则认为"我圣教行于中土数千年而无改"(《劝学篇》)。康有为也说孔子"所为经传,立于学官,国民颂之以为率由,朝廷奉之以为宪法""中国能晏然一统致治二千年"。"诚以半部《论语》治之也"(《论语注》)。

三、参与塑造时代中国人

从中华文明转型的角度看,培养塑造具有时代精神的中国人,断然不是舍己从人,因为具有时代精神的中国人,一方面要有时代精神,另

---

[1] 萧公权.孔子政治学说的现代意义[M]//迹园文录.北京:中国人民大学出版社,2014:42.

一方面也要有中华民族的人格。在中华民族人格的塑造中,"四书"曾经发挥了非常重要的功用。孔子说:"志士仁人,无求生以害仁,有杀身以成仁。"孟子说:"富贵不能淫,贫贱不能移,威武不能屈,此之谓大丈夫。"这几句话,都是造成我中华民族的人格的名言。[1]

宋以来的新儒家都非常注重"四书"在人格塑造方面的价值。如程颐说:"初学入德之门,无如《大学》,其他莫如《语》《孟》。"朱熹说:"人自有合读底书,如《大学》《语》《孟》《中庸》,读此便知人不可不学底道理与为学之次第。"王阳明也认为儒家的成德之学,"《四书》中备矣。后儒之论,未免互有得失。其得者不能出于《四书》之外,失者遂有毫厘千里之谬,故莫如专求之《四书》。《四书》之言简实,苟以忠信进德之心求之,亦自明白易见"。

近代以来,"四书"在塑造人格方面的重要性并没有被忽视。章太炎晚年在苏州讲演国学时说:"做人根本究竟何在?做人之根本书又有何种?其实不外《论语》一部。《论语》之外当为《孝经》,余则《礼记》中《大学》篇、《儒行》篇与《仪礼》中之《丧服》篇尚已。《论语》为做人之根本书籍,不读《论语》,真如终身长夜。《孝经》为经中之纲领,在昔学人最重视之,今则为一辈讲新道德者与提倡家庭革命者所反对。惟《孝经》所说之语句句系自天性中来,非空泛者可比,故反对者无论如何激烈,余可断其毫无效用。"[2]

梁启超特别从知行一贯、天人合一、人己等视三个方面概括儒学的特色,认为这三大特色对于人的德性涵养非常具有价值。首先是知行一贯。梁启超说:"我们先儒始终看得知行是一贯的,孔子一生为人处处

---

[1] 张元济. 中华民族的人格·书前题辞 [M] // 张元济全集:第5卷. 北京:商务印书馆,2008:370.
[2] 章太炎. 章太炎演说集 [M]. 上海:上海人民出版社,2017:515.

是知行一贯，从他的言论上也可以看得出来。"其次是天人合一。梁启超说："儒家看得宇宙人生是不可分的，宇宙绝不是另外一件东西，乃是人生的活动，故宇宙的进化全基于人类努力的创造。儒家既看清了以上各点，所以他的人生观十分美渥，生趣盎然。人生在此不尽的宇宙当中不过是蜉蝣朝露一般，向前做得一点是一点，既不望其成功，苦乐遂不系于目的物，完全在我，真所谓'无入而不自得'"。再次是人己等视。梁启超说："儒家是不承认人是单独可以存在的。故'仁'的社会为儒家理想的大同社会，儒家学问专以研究'人之所以为道'为本，明乎仁，人之所以为道自见。盖仁之概念与人之概念相函，仁者，通彼我而始得名，彼我通乃得谓之仁。知乎人与人相通，所以我的好恶即人的好恶，我的精神中同时也含有人的精神。不徒是现世的人为然，即如孔、孟远在二千年前，他的精神浸润在国民脑中不少。可见彼我相通，虽历百世不变。儒家从这一方面看得至深且切，而又能躬行实践，无终食之间违仁，这种精神影响于国民性者至大。"最后，梁启超郑重指出：先人留下的这份家业，是全世界的至宝。这绝不是用科学的方法可以研究得来的，要用内省的工夫实行体验，体验而后再为躬行实践，养成了这副美妙的仁的人生观，生趣盎然地向前进，无论研究什么学问，管许是兴致勃勃。孔子说仁者不忧，就是这个道理。[1]

这种种意见，都说明"四书"中的优秀思想依然能够成为现代中国人修身立德的重要依据。本书就是从修身的依据、目的和方法，即围绕身何以可修、身何以应修及身该如何修三个问题，对"四书"修身思想予以阐释的初步尝试。

---

[1] 梁启超. 治国学的两条大路 [M] //梁启超全集：第16集. 北京：中国人民大学出版社，2018：42-49.

第三章
"四书"论修身的根据

孔子通过人生的亲证，把握到天命于人的就是内在于人的仁，但孔子并没有明确表示仁就是人的性。孔子摄礼归仁，以仁为礼的基础，又以矩为人心颁布的法则，但也没有明确表示仁就是人心。《大学》用明德规定仁的内容。《中庸》则明确地以天命于人的就是人的性。孟子对之前的这些思想进行综合，明确表示心性天是一，从而为修身的天人合一这一最高境界奠定了稳固的基础。

第一节　天命新诠

天命观念在中国起源很早。根据何炳棣的研究，最晚从商代的盘庚开始，天就具有祖宗神和至上神的双重性质。[1]西周初年杰出的政治家周公"一年救乱，二年克殷，三年践奄，四年建侯卫，五年营成周，六年制礼作乐，七年致政成王"[2]，用七年时间，不但取得军事上的胜利，使周政权转危为安，而且从思想上对天命进行系统深刻阐发，一是认为天命无常，不常与一姓一王；二是认为天命是人的努力可以把握的；三是获得天命的途径是敬德保民。这就既向殷遗民论证了周政权的正当性，也为周政权提供了统治的指导原则，从而将作为祖宗神性质的天转化为纯理性至上神。

周公的这些思想主要体现在《诗经》的雅、颂和《尚书》的周初八诰及《周易》卦爻辞中，而为"述而不作，信而好古"并且志在从周的孔子所熟悉，但孔子基于人生的亲证和礼乐秩序的论证，把周公政治性的、宗教性的天命发展为道德性的、人文性的天命，不但为人的道德生活确立了稳固的基础，同时也提出了制度应以普遍的人性为基础的基本立场。

一、孔子的天命新义

孔子说："吾十有五而志于学，三十而立，四十而不惑，五十而知天命，六十而耳顺，七十而从心所欲，不逾矩。"（《论语·为政》）孔子年十有五就立志向学，此后发愤忘食，乐以忘忧，好学不倦，信古敏

---

[1] 何炳棣."天"与"天命"探源：古代史料甄别运用方法示例[M]//何炳棣思想制度史论.北京：中华书局，2017：85-111.

[2] 陈寿祺.尚书大传辑校[M]//王先谦.清经解续编：第2册.上海：上海书店，1988：415.

求，博学诗书礼乐。经过十五年，能够固守礼的约束，当时的人认为孔子知礼不是从听孔子讲论来的，而是从他对礼的持守来的。于是鲁国三家之一的孟僖子命令儿子向他学礼。孔子三十五岁自齐返鲁，不求出仕，一意讲学，以诗书礼乐教学生。不论学还是教，孔子都不把诗书礼乐看成外在的文献的知识，他不在乎是否能获得博学多能的赞誉，明确告诉子贡自己并不是学得多记得多。学不倦，其实也是不断地用诗书礼乐所明示的道理来约束、指导自己的行为，也就是博文约礼。孔子教给学生的也是博文约礼，所以他才会说"我无行不与二三子，是丘也"（《论语·述而》）。经过五六年的学与教，互相切磋，到四十岁，孔子对自己的所学所行与所教充满自信。又过十年，孔子发现，虽然自己和学生天分不一，禀赋各异，但无论是六艺之文还是各自进德，完全可以操之在我，都是可以自作主宰的。因此，孔子认为在每一个个体之外一定存在着使每一个个体都能有当然则然的责任感与自信心的客观的根据，一定存在着普遍的绝对的主宰。这个个体之外的普遍的绝对的主宰，孔子沿用传统的说法，用"天"来称呼；这个超越个体之外的使每一个个体都能有当然则然的责任感与自信心的根据就是道。每一个个体对于道的分有就是每一个个体的命，也就是说，每一个个体当然则然的责任感与自信心就像天给我们的命令一样。正如清代孔广森所说："分于道，谓之命；形于一，谓之性，化于阴阳，象形而发，谓之生；化穷数尽，谓之死。故命者，性之终也。则必有终矣。"[1]这就是孔子"五十而知天命"的含义。每一个人所分有的、天命于每一个人的就是内在于每一个人的仁，它是个体当然则然的责任感与自信心的内在根据。当我们完全感觉不到道德律是来自外在对我们的行动构成束缚的东西的时候，我

---

[1] 孔广森.大戴礼记补注［M］.北京：中华书局，2013：241-242.

们的生命就进入"从心所欲不逾矩"的境界。

孔子将自己所把握到的内在主宰性用历来表示为外在主宰性的天命来说，表示外在主宰性的天命在孔子这里内在化了。徐复观先生认为这是中国文化的哥白尼回转，"使道德从相对的性质中超进一步，而赋予以普遍与永恒的根据，这才真正为道德生稳了根，因而为中国文化奠定了基石"[1]。孔子说："天生德于予，桓魋其如予何？"（《论语·述而》）这是对德性自由的自信。因为德由天赋予我，我完全可以自作主宰，是我自己就能也只有我自己才能决定的。外在的因素无所用其力，它可以影响人的吉凶祸福、死生存亡，但不能决定人选择成就德性。这就表明孔子把握到了超越个体生命的非功利的不死的价值。

如果一个人的所作所为能够完全符合道德法则，就不需要为自己的穷通荣辱和用舍予夺而埋怨天、怪罪人，因为天会知道他所做的一切。孔子说："莫我知也夫！"子贡就问他："何为其莫知子也？"他说："不怨天，不尤人。下学而上达。知我者，其天乎！"（《论语·宪问》）孔子不怨天，不尤人，下学上达，知我者天，表明在中国文化中出现了不依赖于社会的个体的精神觉醒和努力。

按照金观涛先生的说法，上述观点意味着中国文化出现了基于个体的不死的文化基因。从此以后，哪怕整个社会毁灭，只要有一个具有这种文化基因的个体或家庭存在，这种文化基因就不会消亡，就可以通过一代代人的传承，成为不死的活的文化。这就是文化的超越突破。[2] 所以孔子说："文王既没，文不在兹乎？天之将丧斯文也，后死者不得与于斯文也；天之未丧斯文也，匡人其如予何？"（《论语·子罕》）这固

---

[1] 徐复观. 有关中国思想史中一个基题的考察——释《论语》"五十知天命"[M]//中国思想史论集续编. 北京：九州出版社，2014：419-435.

[2] 金观涛. 中国思想史十讲（上）[M]. 北京：法律出版社，2015：42-43.

然是传承文化、继往开来的使命感，同时表明孔子意识到自己作为个体成为文化的代表，自己在斯文即在。这也是顾炎武说"天下兴亡，匹夫有责"的根据，天下作为文明秩序，每一个为这个文明所涵化的个体都应该担负传承文明的使命，也能够履行传承文明的责任。

因为文、德为天所赋予，所以我们来看孔子对天的理解。孔子说："大哉，尧之为君也！巍巍乎！唯天为大，唯尧则之。"（《论语·泰伯》）孔子说："予欲无言。"子贡问他："子如不言，则小子何述焉？"他回答说："天何言哉？四时行焉，百物生焉，天何言哉？"（《论语·阳货》）

从中可以看出，孔子所理解的天，一为广大，二为无私。因为无私，天一定罄其所有以赋予每一个人，所以人人同样具有广大、无私之德。圣人能全天所生之德，圣人与我同类，我也全天所生我之德。但是人完全拥有天所生我之德不是通过讲说，而是要通过不厌不倦的道德实践。所以子贡才会说："夫子之文章，可得而闻也；夫子之言性与天道，不可得而闻也。"（《论语·公冶长》）所以我们才会在《朱子语类》中发现这样一段对话。

> 辛问："'五十知天命'，何谓天命？"先生不答。又问，先生厉辞曰："某未到知天命处，如何知得天命！"

这都说明，知天命不是文本的解说，不是言语的授受，而是生命的亲证。

二、天命新义下的天、命与鬼神

孔子把天理解为有道德含义的外在的主宰，天能知能厌，能使人失败而不能欺。人做了不合理的、不应该做的事，天会讨厌它[1]。天有广大、无私之德，人做了不符合道德的事，就获罪于天，希望通过祷告免除祸害，完全是徒劳[2]。因为天能知，所以人在天这里无法售其欺[3]。

但孔子并不把天看成无所不能的，因为天并不保证任何道德的个体必然不会失败，也不保证所有正义的事业都能获得成功。颜渊死后，孔子伤心地说："唉，这是天要灭亡我呀，这是天要灭亡我呀。"[4]

天这个含义，其实在更多时候，孔子更准确地表示为命。

命这种力量只在于人之努力所不能改变的地方，对人的死生存亡、吉凶祸福、富贵穷通和事业成败等发生影响。

孔子以冉伯牛病危，叹其遭遇，归之于命。冉伯牛在孔门德行之科，不应有此遭遇，而竟有此疾，乃无可奈何之事。[5]孔子认为道之行或不行，皆非人自身所能负责，亦非反对者所能任意决定，而是由命来决定。[6]

---

[1] 出自《论语·雍也》。子见南子，子路不说。夫子矢之曰："予所否者，天厌之！天厌之！"

[2] 出自《论语·八佾》。王孙贾问曰："与其媚于奥，宁媚于灶，何谓也？"子曰："不然，获罪于天，无所祷也。"

[3] 出自《论语·子罕》。子疾病，子路使门人为臣。病间，曰："久矣哉！由之行诈也，无臣而为有臣。吾谁欺？欺天乎？且予与其死于臣之手也，无宁死于二三子之手乎？且予纵不得大葬，予死于道路乎？"

[4] 出自《论语·先进》。颜渊死。子曰："噫！天丧予！天丧予！"

[5] 出自《论语·雍也》。伯牛有疾，子问之，自牖执其手，曰："亡之，命矣夫！斯人也而有斯疾也！斯人也而有斯疾也！"

[6] 出自《论语·宪问》。公伯寮愬子路于季孙。子服景伯以告，曰："夫子固有惑志于公伯寮，吾力犹能肆诸市朝。"子曰："道之将行也与？命也。道之将废也与？命也。公伯寮其如命何！"

但孔子认为命只影响人所作所为的成败，不能决定人所作所为的是非，人应当做什么不能根据能否做得成来决定，而只能归于义。因此，孔子对传统思想中的影响人的吉凶祸福的一种力量——鬼神的理解也不一样了。

如果相信鬼神必有，祭鬼神就能求福，不论何种鬼神，只要得到祭祀，便可赐福于人。但是孔子以为祭祀鬼神只是尽我对先人之孝心，祭非其所当祭之鬼，就是谄媚求福，为孔子所反对[1]。

孔子认为，祭祀祖先的时候，便好像祖先真在那里；祭神的时候，便好像神真在那里[2]。又说："吾不与祭，如不祭。"（《论语·八佾》）可见孔子对祭祀不从神之受祭解释，而从祭者之诚敬说明其意义。祭是人之行为，意在履行此一套仪文以表达其内心的孝心与诚敬。倘不能亲祭，则祭完全失去意义，可见孔子并不确信真有一神享祭。[3]孔子对于向鬼神祷告也是如此看法。

臣子为君父向鬼神祷告，原本为礼所允许，但祷告之词都是陈述君父悔过迁善的话，希望以此解除鬼神的谴怒。孔子认为这大可不必，因为如果所做并无不善，则无过可悔，故不必祷。如此而仍有灾祸，那是命，也无所用其祷。[4]

子路想知道为什么要奉祭祀，而凡人皆有死者，对于死也不可不知道。所以子路问事鬼神，问死，孔子回答要从人所应当做的事情着眼，知道如何事人，就知道如何事鬼神；知道人何以生，就知道如何

---

[1] 出自《论语·为政》。子曰："非其鬼而祭之，谄也。"
[2] 出自《论语·八佾》。祭如在，祭神如神在。
[3] 劳思光. 新编中国哲学史：第1卷[M]. 北京：三联书店，2015：105.
[4] 出自《论语·述而》。子疾病，子路请祷。子曰："有诸？"子路对曰："有之。诔曰：'祷尔于上下神祇。'"子曰："丘之祷久矣。"

面对死亡。[1]

　　总体来说，孔子经过不厌不倦的学与教，把握到自我不容自已的心与於穆不已的天道的同一，天命于我的就是内在于我的仁。由于天命的内在化，对天、对命、对鬼神都有了新的理解。又由于不厌不倦的修习与传述诗书礼乐，是内心的不容自已，最后到达从心所欲不逾矩的纯熟之境，从而建立起仁——义——礼的内在关系。这与孔子对于礼乐秩序成立的基础的反省所得的结论完全一致，因此孔子不但将理想社会秩序的基础落实在人性上，而且规定了儒学修身不能脱离人伦秩序的特殊品格。

第二节　仁生礼乐

　　鲁国是孔子的父母之国，鲁国国君为周公之后，周公制礼作乐，周之礼乐制度在鲁国保存得很好。[2]襄公二十九年，吴公子季札聘鲁，请观周乐，叹为观止。昭公二年，韩宣子聘鲁，见易象与鲁春秋，也说周礼尽在鲁。孔子从小就接触这些礼乐制度，而且笃信好学，很快就有知礼的名声。面对礼坏乐崩的社会现实，基于人应当是自由的之断定，孔子认为礼乐秩序并不是外在于人的束缚，而是内在于每一个人的仁。

---

[1] 出自《论语·先进》。季路问事鬼神。子曰："未能事人，焉能事鬼？"敢问死。曰："未知生，焉知死？"
[2] 出自《史记·鲁周公世家》。成王乃命鲁得郊祭文王。鲁有天子礼乐者，以褒周公之德也。"

一、摄礼归仁

礼指仪节，即在个人生活及公共生活中应该遵守的仪式文节。如《论语》记载了乡党、宗庙、朝廷之辞气、饮食、衣服的规定[1]；对称谓的规定；对射礼的阐释[2]等。礼也指制度，包括国家制度和社会生活方面的冠婚丧祭等规定。如孔子提到的夏礼、殷礼、周礼[3]指的就是夏商周三代的制度。可是，到孔子时代，这套礼乐制度很多已经成为具文，处于逐步瓦解的过程中。

就礼坏说。无论在朝廷的典制还是礼器的形制方面都有表现。从朝廷的典制一面看，孔子说："天下有道，则礼乐征伐自天子出。"而当时竟到了陪臣执国命的地步。[4]所以三桓之子孙已经衰微了。[5]八佾本来是天子才可以用的乐舞，而季氏公然陈之。[6]《雍》本来是天子宴会撤馔时用的，而三家公然用之。[7]诸侯祭封内山川，泰山在鲁国境内，而

---

[1] 出自《论语·乡党》。君子不以绀緅饰，红紫不以为亵服。当暑，袗絺绤，必表而出之。缁衣，羔裘；素衣，麑裘；黄衣，狐裘。亵裘长，短右袂。必有寝衣，长一身有半。狐貉之厚以居。去丧，无所不佩。非帷裳，必杀之。羔裘玄冠不以吊。吉月，必朝服而朝。

[2] 出自《论语·八佾》。子曰："射不主皮，为力不同科，古之道也。"

[3] 出自《论语·八佾》。子曰："夏礼，吾能言之，杞不足征也；殷礼，吾能言之，宋不足征也。文献不足故也，足则吾能征之矣。"《论语·为政》也有相关记述。子张问："十世可知也？"子曰："殷因于夏礼，所损益，可知也；周因于殷礼，所损益，可知也；其或继周者，虽百世可知也。"

[4] 出自《论语·季氏》。孔子曰："天下有道，则礼乐征伐自天子出；天下无道，则礼乐征伐自诸侯出。自诸侯出，盖十世希不失矣；自大夫出，五世希不失矣；陪臣执国命，三世希不失矣。天下有道，则政不在大夫。天下有道，则庶人不议。"

[5] 出自《论语·季氏》。孔子曰："禄之去公室，五世矣；政逮于大夫，四世矣；故夫三桓之子孙，微矣。"

[6] 出自《论语·八佾》。孔子谓季氏："八佾舞于庭，是可忍也，孰不可忍也？"

[7] 出自《论语·八佾》。三家者以《雍》彻。子曰："'相维辟公，天子穆穆'，奚取于三家之堂？"

季氏公然祭之。[1]禘为王者之大祭，鲁祭本已非礼，鲁禘而失礼，那是失礼之中的失礼，孔子直说不想看。[2]不王则不禘，所以人家问禘之说，孔子讳言君恶，只好说不知道。[3]天子以季冬颁来岁十二月之朔于诸侯，诸侯受而藏于祖庙，月朔则以特羊告庙，请而行之。而鲁国自文公开始就不再行视朔礼。[4]从礼器的形制一面看，孔子认为如果觚失其形制，就不是觚了。[5]

就乐崩说。《论语·微子》记载："大师挚适齐，亚饭干适楚，三饭缭适蔡，四饭缺适秦。鼓方叔入于河，播鼗武入于汉，少师阳、击磬襄入于海。"

礼俗也发生了很大改变。缁布冠，本以三十升布制成，每升八十缕，经线就有两千四百缕，细密难成，不如改用丝省约，所以孔子顺从今制。臣与君行礼，当拜于堂下，而当时都于堂上拜，孔子认为近于骄慢，所以即使与众不同也从古礼。[6]三代教育制度也因为遗失而多穿凿。[7]所以孔子慨叹："夷狄之有君，不如诸夏之亡也。"（《论语·八佾》）

孔子认为西周初年的礼乐秩序是最好的，如今却已崩坏。要重建礼乐秩序，就必须反思为什么会崩坏，其成立的根源又在哪里。所以当林

---

[1] 出自《论语·八佾》。季氏旅于泰山。子谓冉有曰："女弗能救与？"对曰："不能。"子曰："呜呼！曾谓泰山不如林放乎？"
[2] 出自《论语·八佾》。子曰："禘自既灌而往者，吾不欲观之矣。"
[3] 出自《论语·八佾》。或问禘之说。子曰："不知也。知其说者之于天下也，其如示诸斯乎！"指其掌。
[4] 出自《论语·八佾》。子贡欲去告朔之饩羊。子曰："赐也，尔爱其羊，我爱其礼。"
[5] 出自《论语·雍也》。子曰："觚不觚，觚哉！觚哉！"
[6] 出自《论语·子罕》。子曰："麻冕，礼也；今也纯，俭。吾从众。拜下，礼也；今拜乎上，泰也。虽违众，吾从下。"
[7] 出自《论语·卫灵公》。子曰："吾犹及史之阙文也，有马者借人乘之。今亡矣夫！"

放问礼之本时，孔子说："大哉问！礼，与其奢也，宁俭；丧，与其易也，宁戚。"（《论语·八佾》）祭祀，与其敬不足而礼有余，不若礼不足而敬有余；治丧，与其哀不足而礼有余，不若礼不足而哀有余。礼失之奢，丧失之易，都是由于不能反思行礼之本而只知道追随末节的缘故。礼器奢华完备而忘行礼之本，不如俭约不备而易于反思礼本。治丧徒具文节而失于轻慢，不如文节不备而充满哀戚。因为礼之本不在节文，而在内心情感的真实流露。

孔子又说："居上不宽，为礼不敬，临丧不哀，吾何以观之哉？"（《论语·八佾》）内心的诚敬是行礼之本，哀戚是丧事的根本。如果一个人行礼而不诚敬，临丧而不哀戚，我们还能凭什么来高看他呢？孔子说："礼云礼云，玉帛云乎哉？乐云乐云，钟鼓云乎哉？"（《论语·阳货》）礼乐不只是通过钟鼓玉帛之类的礼器表达的东西，礼乐的本质不在于繁文缛节，过于追求细枝末节，反而会失去礼乐的本意。

孔子提出以义作为礼的本质、实质或品质，认为守礼、行礼只是把人内心的正当性原则表现出来。孔子说："君子义以为质，礼以行之，孙（逊）以出之，信以成之。君子哉！"（《论语·卫灵公》）又说："君子之于天下也，无适也，无莫也，义之与比。"（《论语·里仁》）君子对于天下的人和事，无论美恶违顺，一切以是否符合正当性原则为考量。与义关联的一个概念是直，孔子说"质直而好义"，提出以"直"作为一般道德判断的原则。人的生命须直道而行，诬罔而生存，只是侥幸而免祸罢了。[1]由于具体的应然法则是人行忠恕之道的结果，所以不是一成不变的绝对地、普遍地适用于任何人和任何情境的。

最后，孔子认为礼乐的根源在于内在于每一个人的仁。孔子说：

---

[1]出自《论语·雍也》。子曰："人之生也直，罔之生也幸而免。"

"人而不仁,如礼何?人而不仁,如乐何?"(《论语·八佾》)人丧失仁心,礼乐完全只是外在于他的虚文,虽玉帛交错,不足以为礼;虽钟鼓铿锵,不足以为乐。虽有礼而非礼,虽有乐而非乐。

那么,如何了解仁?

二、仁的含义

第一,仁者爱人,仁是关爱他人的情感,行礼而没有发自内心的情感,视礼为外在的约束,为孔子所反对。孔子认为三年之丧制的成立是缘情制礼,是基于子女对父母的深爱。这种深爱终生相伴,绝不止于三年,圣人为之中制而不敢过,并不是认为三年之丧足以报亲。宰予认为行三年丧制会造成礼坏乐崩的后果而欲短丧,就是没有认识到三年之丧的礼制之基础在于仁,所以孔子以不仁斥之。[1]

第二,仁是人能意识到自己是人并能尊重别人为人的自觉,是根据普遍性律则行动的道德意识与价值自觉,子贡以为广泛地施惠接济民众应该算得上是仁者,孔子认为这些功业并不是那么容易达到的,就是像尧舜那样的圣人恐怕也认为自己未必完全做得到。事实上,求仁只需有立己立人、达己达人的自觉就可以。仁术只需要近取诸身,以自己树立人格、发展自我的要求譬之他人,知他人也有此要求,然后推其所欲以

---

[1]出自《论语·阳货》。宰我问:"三年之丧,期已久矣。君子三年不为礼,礼必坏;三年不为乐,乐必崩。旧谷既没,新谷既升,钻燧改火,期可已矣。"子曰:"食夫稻,衣夫锦,于女安乎?"曰:"安。""女安则为之!夫君子之居丧,食旨不甘,闻乐不乐,居处不安,故不为也。今女安,则为之!"宰我出。子曰:"予之不仁也!子生三年,然后免于父母之怀。夫三年之丧,天下之通丧也。予也,有三年之爱于其父母乎?"

及于人，尊重别人为人。[1] 不希望他人加于自己的，自己也不要以此加于他人。[2] 因为这种意识、这种自觉是内在于每一个人的，所以完全不假外求、不受条件制约，人人可以自作主宰的。孔子说："仁远乎哉？我欲仁，斯仁至矣。"（《论语·述而》）只要自己肯去反思，仁怎么会离我们远呢？[3] 孔子认为，水火是民所赖以生，不可一日或缺，仁也一样。但水火是外物，仁却内在于我。没有水火会伤害身体，不仁却是心害，所以人不能离开仁有甚于不能离开水火。况且水火有时会杀人，仁却从不会杀人。[4] 人怎么可以不努力为仁呢？人一旦认识到应该为仁，就不会没有能力去做。[5]

第三，仁即忠恕。曾子以忠恕之道解释孔子的一以贯之的仁道[6]，就是他把握到孔子认为凡人皆能意识到自己是人，也能认识到他人既为人也当有此意识。所以，人都有活得像个人的要求，都有尊重别人为人

---

[1] 出自《论语·雍也》。子贡曰："如有博施于民而能济众，何如？可谓仁乎？"子曰："何事于仁，必也圣乎！尧舜其犹病诸！夫仁者，己欲立而立人，己欲达而达人。能近取譬，可谓仁之方也已。"

[2] 出自《论语·颜渊》。仲弓问仁。子曰："出门如见大宾，使民如承大祭。己所不欲，勿施于人。在邦无怨，在家无怨。"仲弓曰："雍虽不敏，请事斯语矣。"《论语·卫灵公》中也有相关表述。子贡问曰："有一言而可以终身行之者乎？"子曰："其恕乎！己所不欲，勿施于人。"

[3] 出自《论语·子罕》。"唐棣之华，偏其反而。岂不尔思？室是远而。"子曰："未之思也，夫何远之有？"

[4] 出自《论语·卫灵公》。子曰："民之于仁也，甚于水火。水火，吾见蹈而死者矣，未见蹈仁而死者也。"

[5] 出自《论语·里仁》。子曰："我未见好仁者，恶不仁者。好仁者，无以尚之；恶不仁者，其为仁矣，不使不仁者加乎其身。有能一日用其力于仁矣乎？我未见力不足者。盖有之矣，我未之见也。"

[6] 出自《论语·里仁》。子曰："参乎！吾道一以贯之。"曾子曰："唯。"子出。门人问曰："何谓也？曾子曰："夫子之道，忠恕而已矣。"

的义务，也就是所谓的"尽己之谓忠，推己之谓恕"。

总体来说，孔子认为每一个人都能意识到自己是人，也能意识到别人既然为人，也当同我一样有此意识，这种意识，孔子称之为仁。因为每一个人都有人的意识，所以不愿他人加于自己的，自己也不可施诸人。这样便会形成一组关于什么可以做、什么不可以做的共识，这组共识就是一组正当性原则，孔子称之为义，义者事之宜。因为应该做的原则对于人的主观意志构成一种约束，所以，义者心之制。最终人把这组规则客观化为一套规范、一套制度，这就是礼。认识到礼的根源在于内在于人的仁，则礼便不是人之外从而限制人的自由的东西。礼乐之所以会崩坏，是因为人没有认识到这一点，显然，孔子把外在的礼内在化了。这就是孔子反省礼乐秩序的基础得出的结论。

三、真己

《传习录》中有一段这样的对话。

> 萧惠问："己私难克。奈何？"先生曰："将汝己私来替汝克。"又曰："人须有为己之心，方能克己。能克己，方能成己"。萧惠曰："惠亦颇有为己之心。不知缘何不能克己？"先生曰："且说汝有为己之心是如何。"惠良久曰："惠亦一心要做好人。便自谓颇有为己之心。今思之，看来亦只是为得个躯壳的己。不曾为个真己。"先生曰："真己何曾离着躯壳？恐汝连那躯壳的己也不曾为。且道汝所谓躯壳的己，岂不是耳目口鼻四肢？"惠曰："正是为此，目便要色，耳便要声，口便要味，四肢便要逸乐，所以不能克"。先生曰："美色令人目盲，美声令人耳聋，美味令人口爽，驰骋田猎令人发狂，这都是害

汝耳目口鼻四肢的。岂得是为汝耳目口鼻四肢？若为着耳目口鼻四肢时，便须思量耳如何听，目如何视，口如何言，四肢如何动。必须非礼勿视听言动，方才成得个耳目口鼻四肢。这个才是为着耳目口鼻四肢。汝今终日向外驰求，为名为利，这都是为着躯壳外面的物事。汝若为着耳目口鼻四肢，要非礼勿视听言动时，岂是汝之耳目口鼻四肢自能勿视听言动？须由汝心。这视听言动，皆是汝心。汝心之视发窍于目，汝心之听发窍于耳，汝心之言发窍于口，汝心之动发窍于四肢。若无汝心，便无耳目口鼻。所谓汝心，亦不专是那一团血肉。若是那一团血肉，如今已死的人，那一团血肉还在，缘何不能视听言动？所谓汝心，却是那能视听言动的。这个便是性，便是天理。有这个性，才能生这性之生理，便谓之仁。这性之生理，发在目便会视，发在耳便会听，发在口便会言，发在四肢便会动：都只是那天理发生。以其主宰一身，故谓之心。这心之本体，原只是个天理，原无非礼。这个便是汝之真己。这个真己，是躯壳的主宰。若无真己，便无躯壳。真是有之即生，无之即死。汝若真为那个躯壳的己，必须用着这个真己。便须常常保守着这个真己的本体。戒慎不睹，恐惧不闻。唯恐亏损了他一些。才有一毫非礼萌动，便如刀割，如针刺。忍耐不过，必须去了刀，拔了针。这才是有为己之心，力能克己。汝今正是认贼作子，缘何却说有为己之心，不能克己？"

王阳明这里说的真己，用现在的话说就是真正的自我。以道德心为真正的自我，其实正是孔子心性论儒学的旧义。

孔子的摄礼归义，摄礼归仁，仁即忠恕，就是认为凡人皆能意识到自己是人，也能认识到他人既为人也当有此意识的自觉。所以，人都有活成人的要求，都有尊重别人为人的义务。这当然是形式上的讲法，在这一节，我们根据《论语》，看看孔子对人的具体规定。

孔子认为自然生命并不是真正的自我，人不能把满足自然生命的需求作为生活的中心，这是他判定历史人物以及他自我生活的一个准则。

孔子描述自己的生活说："饭疏食饮水，曲肱而枕之，乐亦在其中矣。不义而富且贵，于我如浮云。"又说："富而可求也，虽执鞭之士，吾亦为之。如不可求，从吾所好。"（《论语·述而》）还说："富与贵是人之所欲也，不以其道得之，不处也；贫与贱是人之所恶也，不以其道得之，不去也。"（《论语·里仁》）

孔子颂扬大禹，说："禹，吾无间然矣。菲饮食，而致孝乎鬼神；恶衣服，而致美乎黻冕；卑宫室，而尽力乎沟洫。禹，吾无间然矣。"（《论语·泰伯》）比较伯夷、叔齐和齐景公，说："齐景公有马千驷，死之日，民无德而称焉。伯夷、叔齐饿于首阳之下，民到于今称之。"（《论语·季氏》）

孔子认为士要志道，不要一天到晚考虑吃好的穿好的[1]，也不要留恋安逸[2]。孔子提出，在邦无道的时候，无法实现道，却仍然做官领俸禄，这是非常可耻的[3]，君子应该谋道不谋食，忧道不忧贫[4]。孔了还提出，物质生活的得失，本非自己所能控制，君子以彰明德性为本，念念在于得正，即使穷困也不改变操守，不至于像小人那样一旦穷

---

[1] 出自《论语·里仁》。子曰："士志于道，而耻恶衣恶食者，未足与议也。"
[2] 出自《论语·宪问》。子曰："士而怀居，不足以为士矣。"
[3] 出自《论语·宪问》。宪问耻。子曰："邦有道，谷。邦无道，谷，耻也。"
[4] 出自《论语·卫灵公》。子曰："君子谋道不谋食。耕也，馁在其中矣；学也，禄在其中矣。君子忧道不忧贫。"

困即放弃一切标准而无所不作[1]。他说:"君子怀德,小人怀土;君子怀刑,小人怀惠。"(《论语·里仁》)

如果说我们可以放弃物质上的享受,那么,在我们的自然生命与一个道德义务冲突时,生命都是可以放弃的。孔子说:"志士仁人,无求生以害仁,有杀身以成仁。"(《论语·卫灵公》)当然孔子并不主张无谓的牺牲,所以宰我问仁者当人,说:"仁者,虽告之一曰:'井有仁焉。'其从之也?"时,孔子说:"何为其然也?君子可逝也,不可陷也;可欺也,不可罔也。"(《论语·雍也》)

可见,孔子认为形躯并非真我。

就人的感性生命而言,在孔子的思想里,艺术生活并没有独立的地位,它是为成就德性人格服务的,艺术作品成就的高低完全是以它在这方面能承担多少功能决定的。孔子认为禅让在道德上要高于征诛,所以舜的《韶》乐尽美尽善,而武王的《武》乐虽尽美却未尽善[2]。《关雎》虽表现乐哀的情感却又能加以节制[3];《诗》三百,一言以蔽之,就是情感的抒发能合乎礼义的标准[4]。所以,孔子要求弟子读《诗》学《诗》,通过学《诗》,可以感发志意,考见得失,与人相处和而不流,批评讽刺不良社会政治不流于愤怒,小到鸟兽草木之名,大到事父事君等人伦之道,《诗》无不备[5]。孔子认为应该好好学习《周南》

---

[1] 出自《论语·卫灵公》。子曰:"君子固穷,小人穷斯滥矣。"

[2] 出自《论语·八佾》。子谓《韶》,"尽美矣,又尽善也。"谓《武》,"尽美矣,未尽善也。"

[3] 出自《论语·八佾》。子曰:"《关雎》,乐而不淫,哀而不伤。"

[4] 出自《论语·为政》。子曰:"《诗》三百,一言以蔽之,曰'思无邪'。"

[5] 出自《论语·阳货》。子曰:"小子!何莫学夫《诗》?《诗》可以兴,可以观,可以群,可以怨。迩之事父,远之事君。多识于鸟兽草木之名。"

《召南》，人不学《周南》《召南》，如同正墙面而立[1]。反之，如果诵《诗》而在外交、政事上不能有所表现，就没有达到应有的效果[2]。

孔子再三告诫"勇而无礼则乱"，认为生命力必须接受道德法则的指引，否则会坏事。南宫适问，羿善射，奡荡舟，但都不得其死，禹、稷亲身耕种，最后却能有天下，该怎么看。孔子认为，南宫适崇尚德行，称得上是君子。[3]孔子又提出，我们称一匹马为骥，并不是因为它的力气，而是它的脾性[4]。他认为，仁者必有勇，而勇者不必有仁[5]，因为仁者完全是根据道德法则所颁布的意志行动，所以一定会排除碰到的各种困难，当然就把勇这种德性表现出来了。

可见，孔子也不以情意我为真我。

孔子的教与学都是以通过引导意志活动的方向成就德性人格为目的的。《论语》中，各弟子问仁，并不是要求得一个关于仁的定义，其实是在问如何成为仁人。所以，孔子也就根据各人的个性及进德程度加以回答。更可注意的是，《论语》记载了樊迟三次问仁，孔子的答语各不相同，显然是孔子根据樊迟所得深浅的变化而施教。又比如子路（仲由）和冉有（冉求）问了同样一个问题，即是不是应该听到命令就付诸行动，孔子对子路说要再听听父兄的意见，却对冉有说应该如此。公西华感到困惑，孔子就向他解释，说冉求做事退缩，所以我要推推他；仲

---

[1] 出自《论语·阳货》。子谓伯鱼曰："女为《周南》《召南》矣乎？人而不为《周南》《召南》，其犹正墙面而立也与？"

[2] 出自《论语·子路》。子曰："诵《诗》三百，授之以政，不达；使于四方，不能专对；虽多，亦奚以为？"

[3] 出自《论语·宪问》。南宫适问于孔子曰："羿善射，奡荡舟，俱不得其死然；禹稷躬稼而有天下。夫子不答，南宫适出。"子曰："君子哉若人！尚德哉若人！"

[4] 出自《论语·宪问》。子曰："骥不称其力，称其德也。"

[5] 出自《论语·宪问》。子曰："仁者，必有勇。勇者，不必有仁。"

由勇于行动,所以我要压压他。[1]孔子说自己并没有什么确定的知识可以传授,只是不管什么人发问,他一定尽其所能,引导发问者能就两端而走中道而已。[2]孔子认为有德行的人言说一定会有意义,而擅长言说的人未必是有德行的人。[3]

总起来说,孔子不以自然生命为真正的自我。艺术作品之所以有价值,是因为它可以帮助人养成德性人格;生命力的可贵,是因为人在很多时候履行道德义务,如果没有强大的生命力,就会陷入困境。人的认知活动的目的不是去成就一套客观的知识,它的核心任务是知人。[4]

总之,选择道德的生活,创造德性的人生,这是孔子对于人应该过一种什么样的生活给出的答案。能将德性在人生中表现出来的理想的人格就是君子。

第三节 天命之性

如果说《中庸》是儒家成德之学的纲要,那么《中庸》第一章就是纲要的纲要,也就是朱子引杨时所说的一篇之体要。弟子陆澄问《大学》和《中庸》有什么相同和不同,王阳明说:"子思括《大学》一书

---

[1]出自《论语·先进》。子路问:"闻斯行诸?"子曰:"有父兄在,如之何其闻斯行之?"冉有问:"闻斯行诸?"子曰:"闻斯行之。"公西华曰:"由也问闻斯行诸,子曰'有父兄在';求也问闻斯行诸,子曰'闻斯行之'。赤也惑,敢问。"子曰:"求也退,故进之;由也兼人,故退之。"

[2]出自《论语·子罕》。子曰:"吾有知乎哉?无知也。有鄙夫问于我,空空如也,我叩其两端而竭焉。"

[3]出自《论语·宪问》。子曰:"有德者,必有言。有言者,不必有德。"

[4]参考劳思光先生《哲学问题源流论》和《新编中国哲学史》。

之义为《中庸》首章。"可见这一章的重要性。朱子把这一章分为三节，认为第一节明道之本原出于天而不可易，其实体备于己而不可离；第二节言存养省察之要；第三节言圣神功化之极。

《中庸》说："天命之谓性，率性之谓道，修道之谓教。道也者，不可须臾离也，可离非道也。"徐复观先生认为，"天命之谓性，率性之谓道，修道之谓教"这三句话是"全书的总纲领，也可以说是儒学的总纲领"[1]。不同的儒学思想派别，都对此给出了不同诠释。

一、才性论的解释

郑玄、孔颖达主要用汉以来流行的五行、四时、方位、五色、五味、五脏相匹配的天人感应的宇宙论来认识人性，天命之谓性，就是五行生成人的肉体生命。对于人的道德生活则以与臆想的五行的性质相比附。东方春，春主施生，仁也主施生，所以说木神则仁。秋为金，金主严杀，义也果敢断决，所以说金神则义。夏为火，火主照物而有分别，礼亦主分别，所以说火神则礼。冬主闭藏，充实不虚，水主内明，不欺于物，信亦不虚诈，所以说水神则信。土无所不载，含义者多，知亦所含者众，所以说土神则知。天本来并没有形体，也不会通过言语发布命令，但是人生而后，有自然生命，然后有贤愚吉凶，就像是天发布命令造成一样，这就是天命之谓性。有自然生命，就会有知觉，根据性所知觉行动，觉于仁则行仁，觉于义则行义，等等，合于道理，使得通达，不令违越，这就是率性之谓道。人君在上修道以教于下，是修道之谓教。(《礼记正义》)郑玄的解释把天命之谓性限于人，不泛及万物之性。

---

[1] 徐复观. 中国人性论史 [M]. 北京：九州出版社，2015：105.

二、理本论的解释

朱子接受周敦颐改造汉儒阴阳五行宇宙论的《太极图说》思想，说天以阴阳五行化生万物，气以成形，而理亦赋焉，犹命令也。于是人物之生，因各得其所赋之理，以为健顺五常之德，所谓性也。人物各循其性之自然，则其日用事物之间，莫不各有当行之路，是则所谓道也。性道虽同，而气禀或异，故不能无过不及之差，圣人因人物之所当行者而品节之，以为法于天下，则谓之教，若礼、乐、刑、政之属是也。这一解释的问题，正如王阳明所说，如果子思说的教是礼乐刑政之类，为什么下文又说由教入道的并不是圣人礼乐刑政之教，而别说出一段戒慎恐惧工夫。

三、心本论的解释

王阳明认为，子思性、道、教，皆从本原上说。天命于人，则命便谓之性；率性而行，则性便谓之道；修道而学，则道便谓之教。率性之谓道，诚者也；修道之谓教，诚之者也。《中庸》为诚之者而作，修道之事也。道也者，性也，不可须臾离也。而过焉，不及焉，离也。是故君子有修道之功。人能修道，然后能不违于道，以复其性之本体，则亦是圣人率性之道。戒慎恐惧便是修道的工夫，中和便是复其性之本体，如《易》所谓穷理尽性以至于命，中和位育便是尽性至命。

我认为《中庸》所讲天命的理论应该来源于孔子的"五十而知天命"的"天命"，所以需要从孔子"五十知天命"来了解《中庸》"天命之谓性"之"天命"。以天命为孔子通过学不厌、教不倦的生命实践所把握到的内在于人的不容自已的心，则天命之谓性无非是说永无止境向上提升自我生命境界的心与生生不息、於穆不已的天道同一。天命即天道，天道之在人为人之性。生生不息、於穆不已的天道表现在人这里就是人能使天地万物各得其所、永不停息地进行道德创造的本性，发挥人的道德创造性就是人一生应当走的路，走好人当走的路就是一个人的自我修养。基本的阐释在朱子《章句》本《中庸》的第十九章至第二十七章。明末大儒刘宗周有下面的论述。

> 盈天地间皆道也，而统之不外乎人心。人之所以为心者，性而已矣，以其出于固有而无假于外铄也，故表之为天命，云："维天之命，於穆不已，天之所以为天也。"天即理之别名，此理生生不已处即是命。以为别有苍苍之天、谆谆之命者，非也。[1]

刘氏这段话明确指出，"天命之谓性"的"天"并不是自然之天，人头顶的青天，命也不是真在人之外有一种谆谆的命令，其实际上即谓天道不外乎人心。所谓命其实是人遵循自己给自己颁布的法则而已，人遵循自己给自己颁布法则就是人固有之真性。循此固有之真性行动是人的当行之道，这就是说天道的内容要由人的道德实践来证实，人性的内容其实也是要由人遵循自己给自己颁布法则的实践来证实。

人践履当行之道就是人的自我修养，修道之谓教的教，包括学与教，都是自我修养的具体实践，也就是孔子的学不厌、教不倦。早期，汉字的教与学是同一个字。比如《礼记·文王世子》中的"凡学世子及学士"的学就是教的意思。《尚书·说命》记载武丁时贤臣傅说的话："人求多闻，时惟建事，学于古训，乃有获。事不师古，以克永世，匪

---

[1] 刘宗周.《中庸》首章说［M］//吴光.刘宗周全集：第2册. 杭州：浙江古籍出版社，2012：299.

说攸闻。惟学,逊志务时敏,厥修乃来。允怀于兹,道积于厥躬。惟敩学半,念终始典于学,厥德修罔觉。监于先王成宪,其永无愆。"傅说认为:人为了建立事业,就必须追求有广博的见闻,只有向古先圣王的遗训学习才能有所收获,不以古先圣王的遗训为师,从来没有能够长治久安的。自己学是学,教人学也是学,学与教各居学之半,能一念终始常在于学,无少间断,则不觉其德修而德已修。继而以先王之成法为借鉴,如此则可以长久不犯过错。因为道其实是从主观实践方面说人性,当然不在人之外,所以说道不可须臾离,可离的一定不是人性分之内的东西,道是当然,但不是所有人在所有时候所有场合都能做到当然则然,这就需要做工夫。

第四节　性善论证

一、孟子性善论的理论渊源与时代背景

中华文化发展到战国时代,获得相当大的突破,达到了相当高度。这个突破,其中一个重要的证据,就是当时很多思想家都着重给人的生活、道德与社会秩序的建立寻找人性上的根据,表现为当时的人性思想并不是单去追问人是什么,而是将人性与善恶联系在一起,出现了广泛的关于人性善恶的讨论,确立了认识、理解人性的两个重要原则,形成了两个讨论人性的传统:一个是以生言性的才性论传统,另一个是以心言性的心性论传统。

才性论传统也就是生之谓性的传统。根据《孟子》一书的记载,告子首先标出生之谓性的原则,但详细明确的论证是荀子完成的。荀子在《正名篇》说:"生之所以然者谓之性。"从人生而后有的情感、欲

望、知觉等才质来规定人性，顺着人的自然欲望，又因着可以满足欲望的物品的稀缺，于是有争夺的发生，所以荀子主张人性恶。荀子以下直到宋明新儒学兴起前，中国思想中的人性论大抵是荀子才性论的传统。董仲舒提出人由阴阳五行化生，"天两有阴阳之施，身亦两有贪仁之性"（《春秋繁露·深察名号》）。杨雄主张人之性也善恶混。王充认为气为性、性成命定。刘邵《人物志》通过分析人的才性来讨论人才的类型。韩愈认为，性也者与生俱生也，这是经验主义人性论。清儒戴震、焦循等人从血气心知论人性，事实上仍属于荀子气性才性的传统，但因为处于宋明儒之后，性善论可谓已经深入人心，所以他们也主张人性善。这里所谓的善，主要是人有高于禽兽的认知分辨能力。

心性论传统渊源于《诗经》的"民之秉彝"（《诗经·大雅·烝民》）和《尚书》的"天秩""天叙"（《尚书·皋陶谟》）的观念，经过《论语》《大学》《中庸》，完成于孟子。这个传统主要从人之所以异于禽兽者几希的角度来论人性。所谓异于禽兽几希，就是承认人与禽兽有很大一部分相同之处，这很大一部分就是食和色，也即饮食男女生理性的欲望。但是如果以生理性的欲望为人性的全部，怎么把人和禽兽区分开来呢？所以论人性一定要看能把人和动物区分开来的那个部分，虽然这个部分只有那么一点点，也就是孟子说的几希。这几希是什么呢？就是人有礼仪人伦，人要过道德的生活，要建立良善的社会秩序。但是道德的生活和良善的秩序无法建立在以纯粹的自然事实为人性的基础之上。也就是说，如果人性是纯粹的自然事实，人性内部并没有蕴含道德价值，则道德生活就没有稳固的基础，善的社会秩序也不可能建立。所以，这几希之性，就是人的道德性，这是超越人的自然之性的。这是先验主义人性论传统。这个传统在孟子完整阐释之后，长期沉埋，千年之中，孟子学说难觅解人。韩愈虽然说欲求圣人之道必自孟子始，但韩愈的人性论与孟子不是同一个系统的。到宋明儒才大力弘扬孟子的心性论。清代戴震、焦循的孟子学事实上是将孟子荀学化了。

二、以心善证性善：不忍人之心

孟子肯定人与禽兽大部分是相同的，但是论人性应该从人与禽兽不同的地方看。孟子认为人与禽兽不同的几希就在于人有不忍人之心，这不忍人之心就是人能过上仁义礼智的道德生活、建立善的统治的根源。这是孟子性善的第一个论证，可以称作以心善言性善。

从《孟子》全书看，孟子提出不忍人之心，与他要摆脱时代的困境，用仁者之政来代替残民、虐民的暴政与苛政有关，也就是他把不忍人之心作为不忍人之政的基础。齐宣王想问孟子关于齐桓公与晋文公的事情，可是孟子认为五霸是三王的罪人，所以不愿意谈，而向齐宣王谈王道。孟子认为齐宣王能行王道是因为齐宣王有不忍牛无罪而就死地之心，不忍牛之死，更何况人呢？

> 人皆有不忍人之心。先王有不忍人之心，斯有不忍人之政矣。以不忍人之心，行不忍人之政，治天下可运之掌上。(《孟子·公孙丑上》)

孟子讲先王有不忍人之心，根据应当是《诗经》《尚书》中舜禹文王周公如保赤子之类的记载，孟子以这些人的事迹作为以爱人之心行仁者之政的典型。所以孟子认为行王政一点都不难。那为什么说人皆有不忍人之心呢？

> 所以谓人皆有不忍人之心者，今人乍见孺子将入于井，皆有怵惕恻隐之心。非所以内交于孺子之父母也，非所以要誉于乡党朋友也，非恶其声而然也。(《孟子·公孙丑上》)

孟子说之所以说人都有不忍人之心，是因为人看到小孩子要掉到井里的时候一定会有怵惕恻隐之心。而且怵惕恻隐之心的萌发，完全是无条件的，是绝对的，与人的心理感受、功利性的考量、社会交往的需要完全没有关系。恻隐之心的萌发，不是因为要交好小孩的父母，也不是为了在乡邻朋友之间获得好的名声，更不是因为讨厌小孩子掉下井时发出的怪叫。所以这一念，是纯粹的理性意志，是人的道德本心的自然流露。而所谓本心，就是心之在其自己，不关涉外在的对象。人拥有这样的不指向生理性、心理性欲望等的纯粹意志，是人与禽兽区分的根本所在。

> 由是观之，无恻隐之心，非人也；无羞恶之心，非人也；无辞让之心，非人也；无是非之心，非人也。恻隐之心，仁之端也；羞恶之心，义之端也；辞让之心，礼之端也；是非之心，智之端也。人之有是四端也，犹其有四体也。(《孟子·公孙丑上》)

有恻隐、羞恶、辞让、是非之心的是人，没有的就是禽兽。要注意，这是一个事实的断定，并不是一个应然的假设。如果你说现实中有人见孺子入井而前去施救是出于功利性的考量，第一，你无法得出这一结论，因为此人的真实意志人所不知而其所独知；第二，即使此人的真实意志在施救时没有纯粹指向道德法则，也不能证明其没有仁义礼智之心。孟子断定凡人皆有不忍人之心，但不必然时时处处都呈现。所以，孟子又有下述说法。

有是四端而自谓不能者，自贼者也；谓其君不能者，贼其君者也。凡有四端于我者，知皆扩而充之矣，若火之始然，泉之始达。苟能充之，足以保四海；苟不充之，不足以事父母。(《孟子·公孙丑上》)

关于道德心是否呈现的问题，除了这里的自贼，孟子还提到其他一些原因。所以孟子这个论证是以有没有恻隐、羞恶、辞让、是非之心来分辨人禽以证人性之善。这里表现出来的一个观点是道德意志是纯粹的，不能附带其他条件。而下面这个论证，孟子强调的是道德心的普遍平等性。

广土众民，君子欲之，所乐不存焉。中天下而立，定四海之民，君子乐之，所性不存焉。君子所性，虽大行不加焉，虽穷居不损焉，分定故也。君子所性，仁义礼智根于心。其生色也睟然，见于面，盎于背，施于四体，四体不言而喻。(《孟子·尽心上》)

这段话讨论君子以之为性的是根于心的仁义礼智，也就是以道德性为人性。为什么只能以此为人性呢？因为这是在所有的人那里都一样多的东西，是有定分的。拥有高位，因此就可以大行其道，但是凡人都有四端之心，也都有根于四端之心的仁义礼智，大行的人并不比别的人更多。反之，穷居陋巷、独善其身的人所拥有的仁义礼智之心也并不比别人少。如果说人性就是我们判定一个人是人的标准，那么，这个标准不表现为广土众民，也不表现为中天下而立、定四海之民，因为并不是所有人都能实现这些目标的。如果以这些作为人之所以为人的表现，就会认为职位高的人比职位低的人更像人，显然这是非常荒唐可笑的。我们不能根据一个人是大行还是穷居就判定其是否具有人格。君子的所欲、所乐之事能否实现并非完全决定于君子自身，所以君子不追求一定要去实现它们。仁义礼智这些道德价值根于人的恻隐、羞恶、辞让、是非之心，是人的性分所固有，不因为能否大行其道而有所增减。根于心的仁义礼智表现在人的神色上是纯粹不杂、清和温润的，表现在行为举止上，虽然四肢不会说话，但都非常清楚明白。

> 父母俱存，兄弟无故，一乐也。仰不愧于天，俯不怍于人，二乐也。得天下英才而教育之，三乐也。君子有三乐，而王天下不与存焉。(《孟子·尽心上》)

此三乐是内在的，邻近于所性，但还不是所性本身，依然有命存焉。

三、人性不只是材质：仁内义亦内

告子说："性，犹杞柳也；义，犹桮棬（杯棬）也。以人性为仁义，犹以杞柳为桮棬。"告子认为人性犹如杞柳，只是材料，而仁义犹如桮棬（木制的杯子、盘子等器具），以人性造成仁义，犹如把杞柳做成桮棬。孟子反驳说："子能顺杞柳之性而以为桮棬乎？将戕贼杞柳而后以为桮棬也？如将戕贼杞柳而以为桮棬，则亦将戕贼人以为仁义与？率天下之人而祸仁义者，必子之言夫！"（《孟子·告子上》）

孟子认为告子的类比是不对的，因为顺着杞柳之性而不加戕贼斧凿是做不成桮棬的。如果认为人性犹如杞柳，只是材质，那么就只能对人加以斧凿戕贼才能做成仁义，这种言论将使天下人把仁义看成对自己的戕贼，因而不愿意成为仁义的人。这对于仁义，对于道德生活和良善秩序是十分有害的。孟子的意思是，要过道德生活，创造道德价值，并不是因为别人的强迫，不是因为别人用外在的、为建立社会所需要的价值对我们改造，而是因为这些价值是我们人性里所固有的，我们通过生活实践进行道德创造，是人性的提升与完成。人性不是纯粹的自然所造就的一种事实存在，而是内蕴了价值的东西。

把杞柳之喻上升到原则，就是双方关于是否可以用生之谓性来界定人性。告子说："生之谓性。"孟子反问说："生之谓性也，犹白之谓白与？"告子说："然。"孟子再反问说："白羽之白也，犹白雪之白；白雪之白，犹白玉之白与？"告子说："然。"孟子就反问说："然则犬之性，犹牛之性；牛之性，犹人之性与？"（《孟子·告子上》）

生就是生命，生之谓性，就是以作为自然事实的生命为人性，生命中的那些自然事实就构成了人性的具体内容，所以生之谓性和白之谓白的类比是不能成立的，因为白之谓白这个命题并不涉及经验事实，是没有内容的纯形式命题。既然生之谓性不等于不白之谓白，孟子所意想中的通过由白羽之白犹白雪之白、白雪之白犹白玉之白推至犬之性犹牛之性、牛之性犹人之性来反驳告子自然也不是成功的论证。但是孟子是基于不能以人性为纯粹的自然事实的一贯立场来反对以人性作为自然事实的观点的。以人性中内蕴了价值的更著名的表示就是仁义内在。

与其生之谓性的看法一致，告子认为食色一类的生理性欲望和情感是性。仁是爱，所以是内在于人性的，但义作为道德判断的标准，并不在人性之内。这就是仁内义外之说，义外之说成为告子最著名的一个标签。

告子说:"食色,性也。仁,内也,非外也;义,外也,非内也。"孟子就问他:"何以谓仁内义外也?"告子说:"彼长而我长之,非有长于我也;犹彼白而我白之,从其白于外也,故谓之外也。"(《孟子·告子上》)孟子反驳告子,说你凭什么说仁是内,义是外,告子认为仁内不用举证,所以回答中没有涉及这个点,只是提出,以年长的人为长,与把外表是白的事物看成白的一样。他年长,我也当他年长,就跟他是白的我也当他白,那是一样的,他长他白,长和白都在我之外,所以说是义外,长不是在我这里,是在外面的。孟子因为告子没有涉及仁内的问题,所以也没有去澄清自己由内向外扩充的恻隐之心与告子以仁为生理情感上的爱而主张仁内的不同。

孟子直接就告子的举证进行反驳,孟子就说:"异于白马之白也,无以异于白人之白也;不识长马之长也,无以异于长人之长与?且谓长者义乎?长之者义乎?"(《孟子·告子上》)白马之白与白人之白没有不一样,一个人白我们说这个人白,一匹马白我们说这匹马白,这没有什么不同,都是白。但是,对一匹老年的马和一个年长的人,我们在做这种判断的时候,肯定是不一样的。对一个年长的人我会有尊敬之情,这就是敬长。但是对一匹老年的马,人可能会怜恤,但说不上尊敬。告子一听,这有道理,于是又提出另外一个辩驳。告子说:"吾弟则爱之,秦人之弟则不爱也,是以我为悦者也,故谓之内。长楚人之长,亦长吾之长,是以长为悦者也,故谓之外也。"(《孟子·告子上》)意思是,我的弟弟我爱他,秦人的弟弟我就不爱,是以我为悦者也,故谓之内。这是爱,讲仁,仁内。楚人年纪大,我也认为他年纪大,那么我尊敬他,让被尊敬的人开心,不是为了自己高兴。孟子认为这个辩论是不能成立的,他说:"耆秦人之炙,无以异于耆吾炙。夫物则亦有然者也,然则耆炙亦有外与?"(《孟子·告子上》)吃秦人之炙跟吃吾之炙,这个没有区别，但是你能够证明我吃炙是要让炙高兴吗？孟子认为仁义之为爱、敬，不是简单的生理性的情感，而是人的道德意志所创造的道德价值，不是出于内心的道德意志的爱、敬，便没有仁义的道德价值。

孟子时代广泛展开人性讨论，各种观点纷然杂出。有像告子那样主张性无分于善与不善的；有孟子弟子公都子提到有人主张性可以为善可以为不善的；有主张有性善有性不善的。孟子认为这些观点有共同点。

> 天下之言性也，则故而已矣。故者以利为本。所恶于智者，为其凿也。如智者若禹之行水也，则无恶于智矣。禹之行水也，行其所无事也。如智者亦行其所无事，则智亦大矣。天之高也，星辰之远也，苟求其故，千岁之日至，可坐而致也。（《孟子·离娄下》）

则故的故，朱子解释为已然之迹，也就是已经发生的可以为人所观察到的经验事实。也就是说，孟子认为同时代人说到人性的，都是用经验世界中已经发生的种种事迹为准则，而他们所用到的那些事迹又都是那些人本于利的需求而来的。公都子提到有人主张性可以为善可以为不善，就以文武兴则民好善，幽厉兴则民好暴为例。有人主张有性善有性不善，举例以尧为君而有象；以瞽瞍为父而有舜；以纣为君而有微子启、王子比干。这些人的巧智，是令人厌恶的，因为他们的巧智是穿凿的。他们的智并不像大禹治水那样，大禹治水根据水性而行，自己并不添加什么，只是认识事物的固有之理。而上述这些人认为仁义不是人性中所固有的，是添加上去的，这就不是大智，只是穿凿而已。这可以看作孟子对于经验主义人性论的一个总批评。

四、圣人与我同类：言必称尧舜

孟子说："凡同类者，举相似也，何独至于人而疑之？圣人与我同类者。"（《孟子·告子上》）孟子举得最多的例子就是尧舜。

《孟子·滕文公上》说："滕文公为世子，将之楚，过宋而见孟子。孟子道性善，言必称尧舜。"孟子认为凡人与尧舜原本并没有什么不同，但凡人被私欲干扰，丧失本性，尧舜没有被私欲遮蔽，得以全幅扩充其固有的善性。孟子每每谈到性善，都称道尧舜来加以证实。孟子希望世子能认识到仁义不假外求，圣人可学而至。世子从楚国回滕国，又经过宋国，再来见孟子。孟子说："世子疑吾言乎？夫道一而已矣。"意思是，不用怀疑我的说法，要知道古今圣愚本同一性，先前都已经说完了。然后引用成覸、颜渊、公明仪的话，"彼丈夫也，我丈夫也，吾何畏彼哉？""舜何人也？予何人也？有为者亦若是。""文王我师也，周公岂欺我哉？"说舜、文王、周公这些圣人也是人，人能有为圣人之志，也能成为圣人。而成覸、颜渊、公明仪能师法圣人也不失为贤人。人能笃信力行，师法圣贤，也能成为圣贤。

当有人告诉孟子，齐王使人暗中观察孟子是否真的有跟人不一样的地方，孟子说："怎么会不一样，就是尧舜这些圣人与人也是一样的。"（《孟子·离娄下》）

孟子对于历史上的圣贤事迹进行了诸多形容，在朱子看来，这本身是孟子造道之深的证明。

总体来说，孟子认为圣人与凡人是同类，性善总是一样的，区别只在于圣人能操存人不同于禽兽的几希仁义礼智之心，而一般人却把它丢掉了。孟子说："人之所以异于禽于兽者几希，庶民去之，君子存之。舜明于庶物，察于人伦，由仁义行，非行仁义也。"（《孟子·离娄下》）由仁义行和行仁义其实是道德心与功利心的差别。所以孟子又说："形色,天性也;惟圣人,然后可以践形。"(《孟子·尽心上》)形色,是人的自然生命,所谓天性。人的形躯不同于禽兽,其所以为人之性与禽兽也应当不同,这个不同就是人异于禽兽的仁义礼智之心,圣人能尽人之所以异于禽兽的仁义礼智之心,也就把人在形躯上异于禽兽之处完全实现了。所以能不能践形,关键在于能不能尽心。

五、不善的根源:恶非根于人性

既然人性善,为什么会有不善呢?孟子认为恶非根于人性,因为所谓性善指人确实具有为善的能力,也就是实现道德价值的能力,能力不能发挥不能证明没有这种能力。这种能力,孟子又称作才,人行不善,或者说不能实现道德价值,不是因为缺乏这种能力,"非才之罪"。人与人之间或善或不善的差别,根源在于能不能尽其才。至于不能尽其才的原因,孟子认为:一是未能反思而自暴自弃;二是良心放失;三是外在环境导致人心陷溺。

孟子说:"自暴者,不可与有言也;自弃者,不可与有为也。言非礼义,谓之自暴也;吾身不能居仁由义,谓之自弃也。仁,人之安宅也;义,人之正路也。旷安宅而弗居,舍正路而不由,哀哉!"(《孟子·离娄上》)孟子认为仁就是每个人都有的爱人之心,义就是每个人都应当走的正道。自暴就是诋毁礼义,自己害自己,不相信礼义可以让自己变得更完美,即使告诉他礼义之美,他也不肯相信。自弃就是不相信自己可以保有爱人之心,不相信自己可以遵循当行之路,这样当然会有种种恶行。所以,拒绝相信,放弃践履是最大的恶。

在回答公都子对性善论的质疑时,孟子说明了人为什么会拒之以不信,绝之以不为。

公都子认为当时反对性善的种种人性主张,都以经验世界中种种不同的恶人的事实为证据。比如文王、武王这些圣王统治时代的民就好善，而幽王、厉王兴起时代的民就好暴，可见性可以为善可以为不善。又比如以尧为君而有象，以瞽瞍为父而有舜，以纣为君而有微子启、王子比干，可见有性善有性不善。看来都有道理，而孟子主张性善，难道这些有证据的说法都是错的？孟子认为所谓性善，是就人拥有可以为善的能力的实际来说的。至于为不善，这并不是在为善的能力方面有什么缺失，因为恻隐、羞恶、恭敬、是非之心是每一个人都有的，并不是从外面强加给人的，而这些正是人能实现仁义礼智这些价值的根据，没有谁缺失了什么，认为自己没有能力为善，只是由于自己不能反思。仁义礼智之心本来就在每一个人的性分之内，只要能反求诸己就能知道它的所在，如果放弃反思，当然它就不能呈现，这就像从自己的性分之内走出去一样。人善人恶相去不可以道里计，只是因为有的人因为不肯反思而导致他实现价值的能力不能发挥作用。(《孟子·告之上》)

孟子认为得到尊贵是人人都有的心愿，只是别人给你的尊贵并不是真正的尊贵，因为这种尊贵是从外面来的，别人给你，当然也可以拿走。真正的尊贵其实在每一个人自己身上，是别人夺不走的，只是人如果不去反思，就不会知道真正的尊贵是内在于自己的仁义礼智。因为不去反思，不知道仁义礼智在自己性分之内，所以去追逐外在的尊贵，当然内在的善性得不到扩充，恶难免就因之而起了。(《孟子·告子上》)

孟子认为良心放失也是恶的原因。如同良贵是真正的尊贵一样，良心是真正的心，是心之本然，是心之在其自己，所以也叫本心。憧憧往来，时起时灭，没有定时，没有定在的，都因外物而起，不是心的本然，本然之心是恻隐、羞恶、辞让、是非之心，也就是所谓的仁义礼智之心。孟子认为人如果放失良心，最后一定离禽兽不远。

牛山之木尝美矣，以其郊于大国也，斧斤伐之，可以为美乎？是其日夜之所息，雨露之所润，非无萌蘖之生焉，牛羊又从而牧之，是以若彼濯濯也。人见其濯濯也，以为未尝有材焉，此岂山之性也哉？虽存乎人者，岂无仁义之心哉？其所以放其良心者，亦犹斧斤之于木也，旦旦而伐之，可以为美乎？其日夜之所息，平旦之气，其好恶与人相近也者几希，则其旦昼之所为，有梏亡之矣。梏之反复，则其夜气不足以存；夜气不足以存，则其违禽兽不远矣。人见其禽兽也，而以为未尝有才焉者，是岂人之情也哉？（《孟子·告子上》）

孟子认为，非独贤者有舍生而取义心，人皆有之，只是贤者能保有而不失。一箪食，一豆羹，得之则生，弗得则死。呼尔而与之，行道之人弗受；蹴尔而与之，乞人不屑也。这是保有舍生取义之心的缘故。不辨礼义而受万钟，是心随宫室之美、妻妾之奉、所识穷乏者得我这些外物而起的缘故。心随外物而起，导致本心丧失。（《孟子·告子上》）

孟子认为外在环境导致人心陷溺也会有恶出现。孟子说："富岁，子弟多赖；凶岁，子弟多暴，非天之降才尔殊也，其所以陷溺其心者然也。今夫麰麦，播种而耰之，其地同，树之时又同，浡然而生，至于日至之时，皆熟矣。虽有不同，则地有肥硗，雨露之养，人事之不齐也。"（《孟子·告子上》）

由恶返善，需要做工夫。针对第一个原因，孟子提出先立乎大的工夫；针对第二个原因，孟子提出存心养心求放心的工夫；针对第三个原因，孟子虽然强调"周于利者，凶年不能杀；周于德者，邪世不能乱"（《孟子·尽心下》），但是也一面提出强恕而行的工夫，认为人人亲其亲长其长而天下平；一面也提出详细的仁政实施方案，希望建立王道政治主导的良善秩序。本书第五章将详细讲述这些工夫。

第四章
"四书"论修身的目的

修身的目的在于成就天人合一境界的最高人格，这一人格的实质是永不停息的道德创造（也就是永不停息地去完成一个又一个道德行为）与於穆不已的天道的同一，所以并不单独存在一个脱离一个个具体道德行为的最高人格。也就是说，天人合一的最高人格并不在遥不可及的将来，而是具体表现在当下的每一个具体的道德行为中，这就是孔子说"我欲仁斯仁至矣"（《论语·述而》）的意思，因此，最高人格的圆满，是当下当体的圆满。然而也正因为这种圆满只是当下当体的圆满。所以必须时时处处都保有这一圆满才会有真正的圆满。因之《中庸》说："不诚无物"，又说："至诚不息"。这也实际上是"天行健，君子以自强不息"（《周易·乾·象》）的真义。孔子也说："回也，其心三月不违仁，其余则日月至焉而已矣。"（《论语·雍也》）就保有当下当体的圆满的久暂而言，人自然会表现出不同的生命形态，这就是生命的不同层级。

孔子赋予《诗经》《尚书》中负有治理天下的责任而且有履行其责任的地位的"君子"以依于仁、不违仁的有德者的新含义。成人，在春秋时代主要以功业论，孔子也用来指德行。大人，原用来称呼有高贵的社会地位的人，孟子也用"大人"指有崇高德行，能够居仁由义的人。圣人，孔子时代指的是尧舜禹汤文武周公那些圣王；孟子时代，孔子被尊为圣人，所以孟子将外在的治天下的功业从圣人的内涵中剥离，而以仁且智或学不厌、教不倦来规定圣人，把圣人规定为德行完满的人，孟子有时也用君子来称圣人，也就是朱子说的君子乃圣人之通称。当然，《孟子》中大人、小人、士、君子等词用法比较复杂，有时是社会地位、社会身份上的差别，有时却以是否成就德性来论，需要结合上下文的语境具体分析。

第一节　孔子论士与君子

孔子通过生命的亲证，把握到内在于每一个人的天命之仁。人能自觉地践履仁道，在与他人相处及社群生活中尊敬道德法则，履行道德义务，"修己以敬""修己以安人""修己以安百姓"，就能成就君子人格。子路认为修己以敬很容易做到，"如斯而已"，孔子告诉他这其实是尧舜都很难达成的任务，因为这是人终其一生的使命。（《论语·宪问》）孔子说："朝闻道，夕死可也。"（《论语·里仁》）曾子说："士不可以不弘毅，任重而道远：仁以为己任，不亦重乎？死而后已，不亦远乎。"（《论语·泰伯》）这些都是对士君子人格深切的体悟。

一、士与成人意义的转换

在周代天子诸侯公卿大夫士庶人的等级序列中，士是最低级的贵族。孔子却从不怀居，不耻恶衣恶食，不求生害仁等来诠释士，这些都是从德行而不是从社会身份来认识的。

孔子在回答子贡问怎样才可以叫作士时提到三个层次的士：上焉者行己有耻，使于四方，不辱君命。存有所不为之志而有足以有为之才。次一等宗族、乡党同称孝悌，虽无功业于人国，却也能守身无过。下焉者言信行果，虽本末皆无足观，然亦不害其为自守。孔子明确把当时的从政者也就是有官位的人完全排除在士之外，认为不足算。[1] 值得注意的是，孔子这里说的小人，并不是从德行方面说的，因为孔子认为即使

---

[1] 出自《论语·子路》。子贡问曰："何如斯可谓之士矣？"子曰："行己有耻，使于四方，不辱君命，可谓士矣。"曰："敢问其次。"曰："宗族称孝焉，乡党称弟焉。"曰："敢问其次。"曰："言必信，行必果，硁硁然小人哉！抑亦可以为次矣。"曰："今之从政者何如？"子曰："噫！斗筲之人，何足算也。"

是普通民众也能在德行方面有所表现而不失士之称，所以才有子贡的"今之从政者"之问。孔子的回答显示了他对当时居位而无德的极度失望。在回答子张士如何才算发达的提问中，孔子区分了达和闻：闻人表面上爱好仁德而实际行为相反，自居仁人而没有丝毫犹疑，达士内心忠直，崇尚德义，察言观色，顾虑下人。(《论语·颜渊》)强调的也是士应该真正拥有德行，而不是为了官位勉强行德。

孔子提到圣人、君子、善人和有恒者四种人格。一个人如果本来没有却认为自己有，本来有所不足却认为自己已经完满，本来很拘谨却装作安泰，一路浮夸，就不能持久用功。[1]一个人虽然没有好的资质，却能够做到不三心二意，专心致志从事某项工作，就一定能成为有用的人。孔子说："南人有言曰：'人而无恒，不可以作巫医。'善夫。"《易·恒》九三爻辞说："不恒其德，或承之羞。"孔子认为这是不用占卜就能知道的。(《论语·子路》)而一个人即使资质很好，如果不注意学习前人的经验，也不能把事情做好，所谓"不践迹，也不入于室"(《论语·选进》)。一个人遵循社会规范，并且不只是外表仪节的简单模仿，而是真诚地认同这些规范的合理性，不但行为合礼（"以义制事"），而且内心守礼（"以礼制心"），这个人就是文质彬彬的君子[2]。在孔子的时代，尧舜文武周公这些有外在事功的圣王才被认为是圣人，可是这些圣王已经远去了，已经不是孔子所能见到的了，所以孔子说"圣人吾不得而见"，只是希望能见到文质彬彬的君子，因为这是人人都能做到的。

孔子对于圣人依然沿用旧有见解，即认为圣人需要博学多能，需要

---

[1]出自《论语·述而》。子曰："圣人，吾不得而见之矣；得见君子者，斯可矣。"子曰："善人，吾不得而见之矣；得见有恒者，斯可矣。亡而为有，虚而为盈，约而为泰，难乎有恒矣。"

[2]出自《论语·雍也》。子曰："质胜文则野，文胜质则史。文质彬彬，然后君子。"

成就外在事功。当人以孔子多能而谓之圣者时，孔子只愿以君子自居，说君子并不以多能为贵[1]，这就是"君子不器"（《论语·为政》）的思想，意思是君子是不以掌握某项技能论的。子贡问博施于民而能济众是否为仁，孔子说这是圣人才有可能接近的，而仁是所有人都能践履的。[2]

当时有所谓成人的说法，《左传》记载子太叔回答赵简子说："人之能自曲直以赴礼者，谓之成人。"所谓成人，就是以礼乐来调节、助成自己的品性，曲直其实是就人的自然禀性说的。子路问成人，孔子根据原来的说法回答：有的人多智谋，有的人不贪婪，有的人有勇力，有的人有才艺，只要文以礼乐，就都能成人。因为这是成人原来的含义，而礼乐并非所有人都能拥有，外在的事功也并非人人所能成就，所以孔子接着提出了成人的新界说，主张人只要能够辨义利，决死生，有忠信之德，也可以算是成人。[3]

二、君子畏天命与不违仁

如果一个人始终不离开仁，那么他就是一个君子。孔子说："君子去仁，恶乎成名？君子无终食之间违仁，造次必于是，颠沛必于是。"（《论

---

[1] 出自《论语·子罕》。大宰问于子贡曰："夫子圣者与？何其多能也？"子贡曰："固天纵之将圣，又多能也。"子闻之，曰："大宰知我乎！吾少也贱，故多能鄙事。君子多乎哉？不多也。"牢曰："子云，'吾不试，故艺'。"

[2] 出自《论语·雍也》。子贡曰："如有博施于民而能济众，何如？可谓仁乎？"子曰："何事于仁，必也圣乎！尧舜其犹病诸！夫仁者，己欲立而立人，己欲达而达人。能近取譬，可谓仁之方也已。"

[3] 出自《论语·宪问》。子路问成人。子曰："若臧武仲之知，公绰之不欲，卞庄子之勇，冉求之艺，文之以礼乐，亦可以为成人矣。"曰："今之成人者何必然？见利思义，见危授命，久要不忘平生之言，亦可以为成人矣。"

语·里仁》)所谓君子，无非是仁者之称，离开了仁，怎么称得上是君子？君子是片刻都不能离开仁的，即使在急遽苟且之时和倾覆流离之际也要和仁在一起。孔子又自问君子会不会有意念不志于仁的时候呢？大概是有的，然而这只有他自己才知道，但是一定没有小人而能志于仁的。[1]

君子为什么能不违仁呢？这是因为君子知道仁是天命于我，要全尽天所赋予我，任重而道远，所以君子戒慎恐惧，敬畏天命，大人是先我尽得天命的人，圣人之言是发挥天命之理的，能敬畏天命，就能畏大人、圣人之言。[2]

总之，孔子已经以德行而不是以身份、地位来论君子小人，朱子明确指出在孔子这里君子是成德之名。因此，我们接着来看孔子关于君子德行的论说。

三、君子的德行与情感

孔子认为智仁勇是成就君子的三种工夫，孔子说："君子道者三，我无能焉：仁者不忧，知者不惑，勇者不惧。"子贡说："夫子自道也。"(《论语·宪问》)孔子说他自己不能做到不忧、不惑、不惧，实在是他对仁知勇的境界有所体证，正因为有实在的体证，所以不敢自信。说"我无能"，这是圣人不会认为自己是圣人，而子贡说不忧、不惑、不惧正可以用来说孔子自己，这是子贡知足以知圣人的表现。践行这三种工夫所成就的就是君子的智仁勇的德行。司马牛问何谓君子，孔子也

---

[1] 出自《论语·宪问》。子曰："君子而不仁者有矣夫，未有小人而仁者也。"
[2] 出自《论语·季氏》。孔子曰："君子有三畏：畏天命，畏大人，畏圣人之言。小人不知天命而不畏也，狎大人，侮圣人之言。"

以不忧不惧来说。[1]

智仁勇作为君子德行的内容，孔子有很多解释。说不仁的人不能忍受长久的贫困，不能享受长久的安乐，这只是其心之仁没有发用，并非他没有仁，因为仁是天命于每一个人的。一旦其心之仁、之知的功能发用，则他就能安于仁，依于仁。[2]。

那么如何才是知、才是仁呢？

有一次樊迟问知、问仁，孔子说："务民之义，敬鬼神而远之，可谓知矣。""仁者先难而后获，可谓仁矣。"（《论语·雍也》）所谓知，就是尽力于人所应当做的，又能对所不可知的心存敬畏但不为所惑。所谓仁，就是先把该做的事情做好，不要有贪利的私心。

樊迟又问孔子何谓仁、何谓知，孔子说仁者爱人、知者知人。如果仁者爱人，那么推扩我的爱人之心，则无不爱。如果智者知人，当然要于众人有所分辨。樊迟想不明白，孔子就用举直错诸枉，能使枉者直来向他解释。樊迟还是不理解，只好再问子夏，子夏举例说："舜有天下，选于众，举皋陶，不仁者远矣。汤有天下，选于众，举伊尹，不仁者远矣。"（《论语·颜渊》）举直错（措）枉，这是知的分辨；使枉者直，使人都归于善，这是仁。这就是仁与知的关系，仁以发知，知以行仁，因爱人须知人，知人是为了能很好地履行爱人的道德义务。

孔子认为君子不是没有好恶，而是好恶当理。只有仁者能好人，能恶人[3]，因为只有没有私心的好恶才能公正。而且，君子不只是好善

---

[1] 出自《论语·颜渊》。司马牛问君子。子曰："君子不忧不惧。"曰："不忧不惧，斯谓之君子已乎？"子曰："内省不疚，夫何忧何惧？"

[2] 出自《论语·里仁》。子曰："不仁者不可以久处约，不可以长处乐。仁者安仁，知者利仁。"

[3] 出自《论语·里仁》。子曰："唯仁者能好人，能恶人。"

恶恶，还要为善去恶。孔子说："君子周而不比，小人比而不周。"（《论语·为政》）君子能使所有人都各得其所，这是周；小人则只喜好与自己一样的，厌恶和自己不一样的，这是比。君子好善恶恶皆出于公，用一善人于国则一国治，用一善人于天下则天下治，于一邑一乡之中去一恶人则一邑一乡安，这就是周。小人之心则一切都与此相反。

子贡问孔子是不是君子也有厌恶的人，孔子说君子讨厌那些一味传播别人坏处的人，在下位却毁谤上级的人，有勇力却不懂礼节的人，勇于自行其是却顽固不化、执拗到底的人。子贡也说厌恶以别人的成绩当作自己聪明所致的人，以不谦虚为勇的人，以揭发别人阴私为直率的人。[1]

孔子说君子心态平和安泰，不会骄矜使气，小人却总是一副志得意满的样子，言语夸张，行为放肆。[2]君子安于所遇，胸怀宽广，小人行险侥幸，患得患失，所以忧戚不断。[3]

四、仁山智水，与天合德

君子不违仁，君子依于仁，所以也可以称为仁人、仁者、志士（志于仁之士）。作为与君子等义的仁者的仁是全德，区别于与知、勇并称的作为殊德的仁。孔子说："知者乐水，仁者乐山；知者动，仁者静；知者乐，仁者寿。"（《论语·雍也》）这里的知者、仁者其实是从君子之德表现于知、仁两面说，这和从利仁、安仁两面说理想人格是相通的。

---

[1]出自《论语·阳货》。子贡曰："君子亦有恶乎？"子曰："有恶：恶称人之恶者，恶居下流而讪上者，恶勇而无礼者，恶果敢而窒者。"曰："赐也亦有恶乎？""恶徼以为知者，恶不孙以为勇者，恶讦以为直者。"
[2]出自《论语·子路》。子曰："君子泰而不骄，小人骄而不泰。"
[3]出自《论语·述而》。子曰："君子坦荡荡，小人长戚戚。"

君子静时则心安于仁,有似胸怀宽广的山;处事则有利于人,有似善利万物的水。山水在君子的觉润、感通下,不再是外在的自然。

有一天,孔子站在奔腾不息、滚滚向前的大河边上,感慨地说:"逝者如斯夫!不舍昼夜。"(《论语·子罕》)程子认为从这段话可以看出圣人之心纯亦不已,因为一个人若非其心如是则无以见得天理如是。这是很有见地的。孔子说:"不怨天,不尤人,下学而上达,知我者其天乎?"(《论语·宪问》)又说:"天何言哉?四时行焉,百物生焉。"(《论语·阳货》)。这就是默而识之、学而不厌、诲人不倦的孔子,以自己永不停息的道德创造,向我们证明了人心与天道同一这一理想人格的最高境界。这一境界在《中庸》得到了非常完备的阐述。

第二节　君子依乎中庸

一、君子以人道合天道

《中庸》说:"在下位不获乎上,民不可得而治矣;获乎上有道:不信乎朋友,不获乎上矣;信乎朋友有道:不顺乎亲,不信乎朋友矣;顺乎亲有道:反诸身不诚,不顺乎亲矣;诚身有道:不明乎善,不诚乎身矣。"要明善诚身,就需要有对于诚的认识,也就是上文提到的知天知人。而且《中庸》首章讲天命之谓性,但问题是天何以会有命于我,天命于我者为何。这两个问题,《中庸》用诚的观念来解决。

《中庸》说:"诚者,天之道也;诚之者,人之道也。诚者不勉而中,不思而得,从容中道,圣人也。诚之者,择善而固执之者也。博学之,审问之,慎思之,明辨之,笃行之。有弗学,学之弗能弗措也;有弗问,问之弗知弗措也;有弗思,思之弗得弗措也;有弗辨,辨之弗明弗措也；有弗行，行之弗笃弗措也；人一能之己百之，人十能之己千之。果能此道矣，虽愚必明，虽柔必强。自诚明，谓之性；自明诚，谓之教。诚则明矣，明则诚矣。"

天道是诚，诚是充分完满的实现之意，天道的内容就是充分完满的实现，而充分完满的实现是一个永无止境的升进过程，也就是於穆不已的天命。天有广大无私之德，天必以充分完满实现自身命于人。人如果不待勉强就能符合道德法则，不再需要自我反思就能理解人的使命，自然而然就能遵循道德规范行动，所谓从心所欲不逾矩，这就到了圣人的境界了。孔子"吾十有五而至于学，三十而立，四十而不惑，五十而知天命，六十而耳顺"（《论语·为政》），到七十才从心所欲不逾矩，可见这一境界的达成，不能不通过长期的博学、审问、慎思、明辨的工夫，择善固执而后笃行。朱子所划《中庸》二十一章说：自诚明，谓之性；自明诚，谓之教。诚则明矣，明则诚矣。这里的"诚"，通过第二十章"诚者，天之道也"来理解；这里的"明"，指的是第二十章"诚之者，人之道也"的"诚之"工夫，其实质就是通过人的自我修养去实践、表现作为天道实际内容的诚。"诚则明"是说天道之诚一定要通过人的道德实践来证实，"明则诚"是说人通过自我修养最后一定能实现与天道的同一。从"诚者，天之道也"到"明则诚矣"，实际上是对儒学天人合一观的最集中的阐释，可以疏释为：直接地自然地将生生不息、於穆不已的天道原则表现出来的是完满的人性，通过不厌不倦的道德创造而将生生不息、於穆不已的天道原则予以表现是人的自我修养。所以，最高的理想人格是一定要表现于日常生活中的每一个行为的，而日常生活中的每一个行为是可以当下当体就由对于普遍的道德法则的尊重而发生的。这与孔子"君子无终食之间违仁"（《论语·里仁》）的说法是完全一致的。

《中庸》认为所谓君子就是以人道合天道，努力充分完满地实现自身来将充分完满实现的天道在自己身上表现出来的人。

《中庸》说："唯天下至诚，为能尽其性；能尽其性，则能尽人之性；能尽人之性，则能尽物之性；能尽物之性，则可以赞天地之化育；可以赞天地之化育，则可以与天地参矣。其次致曲，曲能有诚，诚则形，形则著，著则明，明则动，动则变，变则化，唯天下至诚为能化。"人只有能真正地自然地完全尊重道德法则行动才是充分地实现自己的本性，能充分地实现自己的本性的人一定能认识到天地间的人和万物都能够都需要实现自己的本性，因此能够助成天地的化育。次一级的情况是，能努力地让自己的行为符合道德法则，通过持久的训练，最后也能达到真正地自然地完全尊重道德法则行动的境界，也能表现于外，表现于外则自然德行彰显，于是能够影响外界而使之发生改变，最终也能化成天下。

所谓参赞化育，其实是人学不厌、教不倦的道德实践所把握的不容自已的心的客体化、外在化与绝对化，是对天地自然作道德的说明。参是三之意思，是人在天、地之外用自身的道德实践创造了一个意义世界，并赋予天地自然世界以价值和意义。

《中庸》认为当然则然的道德规律有预测的功能，《中庸》说："至诚之道，可以前知。"大量有德行的人出现，国家将走向兴旺；国家充斥大量没有德行的人，就将走向衰亡。因为能尽己性则能尽人之性，有感必有应，能明明德于天下，天下人必推以为天子，所以《中庸》说："至诚如神。"

在阐释了君子之道当尽己性尽人性后，《中庸》转向了对君子尽性的阐释，这就是成己成物。

《中庸》说："诚者自成也，而道自道也。诚者物之终始，不诚无物。是故君子诚之为贵。诚者非自成己而已也，所以成物也。成己，仁也；成物，知也。性之德也，合外内之道也，故时措之宜也。"充分实现的天道原则是要万物自身去实现的，当走的路是要人自身去走的。充分实现的天道原则是贯穿于万物的整个过程的，没有充分实现，万物就不成其为万物了。所以君子认为充分实现是最重要的。充分实现不只是完成自己，而是要万物都能实现其自身。完成自己，就要发挥完美的德性人格；要万物实现其自身，就是要明确认识到万事万物的本性而给予恰当的处置与安排。德性与知性都是人的本性所固有的，所以充分实现是沟通内外的统一的原则，无论何时何地都是合宜的。

接着《中庸》就强调仁与知的工夫的不能间断。《中庸》说："故至诚无息。不息则久，久则征，征则悠远，悠远则博厚，博厚则高明。博厚，所以载物也；高明，所以覆物也；悠久，所以成物也。博厚配地，高明配天，悠久无疆。如此者，不见而章，不动而变，无为而成。天地之道，可一言而尽也：其为物不贰，则其生物不测。天地之道：博也，厚也，高也，明也，悠也，久也。"无息指永恒，至诚是充分完满的实现，有间断当然意味着不完满。诚也是真实，如果不是不息，就是刹那刹那生灭，就不真实，只有永恒的才是真实的。《中庸》这段话清楚明白地阐释了天高明、地博厚及宇宙永恒的意义是由人的不厌不倦的道德实践所证成。《中庸》引《诗》"维天之命，於穆不已"的话，评论说："盖曰天之所以为天也。"认为於穆不已是天道的真实内容。再引"于乎不显！文王之德之纯"的话，评论说："盖曰文王之所以为文也，纯亦不已。"文王道德纯备而又没有间断、不分先后，是以人道合天道的典型。

《中庸》说至诚之道是成己成物的合外内之道，于是接着对成物之方进行解说。人的成德需要一定的社会环境和政治秩序，所以君子成物，就需要建立社会生活秩序和政治生活秩序，这就是礼乐和王制。

《中庸》说："大哉圣人之道！洋洋乎！发育万物，峻极于天。优优大哉！礼仪三百，威仪三千。待其人而后行。故曰苟不至德，至道不凝焉。故君子尊德性而道问学，致广大而尽精微，极高明而道中庸。温故而知新，敦厚以崇礼。是故居上不骄，为下不倍，国有道其言足以兴，国无道其默足以容。《诗》曰：'既明且哲，以保其身。'其此之谓与！"《中庸》这里说的圣人之道就是前文的君子之道。圣人之道之所以能汪洋恣肆不可阻遏地进行道德创造，至高至大，无所不包，创制出用来规范人的行为的重要的礼制就有三百项，日常生活的细小仪节更是有三千之多，都是因为圣人有至高的德行的缘故。如果没有至高的德行，就不能形成对无所不包的至高至大的道的认识。于是《中庸》接着再次阐释如何才能有至德的工夫。用朱子的话说，就是："尊德性，所以存心而极乎道体之大也。道问学，所以致知而尽乎道体之细也。二者修德凝道之大端也。不以一毫私意自蔽，不以一毫私欲自累，涵泳乎其所已知，敦笃乎其所已能，此皆存心之属也。析理则不使有毫厘之差，处事则不使有过不及之谬，理义则日知其所未知，节文则日谨其所未谨，此皆致知之属也。盖非存心无以致知，而存心者又不可以不致知。故此五句，大小相资，首尾呼应，圣贤所示入德之方，莫详于此。"尊德性是纯化意志的工夫，道问学是强化能力的工夫，也就是学思合一，博文约礼。君子能修德，就能既明且哲，居上不骄，为下不倍，国有道其言足以兴，国无道其默足以容。

　　圣人发育万物，要制作礼乐，但是不是所有的圣人都能制作礼乐的。《中庸》引孔子的话说："愚而好自用，贱而好自专，生乎今之世，反古之道。如此者，灾及其身者也。"强调制作礼乐必须有圣人之德而居天子之位。《中庸》说："虽有其位，苟无其德，不敢作礼乐焉；虽有其德，苟无其位，亦不敢作礼乐焉。"最后用孔子的事迹来证明这一观点，孔子说："吾说夏礼，杞不足征也；吾学殷礼，有宋存焉；吾学周礼，今

115

用之，吾从周。"孔子没有天子之位，所以只能遵循当时王者的制度。

成物所必需的另外一个文化制度是王者之制，也就是王制。

《中庸》说："王天下有三重焉，其寡过矣乎！上焉者虽善无征，无征不信，不信民弗从；下焉者虽善不尊，不尊不信，不信民弗从。"《中庸》提出治理天下的三件大事和三个条件。三件大事就是议礼、制度、考文，如果能够实现人同伦，车同轨，书同文，那么国不异政，家不殊俗，人就能少犯过错。三个条件：一是善，也就是要有德行；二是尊，也就是要有权位；三是信，也就是要取信于民。先前时候的尧舜禹汤，虽然很有德行，但是年湮代远，没有足够的证据可以让民众相信，民众不相信则不会听从。而近时的圣人孔子虽然也很有德行，但是没有权位，没有权位就没有办法施政，民众看不到他到底能否保障自己的福祉，所以也不会相信，因此也不会听从。

于是《中庸》接着说："故君子之道：本诸身，征诸庶民，考诸三王而不缪，建诸天地而不悖，质诸鬼神而无疑，百世以俟圣人而不惑。质诸鬼神而无疑，知天也；百世以俟圣人而不惑，知人也。是故君子动而世为天下道，行而世为天下法，言而世为天下则。远之则有望，近之则不厌。"君子要治理天下，必须以修身为本，以民众是否信从为效验，以深察广大无私的天道因而经得起天地鬼神的质疑为基础，以理解永恒的人性因而即使百世以后的圣人也不会有所疑惑为根据。这样，君子治理天下所选择的道路、所采取的措施和所发布的言论便会世世代代为天下人所遵循、奉行和取则，就会为远方的人所仰望，而亲近的人也不会感到厌倦。又引《诗》"在彼无恶，在此无射；庶几夙夜，以永终誉"的话，强调君子能有不厌不倦的善行，就一定能早早名满天下。

《中庸》接着以孔子为君子人格的典型，理解《中庸》对孔子的礼赞，可以帮助我们更具体地理解理想的人格境界。

二、孔子本人道以见天德

《中庸》说:"仲尼祖述尧舜,宪章文武;上律天时,下袭水土。"孔子述而不作,信而好古,传述尧舜禹汤文武周公以来的历史文化遗产,这就是祖述、宪章的实际内容,朱子说远宗其道,近守其法也非常精当。宗尧舜之道,就是孔子对天下为公及无为而治的弘扬;守文武之法,就是孔子对礼乐秩序的阐释。对于上律、下袭,朱子说是法其自然之运,因其一定之理,这就需要分辨。因为朱子的说法似乎是说孔子在研究知道天地的自然之运和一定之理后加以效法,加以沿用。其实上律、下袭的实际内容,是孔子学不厌,教不倦,以不容自已的仁心见得天地广大无私及於穆不已之德。所以《中庸》接着就用"譬如天地之无不持载,无不覆帱,譬如四时之错行,如日月之代明"来称扬孔子,再用"万物并育而不相害。道并行而不相悖,小德川流,大德敦化"来说天地之大,合起来的意思就是孔子本仁道以见天德。

《中庸》说:"唯天下至圣,为能聪明睿知,足以有临也;宽裕温柔,足以有容也;发强刚毅,足以有执也;齐庄中正,足以有敬也;文理密察,足以有别也。"《中庸》认为一个通过不厌不倦的自我修养表现了足够的聪明耳目和深思明智的人才可以领导天下民众。因为耳聪目明和深思明智的人,才能宽大优裕、温柔和蔼,能够包容各种各样的民众;才能奋发不屈,刚正弘毅,执定恒常的原则;才能整齐严肃,大中至正,使民众知所敬畏;才能礼仪外发,文采斐然;才能心思细密,明察秋毫,辨明是非非。

《中庸》说:"溥博渊泉,而时出之。溥博如天,渊泉如渊。见而民莫不敬,言而民莫不信,行而民莫不说。"《中庸》认为一个通过不厌不倦自我修养的人能成就的广大如天、深远如渊德业,随时随地都能表现出来为民众所发现,民众没有不尊敬的;一有言论,民众没有不信服的；一旦施政，民众没有不高兴的。所以圣人的德业广泛传布于中国，影响及于周边民族。凡是舟车所至，人力所通，天之所覆，地之所载，日月所照，霜露所坠之处，只要是有血气的人，没有不尊敬他、亲爱他的，说圣人德配天地，就是说圣人之德广大如天。《中庸》的这一章说圣人能尽其仁义礼智之性，所以有广大无私之德，为天下人所尊敬亲爱。

《中庸》说："唯天下至诚，为能经纶天下之大经，立天下之大本，知天地之化育。夫焉有所倚？"只有那些充分完满地实现了自身的圣人，才能完全地践履天下的人伦，因此为天下后世所效法；才能真正把握天道人道的实际，确立天下事事物物千变万化的根本。而圣人之所以能这样，完全不是依靠外部的什么条件，完全是依靠自身不厌不倦的努力进德。不厌不倦践履仁道，最后把握天命于人的就是内在于人的仁。所以《中庸》说："肫肫其仁！渊渊其渊！浩浩其天！苟不固聪明圣知达天德者，其孰能知之？"《中庸》认为仁的真诚恳切，渊的幽深博厚，天的广大无私，完全是人的道德实践所证成的，没有不厌不倦的道德实践，是没有办法把握天的浩浩、渊的深厚和仁的诚爱的。

第三节 孟子的人格理想

孟子认为德性的完成即使在尧舜汤武那里也存在着性之、身之的差别[1]，尧舜达到了不勉而中、不思而得、从容中道的纯熟境界，汤武却还要待思、勉才能成就完满，所以说生命境界自然会呈现不同的形态。

---

[1] 出自《孟子·尽心上》。孟子曰："尧舜，性之也；汤武，身之也；五霸，假之也。久假而不归，恶知其非有也。"

一、生命境界诸形态

浩生不害曾问孟子乐正子是何种人,于是孟子提到自善人以上的六种人格。《孟子·尽心下》说:"可欲之谓善,有诸己之谓信,充实之谓美,充实而有光辉之谓大,大而化之之谓圣,圣而不可知之之谓神。乐正子,二之中,四之下也。"人没有恶行而为人所爱欲,谓之善人。能不为他人的爱欲而诚意为善,如恶恶臭,如好好色,没有一丝一毫的勉强假托,可谓之信人。尽力行善,至于充满积实,即使在隐微之地、曲折之间,清和淳懿而不杂不善,可谓之美。和顺积中而英华外发,美在其中而畅于四肢,发于事业,德盛仁熟而天下文明,可谓之大人。德之盛者日以益盛,仁之熟者日以益熟,不思不勉从容中道,浑然无迹而与天地合德,日月合明,四时合序,鬼神合其吉凶,可谓之圣人。造道入德之功臻于极致而完满,盛德至善之极,无声无臭之妙,非耳目所能制,心思所能测,是则所谓神。

二、士尚志与此之谓大丈夫

公孙丑问:"《诗》曰'不素餐兮',君子能不耕而食?"孟子回答说:"君子居是国也,其君用之,则安富尊荣;其子弟从之,则孝悌忠信。'不素餐兮',孰大于是?"(《孟子·尽心上》)当时上则公卿大夫,下则农工商贾,皆有所事,而士居其间独无所事,所以王子垫感到疑惑,问孟子士是从事什么工作的。孟子回答,士既没有公卿大夫之位,又不应该从事农工商贾之业,士是以所居所由无不在于仁义为志向的人,不仁不义之事,虽小不为。(《孟子·尽心上》)君子得时得位,则可以举德行而措之事业,所谓大人之事,也不过是居仁由义以引导民众居仁由义而已。

孟子认为君子出仕必以其道,必须通过正当途径。孟子说:"丈夫生而愿为之有室，女子生而愿为之有家。父母之心，人皆有之。不待父母之命、媒妁之言，钻穴隙相窥，踰墙相从，则父母国人皆贱之。古之人未尝不欲仕也，又恶不由其道。不由其道而往者，与钻穴隙之类也。"(《孟子·滕文公下》)

所谓道，孟子事实上指出了三种类型。孟子说："(君子之仕)，所就三，所去三。迎之致敬以有礼，言将行其言也，则就之；礼貌未衰，言弗行也，则去之。其次，虽未行其言也，迎之致敬以有礼，则就之；礼貌衰，则去之。其下，朝不食，夕不食，饥饿不能出门户。君闻之曰：'吾大者不能行其道，又不能从其言也，使饥饿于我土地，吾耻之。'周之，亦可受也，免死而已矣。"(《孟子·告子下》)

至于君子如何化民成俗，孟子提出反经合道的主张。孟子认为不能中道而行，那么狂狷都好过乡愿。因为狂者进取，狷者有所不为，狂者志大而可与进道，狷者有所不为而可与有为。而乡原既欲人以为谨愿，故欲非之则无可非，欲刺之则无可刺，同乎流俗而不敢自异，合乎污世而不能自拔，虽或勉为忠信廉洁，而其心实不然，不过欲徇俗谐世而已，所以能为一般人所欣赏，于是就更自以为是，迷不知反，不能走上尧舜大中至正之道。世衰道微，大经不正，人人为异说以济其私，邪慝并起，不可胜正。君子返回常道，恢复常道，则民众起而为善，是非明白，无所回互，虽有邪慝，也不能蛊惑民众了。(《孟子·尽心下》)

孟子认为当时公孙衍、张仪这样的纵横家完全算不上是大丈夫，相反只是以顺为正的"妾妇之道"。真正的大丈夫则"居天下之广居，立天下之正位，行天下之大道。得志与民由之，不得志独行其道。富贵不能淫，贫贱不能移，威武不能屈。"(《孟子·滕文公下》)

三、君子过化存神

孟子说:"霸者之民,驩虞如也;王者之民,皞皞如也。杀之而不怨,利之而不庸,民日迁善而不知为之者。夫君子所过者化,所存者神,上下与天地同流,岂曰小补之哉?"(《孟子·尽心上》)所谓王者,指以圣人之德而居天子之位。孟子在这里以王者之民皞皞如也为例说明君子所能成就的盛德大业。孟子认为,生活在霸政之下的民众有可能会很高兴,因为霸者要图谋霸业,为获得民众的支持,难免做一些违反正道以求取民众欢悦的事,所谓违道以干百姓之誉,这是有所造作而然,不是其内心所固有,所以不能持久。而生活在王道治理下的民众,心胸宽广、怡然自得,因为他们完全不知道需要对谁感恩戴德,这就如同《高士传》里的描述。

> 帝尧之世,天下太和,百姓无事,壤父年八十余而击壤于道中,观者曰:"大哉,帝之德也。"壤父曰:"吾日出而作,日入而息,凿井而饮,耕田而食,帝何德于我哉?"[1]

这是因为王者推行礼乐政刑,完全是因民之所恶而用刑,不是成心要杀谁;因民之所利而兴利,不是存心要兴利。当生则生,当杀则杀,所以民众不会因为受刑而怨恨,也不会因为得利而归功他人,因为并没有谁有心兴利,无心所以无功。民众变得一天比一天完美,却并不认为这是他人之所为才有以至之,人人都能各遂其性,怡然自得;人人只是各全其性之所固有,所以不觉得需要对谁感恩戴德。其实这些都是君子或者说圣人效法天地的功效。天地广大无私,运行於穆不已,圣人也广

---

[1] 马骕.绎史 [M] // 四部精要:第9册.上海:上海古籍出版社,1992:72.

大无私，培养德性永不停息，所以身所经历之处人无不被感化，如舜耕于历山田者让畔，陶于河滨而器不苦窳。心所存主之处随感而应，人莫知其所以然而然，如孔子立之斯立，道之斯行，绥之斯来，动之斯和。君子功用之大、成就之广，不可以就一事一物说，不只是随事小小补塞其罅漏而已。

第四节 "典型在夙昔"："四书"中的圣贤群像

文天祥《正气歌》有云："哲人日已远，典型在夙昔。风檐展书读，古道照颜色。""四书"中的圣贤虽成过往，但典型永在，是激励后人修身的巨大力量，是儒家理想人格的现实代表。孔子以前，有尧舜禹汤文武周公等；孔子之后，有孔门诸贤和亚圣孟子。

一、先孔圣贤

孔子颂扬舜禹，说"巍巍乎！舜禹之有天下也，而不与焉"（《论语·泰伯》）。因为不以天下为私有，所以能任用天下贤能，推行无为之治。孔子说："无为而治者，其舜也与？夫何为哉，恭己正南面而已矣。"（《论语·卫灵公》）因为舜不以天下为私有，所以能任用贤人，所谓"舜有臣五人而天下治"。武王也把天下托付给贤臣治理，说："予有乱臣十人。"孔子评论说："才难，不其然乎？唐虞之际，于斯为盛。有妇人焉，九人而已。"孔子又称赞文王的盛德，说："三分天下有其二，以服事殷。周之德，其可谓至德也已矣。"（《论语·泰伯》）

孔子非常欣赏尧舜能认识到执政者对于民众生活所担负的严峻责

任，因为关于尧舜禹禅让有云："允执其中。四海困穷，天禄永终。"孔子认为汤武能自我反省，说成汤曾这样说："朕躬有罪，无以万方；万方有罪，罪在朕躬。"武王也说："百姓有过，在予一人。"最后指出要让天下归心，就必须谨权量，审法度，修废官，兴灭国，继绝世，举逸民，所重民食、丧、祭。[1]这些都对中国传统政治产生了巨大的影响。

孟子把圣人的真实存在作为性善的证据。圣贤好善恶恶，与人为善。孟子说："舜之居深山之中，与木石居，与鹿豕游，其所以异于深山之野人者几希。及其闻一善言，见一善行，若决江河，沛然莫之能御也。"（《孟子·尽心上》）又说："子路，人告之以有过则喜。禹闻善言则拜。大舜有大焉，善与人同，舍己从人，乐取于人以为善。自耕、稼、陶、渔以至为帝，无非取于人者。取诸人以为善，是与人为善者也。故君子莫大乎与人为善。"（《孟子·公孙丑上》）圣贤能取别人的善而让自己变得更善，别人知道自己对他人能有所帮助，就更加勉励自己为善，最后能使天下人都尽力为善。这是圣贤诚心好善，不分彼此，廓然大公的效应。孟子又指出，"禹厌恶美酒却喜好善言，汤执守中道，任用贤人，不分类别。文王深爱万民，人民已经得到安宁，可在文王看来似乎还有痛伤；对道已经有体悟，还一直景仰，似乎还没有看到一样。武王敬重身边亲近的人，也不忘记疏远的人。周公希望自己能像禹汤文武一样，如果有不符合的，夜以继日地反思，幸而有得，坐等天

---

[1] 出自《论语·尧曰》。尧曰："咨！尔舜！天之历数在尔躬。允执其中。四海困穷，天禄永终。"舜亦以命禹。曰："予小子履，敢用玄牡，敢昭告于皇皇后帝：有罪不敢赦。帝臣不蔽，简在帝心。朕躬有罪，无以万方；万方有罪，罪在朕躬。"周有大赉，善人是富。"虽有周亲，不如仁人。百姓有过，在予一人。"谨权量，审法度，修废官，四方之政行焉。兴灭国，继绝世，举逸民，天下之民归心焉。所重：民食、丧、祭。宽则得众，信则民任焉，敏则有功，公则说。

明立即付诸实施。"圣人都能推扩好善恶恶之心，打破空间地域上的界限，仁爱天下的万民，虽然在不同的时空条件下所需要采取的措施并不一样。孟子说："舜生于诸冯，迁于负夏，卒于鸣条，东夷之人也。文王生于岐周，卒于毕郢，西夷之人也。地之相去也，千有余里；世之相后也，千有余岁。得志行乎中国，若合符节。先圣后圣，其揆一也。"（《孟子·离娄下》）所以，当高子见到大禹时传下来的钟上的钟钮磨损严重便推断禹乐高过文王之乐时，孟子进行了反驳，指出这不能算什么证据。这正像城门下的车辙深，只是因为走过的马车多，钟钮磨损严重，只不过是年代久远的缘故。（《孟子·尽心下》）

圣人能够不为外在的贫贱富贵所干扰。孟子说："舜之饭糗茹草也，若将终身焉；及其为天子也，被袗衣，鼓琴，二女果，若固有之。"（《孟子·尽心下》）舜不以贫贱而有慕于外，不以富贵而有动于中，随遇而安，不让富贵贫贱干扰自己。

圣人是百世之师。孟子说："圣人，百世之师也，伯夷、柳下惠是也。故闻伯夷之风者，顽夫廉，懦夫有立志；闻柳下惠之风者，薄夫敦，鄙夫宽。奋乎百世之上，百世之下，闻者莫不兴起也。非圣人而能若是乎？而况于亲炙之者乎？"（《孟子·尽心下》）

总体来说，孟子认为圣人与凡人是同类，性善总是一样的。区别只在于圣人能操存人不同于禽兽的几希仁义礼智之心，一般人却把它丢掉了。孟子说："人之所以异于禽于兽者几希，庶民去之，君子存之。舜明于庶物，察于人伦，由仁义行，非行仁义也。"（《孟子·离娄下》）

二、至圣先师孔子

孔子是儒家理想人格的典型体现，下面我们从圣人气象、用舍行藏、学教不倦等方面来认识孔子。

（一）圣人气象

程子说："凡看文字，非只是要理会语言，要识得圣贤气象。"(《河南程氏遗书》)气象本来指阴阳二气运动变化产生的现象。晋韩康伯注《易传》说："在天成象，在地成形。阴阳者言其气，刚柔者言其形，变化始于气象而后成形。"[1] 由于把阴阳二气看成宇宙间充满生机的使得宇宙得以生生不息的力量，认为阴阳二气贯彻于天地人三才，所以也用气象指地形地势的高下险夷，更以之指一段时期经济民生的丰歉贫富、天下国家的治乱兴衰、王朝施政的邪正仁残，甚至是诗词文章的温厚卑弱。直到北宋中叶，气象一词越来越多被用于指人的精神面貌，圣贤气象、君子小人之气象一类说法逐渐流行。二程开始反反复复用气象来讨论道德修养所能达到的境界，气象遂成为儒学工夫论的一个重要内容。朱子的老师李侗跟二程的再传弟子罗从彦学习，从彦喜好静坐，教李侗于静中看喜怒哀乐未发前气象而求所谓中者。

孔子说："居处恭，执事敬，与人忠。虽之夷狄，不可弃也。"(《论语·子路》)恭、敬、忠是一个人对自己、对事业、对他人要持守的准则：恭是立身谨，不放肆；敬是做事慎，不敷衍；忠是待人诚，不作伪。这些都会在日常的容貌、颜色、辞气上表现出来。下面我们从严肃和易的人生态度，认真遵守礼仪人伦，诚挚自然关爱他人，健康适度日用饮食等方面稍加说明。

孔子闲居的时候是和乐而不失中正，舒泰而不流于放肆的。[2] 他温和而严厉，有威仪但不凶猛，容貌庄严而安详。[3] 孔子从来不根据

---

[1] 王弼，韩康伯（注），孔颖达（疏）.周易注疏：卷九[M].北京：中华书局，2009：196.

[2] 出自《论语·述而》。子之燕居，申申如也，夭夭如也。

[3] 出自《论语·述而》。子温而厉，威而不猛，恭而安。

随时的意念、期待的结果、不变的规则和主观的准则行动。[1]斋戒是为了人和神明沟通,战争关系国家的存亡、民众的生死,疾病影响自己的死生存亡,孔子对这些格外小心慎重。[2]孔子不去谈论怪异、暴力、悖乱和鬼神之事[3],也不在吃饭、睡觉的时候说话[4],不坐不正的席位[5]。主人以丰盛的酒席招待自己,一定要改变神色站立起来,对主人的礼遇表示敬意。遇上雷雨大风这样天地间的异常变化,神色也必定变得严肃起来。[6]登车时,必定站立端正,拉紧扶手。在车内,不往后看,不快速说话,不指指点点。[7]睡觉时自然放松,不像死尸那样僵硬,闲居时不像见客或做客那样讲究。[8]

孔子在乡党、宗庙、朝廷的姿态、辞气是不一样的:在乡里非常恭顺,好像不善于说话一样;在宗庙,在朝廷,有话便明白流畅地说出来,但是非常谨慎,从不多说。[9]

孔子在朝廷事上与接下的神态也是不一样的:同下大夫说话,温和而愉快;同上大夫说话,正直而恭敬。君主在时,充满敬畏,步履安详。[10]

孔子走进朝廷的门,低头弯腰,恭敬谨慎,好像没有容身之地。不

---

[1]出自《论语·子罕》。子绝四:毋意,毋必,毋固,毋我。
[2]出自《论语·述而》。子之所慎:齐、战、疾。
[3]出自《论语·述而》。子不语怪、力、乱、神。
[4]出自《论语·乡党》。食不语,寝不言。
[5]出自《论语·乡党》。席不正,不坐。
[6]出自《论语·乡党》。有盛馔,必变色而作。迅雷风烈,必变。
[7]出自《论语·乡党》。升车,必正立执绥。车中不内顾,不疾言,不亲指。
[8]出自《论语·乡党》。寝不尸,居不客。
[9]出自《论语·乡党》。孔子于乡党,恂恂如也,似不能言者。其在宗庙朝廷,便便言,唯谨尔。
[10]出自《论语·乡党》。朝,与下大夫言,侃侃如也;与上大夫言,訚訚如也。君在,踧踖如也,与与如也。

站在门中，不踩踏门槛。经过国君座位，面色矜庄，脚步飞快，说话声音很低，好像中气不足。提起下摆向堂上走，恭敬谨慎，憋住气好像不呼吸那样。出来时，下一级台阶，面色便放松一些，怡然自得。下了台阶，向前快走，像鸟展翅一般。回到座位，满是敬畏。[1]

孔子为鲁国国君接待外宾，面色矜持庄重，脚步也快。向两旁的人作揖，交替地向左右拱手，衣裳一俯一仰，很是整齐。快步向前，好像鸟儿舒展翅膀。贵宾辞别后，一定向君主回报说："客人已经不再回头看了。"[2]

孔子出使邻国，恭敬谨慎地拿着圭，好像举不起来的样子。向上举好像在作揖，向下拿好像要交给别人。面色矜庄好像在作战，脚步紧凑狭窄像有路可循。献礼时，满脸和气。以私人身份会见别国君臣时轻松愉快。[3]

孔子事君克尽礼节：国君赏赐食物时，一定摆正座位先尝一尝。赐生肉，一定要煮熟先供奉祖先。赐活物，一定养好它。陪国君一起吃饭，国君举行饭前祭礼时，自己就先只吃饭。国君来探病，孔子头向东，披上朝服，拖着大带。国君有召，不等待车驾备好，先即步行。[4]

孔子设身处地为他人着想。交朋友，完全动之以义。朋友死了，没

---

[1] 出自《论语·乡党》。入公门，鞠躬如也，如不容。立不中门，行不履阈。过位，色勃如也，足躩如也。其言似不足者。摄齐升堂，鞠躬如也，屏气似不息者。出，降一等。逞颜色，怡怡如也。没阶，趋，翼如也。复其位，踧踖如也。

[2] 出自《论语·乡党》。君召使摈，色勃如也，足躩如也。揖所与立，左右手，衣前后，襜如也。趋进，翼如也。宾退，必复命，曰："宾不顾矣。"

[3] 出自《论语·乡党》。执圭，鞠躬如也，如不胜。上如揖，下如授，勃如战色，足缩缩如有循。享礼，有容色。私觌，愉愉如也。

[4] 出自《论语·乡党》。君赐食，必正席先尝之。君赐腥，必熟而荐之。君赐生，必畜之。侍食于君，君祭先饭。疾，君视之，东首，加朝服，拖绅。君命召，不俟驾行矣。

有人收殓，孔子就料理丧葬。朋友有通财之义，所以朋友的馈赠，即便是车马，只要不是祭肉，在接受时候也不行拜礼。[1]

孔子与人交往非常有诚意。托人给别国朋友送礼问好，送行时要向受托的人拜两次。季康子给孔子送药，孔子拜受，说："我对这药性不很了解，不敢试服。"[2]

孔子居乡，行乡饮酒礼后，要等老年人都出去了，自己才出去。本乡人迎神驱鬼，孔子就穿着朝服站在东边的台阶上。[3]

孔子看见穿齐衰孝服的人，即使关系亲密，也一定改变神色。看见戴礼帽的和眼盲的人，即使经常相见，也一定有礼貌。对即使很年轻的人，孔子也一定会站起来；经过他们的时候，一定会快走几步。在车中遇见穿丧服的人，便微微地俯身向前，手扶着车前横木。遇见背负国家图籍的人，也手扶车前横木。[4][5]

孔子在死了亲属的人旁边吃饭，从不曾吃饱过。哪天哭泣过，就不再唱歌。[6]

同别人一道唱歌，如果唱得好，一定请他再唱一遍，然后自己又唱和他。[7]

---

[1] 出自《论语·乡党》。朋友死，无所归，曰："于我殡。"朋友之馈，虽车马，非祭肉，不拜。
[2] 出自《论语·乡党》。问人于他邦，再拜而送之。康子馈药，拜而受之，曰："丘未达，不敢尝。"
[3] 出自《论语·乡党》。乡人饮酒，杖者出，斯出矣。乡人傩，朝服而立于阼阶。
[4] 出自《论语·子罕》。子见齐衰者、冕衣裳者与瞽者，见之，虽少必作，过之必趋。
[5] 出自《论语·乡党》。见齐衰者，虽狎，必变。见冕者与瞽者，虽亵，必以貌。凶服者式之，式负版者。
[6] 出自《论语·述而》。子食于有丧者之侧，未尝饱也。于是日哭，则不歌。
[7] 出自《论语·述而》。子与人歌而善，必使反之，而后和之。

第四章　"四书"论修身的目的

乐师冕来见孔子，走到阶沿，孔子提醒说："这是阶沿。"走到座席旁，孔子道："这是座席。"坐定后，孔子告诉他说："某人在这里，某人在这里。"[1]

马棚失火，孔子从朝廷回来，问："伤到人没有？"不问马。[2]这并不能说明孔子只以人类为中心，因为孔子的仁爱其实可谓及于鸟兽虫鱼。他从来不用大绳横断流水取鱼，也不射归巢的鸟。[3]

在日常饮食方面，有人批评孔子饮食穷讲究，孔子则认为养好身体，不伤害生命，理当如此，并不是极口腹之欲。孔子不嫌粮食舂得精，也不嫌鱼肉切得细。粮食鱼肉霉烂发臭都不吃。食物变了颜色，不吃；气味难闻，不吃；烹调不当，不吃；不到吃饭时间，不吃；肉没割正，不吃；没有调味的酱醋，不吃。席上肉虽然多，但吃肉不超过主食。只有酒不限量，但是不能喝醉。买来的酒和肉干，不吃。吃完了，姜不撤除，但不多吃。参与国家祭祀典礼，不把祭肉留到第二天。别的祭肉留存不超过三天，过了三天，便不吃。虽然是糙米饭小菜汤，也一定得先祭祀，而且祭祀的时候一定恭恭敬敬。[4]

以上我们从严肃和易的人生态度、认真遵守礼仪人伦、诚挚自然关爱他人和健康适度日用饮食来理解孔子生活中表现出来的圣人气象。圣

---

[1] 出自《论语·卫灵公》。师冕见，及阶，子曰："阶也。"及席，子曰："席也。"皆坐，子告之曰："某在斯，某在斯。"师冕出，子张问曰："与师言之道与？"子曰："然。固相师之道也。"

[2] 出自《论语·乡党》。厩焚，子退朝，曰："伤人乎？"不问马。

[3] 出自《论语·述而》。子钓而不纲，弋不射宿。

[4] 出自《论语·乡党》。食不厌精，脍不厌细。食饐而餲，鱼馁而肉败，不食。色恶，不食。臭恶，不食。失饪，不食。不时，不食。割不正，不食。不得其酱，不食。肉虽多，不使胜食气。惟酒无量，不及乱。沽酒市脯，不食。不撤姜食。不多食。祭于公，不宿肉。祭肉不出三日，出三日，不食之矣。虽疏食菜羹瓜，祭，必齐如也。

人气象的形成，其根源在于孔子对人类发自内心的深沉大爱。

有些人不太能理解孔子对世人的深爱，比如微生亩就认为孔子栖栖惶惶，是热衷做官，巧言干进，孔子说：我哪里敢巧言干进，只是硬着心肠放弃世人会让我感到不舒服罢了。[1]孔子在卫国时，曾经击磬，有荷蒉者路过，他听出孔子的磬声中对世人的良苦用心和不被了解的感叹，就指出，这是可鄙的，发出这种硬碰硬的声音，没有人理解自己，那就想着自己好了。人生在世，正如过河，水浅就提起衣服径直走过，水深就踩着石头过，随时变通。孔子说：坚决果断，还有什么难做到呢？[2]有一次，子路在石门投宿，负责早晨开门的人问子路是从哪里来的，子路回答说从孔子那里来，那人就告诉子路，孔子大约是一个知其不可而为之的人。[3]知其不可而为，这是基于仁爱的大义。这深沉的大爱让孔子在那个"滔滔者天下皆是也"的乱世没有选择遁入山林，因为人不可以只和鸟兽合群共处，天下无道，那就应该努力地去加以改变，让天下人都可以各适其性，各尽所能。（《论语·微子》）

（二）用舍行藏

《论语·公冶长》中有孔子和弟子关于志向的对话。

> 颜渊、季路侍。子曰："盍各言尔志？"子路曰："愿车马、衣轻裘，与朋友共。敝之而无憾。"颜渊曰："愿无伐善，无施

---

[1]出自《论语·宪问》。微生亩谓孔子曰："丘何为是栖栖者与？无乃为佞乎？"孔子曰："非敢为佞也，疾固也。"

[2]出自《论语·宪问》。子击磬于卫，有荷蒉而过孔氏之门者，曰："有心哉，击磬乎？"既而曰："鄙哉，硁硁乎，莫己知也，斯己而已矣。'深则厉，浅则揭。'"子曰："果哉，末之难矣。"

[3]出自《论语·宪问》。子路宿于石门，晨门曰："奚自？"子路曰："自孔氏。"曰："是知其不可而为之者与？"

劳。"子路曰:"愿闻子之志。"子曰:"老者安之,朋友信之,少者怀之。"

颜渊、季路(仲由、子路、季路)和孔子三人都有仁者胸怀。仁者无私,子路不追求自身物质生活的富足,愿车马、轻裘与朋友共用,即使敝坏也无所缺憾。无私则无名,所以不会以能力、荣誉自矜;无私则无功,所以不会贪天功以为己力。颜回"其心三月不违仁,其余则日月至焉而已矣"(《论语·雍也》),所以能以不自夸能力、不张大功劳为志向。孔子的志向是,对于老者要养之以安;对于朋友要交之以信;对于少者要怀之以恩。对三个人之间的差别,朱熹引用程子的解释,说:"夫子安仁,颜渊不违仁,子路求仁。""子路、颜渊、孔子之志,皆与物共者也,但有小大之差尔。""子路勇于义者,观其志,岂可以势利拘之哉?亚于浴沂者也。颜子不自私己,故无伐善;知同于人,故无施劳。其志可谓大矣,然未免出于有意也。至于夫子,则如天地之化工,付与万物而已不劳焉,此圣人之所为也。"(《论语集注·公冶长第五》)我们同意程子的解释,但是我们认为颜渊、季路在这里所说的志向,仅涉及个人的成德,而孔子在这里所表示的志向则以成天下之治为目标。《礼记·礼运》篇记载了孔子的一段话。

大道之行也,与三代之英,丘未之逮也,而有志焉。大道之行也,天下为公,选贤与能,讲信修睦。故人不独亲其亲,不独子其子,使老有所终,壮有所用,幼有所长,矜寡孤独废疾者皆有所养,男有分,女有归。货恶其弃于地也,不必藏于己;力恶其不出于身也,不必为己。是故谋闭而不兴,盗窃乱贼而不作,故外户而不闭。是谓大同。今大道既隐,天下为家，各亲其亲，各子其子，货力为己，大人世及以为礼，城郭沟池以为固，礼义以为纪，以正君臣，以笃父子，以睦兄弟，以和夫妇，以设制度，以立田里，以贤勇知，以功为己。故谋用是作，而兵由此起。禹、汤、文、武、成王、周公由此其选也。此六君子者，未有不谨于礼者也。以著其义，以考其信，著有过，刑仁讲让，示民有常，如有不由此者，在埶者去，众以为殃。是谓小康。

在"人不独亲其亲，不独子其子，使老有所终，壮有所用，幼有所长，矜、寡、孤、独、废疾者皆有所养"的大同时代，礼乐无所用。可是到了"各亲其亲，各子其子，货力为己，大人世及以为礼"的家天下时代，就需要礼义来确定人与人之间的经济、政治、伦理等各种关系。到这个时代，如果没有礼义，人的正常发展就会受到盗窃乱贼及兵谋等因素的干扰。所以禹、汤、文、武、成王、周公等人都谨于礼[1]。孔子在这里并没有在大同和小康之间强分轩轾，只是强调在小康时代要实现人的健康发展不能没有礼义。在人不再"不独亲其亲、不独子其子"的时代，如何实现"老有所终，壮有所用，幼有所长，矜、寡、孤、独、废疾者皆有所养"的目标就需要圣人、君子的努力。圣人、君子应该为实现这个目标尽心，以实现这个目标为自己的志向。

《论语·先进》有下面的记载。

> 子路、曾皙、冉有、公西华侍坐。子曰："以吾一日长

---

[1]《礼运》篇认为禹、汤、文、武是家天下的时代，这是就其制度说的；《孔子闲居》篇认为禹、汤、文、武奉三无私以劳天下，是推究其用心说的，二者之间并没有矛盾之处。

乎尔，毋吾以也。居则曰："不吾知也！'如或知尔，则何以哉？"子路率尔而对曰："千乘之国，摄乎大国之间，加之以师旅，因之以饥馑；由也为之，比及三年，可使有勇，且知方也。"夫子哂之。"求！尔何如？"对曰："方六七十，如五六十，求也为之，比及三年，可使足民。如其礼乐，以俟君子。""赤！尔何如？"对曰："非曰能之，愿学焉。宗庙之事，如会同，端章甫，愿为小相焉。""点！尔何如？"鼓瑟希，铿尔，舍瑟而作。对曰："异乎三子者之撰。"子曰："何伤乎？亦各言其志也。"曰："莫春者，春服既成。冠者五六人，童子六七人，浴乎沂，风乎舞雩，咏而归。"夫子喟然叹曰："吾与点也！"三子者出，曾皙后。曾皙曰："夫三子者之言何如？"子曰："亦各言其志也已矣。"曰："夫子何哂由也？"曰："为国以礼，其言不让，是故哂之。""唯求则非邦也与？""安见方六七十如五六十而非邦也者？""唯赤则非邦也与？""宗庙会同，非诸侯而何？赤也为之小，孰能为之大？"

孔子希望几个弟子能谈一下如果自己被任用为官会如何做事，子路说他能用三年时间让一个为诸大国所管控又饱受战争和饥馑困扰的千乘之国的民众过上富足而知礼的生活；冉求（子由，冉有）说在三年时间内他只能让一个方圆五六十（里）、六七十（里）这样小国的民众过上富足的生活而不能兴起礼乐；公西华（子华，公西赤）说自己不敢说能做成什么，只是愿意去学做一些在国家典礼中相礼的事情。三个人的志向，都涉及国家管理事务。而曾点（曾皙）说自己只是想在暮春春服既成的时候和一些成人和小孩一起在河水中濯洗一番，在舞雩台上吹吹风，一路唱着歌走回来。最后，孔子感慨地说自己的志向和曾点相同。曾点的志向到底有什么深意？孔子为什么会感慨地同意曾点的想法？朱熹解释说："曾点之学，盖有以见夫人欲尽处，天理流行，随处充满，无少欠阙。故其动静之际，从容如此。而其言志，则又不过即其所居之位，乐其日用之常，初无舍己为人之意。而其胸次悠然，直与天地万物上下同流，各得其所之妙，隐然自见于言外。视三子之规规于事为之末者，其气象不侔矣，故夫子叹息而深许之。"程子则说："三子皆欲得国而治之，故夫子不取。曾点，狂者也，未必能为圣人之事，而能知夫子之志。故曰：'浴乎沂，风乎舞雩，咏而归。'言乐而得其所也。孔子之志，在于老者安之，朋友信之，少者怀之，使万物莫不遂其性。曾点知之，故孔子喟然叹曰'吾与点也'。"其实曾点所说只不过是自适其性之事，其意大概是说我的志向是希望天下人都能同我一样能自适其性。因为只要有一人不能自适其性，就意味着所有人都不能自适其性。孔子认为曾点的这个志向与自己老少安怀的志向相同，所以说"吾与点也"。

　　孔子说："如果有人要用我（治理国家），一年就可以有些成绩，三年一定会有大成就。"[1]有一次，子贡问他："有美玉于斯，韫匵而藏诸？求善贾而沽诸？"他说："沽之哉！沽之哉！我待贾者也。"（《论语·子罕》）子贡在这里用美玉比喻有君子之道的孔子，善贾比喻贤明的君主。孔子认为君子要实现修己安人的理想，当然应当出仕，但是不通过正当途径，又是君子所讨厌的。君子出仕需要得到礼遇，犹如美玉需要善贾。君子一定不会衒玉求售，枉道干求。

　　鲁昭公二十五年，孔子年三十五，随昭公到齐国，做高昭子的家臣，因此齐景公知道了孔子，想把尼溪之田封给他，说虽不能给上卿之

---

[1]出自《论语·子路》。子曰："苟有用我者。期月而已可也，三年有成。"

位，但也不会只是让他做下卿，但因为受到晏婴阻挠，最后告诉孔子"我老了，不能用你了"，于是孔子离开了齐国。[1]

鲁定公元年，孔子四十三岁。季氏专权，由家臣阳虎（阳货）专政。阳虎想孔子来拜见，孔子不去，他便送孔子一只熟小猪。孔子在阳虎外出时去答谢，不巧在路上碰着了。阳虎问孔子："有一身本领，却听任国事迷乱，能算仁吗？""喜欢做大事，却屡屡失去机会，能算智吗？"孔子只好说："是的，我是要出仕的。"[2] 其实，作为孟子所说的圣之时者，孔子何尝不知道时的重要？他也有"时哉！时哉"的慨叹。[3]

但孔子不会仕于阳虎，有人问他为什么不为政，他解释道："《尚书》上说：'孝顺父母，友爱兄弟，推及于政治。'这也是为政，为什么一定要做官呢？"[4] 因此他只是修习诗、书、礼、乐，并用以教弟子。

鲁定公八年冬天，阳虎想铲除三桓的势力，密谋杀季桓子，费宰公山弗扰准备响应，召孔子，孔子想去，子路想不通，孔子解释说："他不会平白无故召我。如果有人能用我，我将在东方复兴周的

---

[1] 出自《论语·微子》。齐景公待孔子，曰："若季氏则吾不能，以季、孟之间待之。"曰："吾老矣，不能用也。"孔子行。

[2] 出自《论语·阳货》。阳货欲见孔子，孔子不见，归孔子豚。孔子时其亡也，而往拜之，遇诸途。谓孔子曰："来！予与尔言。"曰："怀其宝而迷其邦，可谓仁乎？"曰："不可。""好从事而亟失时，可谓知乎？"曰："不可。""日月逝矣，岁不我与。"孔子曰："诺。吾将仕矣。"

[3] 出自《论语·乡党》。色斯举矣，翔而后集。曰："山梁雌雉，时哉！时哉！"子路共之，三嗅而作。

[4] 出自《论语·为政》。或谓孔子曰："子奚不为政？"子曰："《书》云：'孝乎惟孝、友于兄弟，施于有政。'是亦为政，奚其为为政？"

王道。"[1]

阳虎的谋划没有成功。鲁定公九年，鲁定公任命孔子为中都宰，经过一年，各地都效仿中都的治理办法，于是孔子做司空，又做大司寇。（史记·孔子世家）这是孔子一生政治事业的顶峰。孔子弟子公西华出使齐国，冉求替公西华的母亲向孔子请求补助一些谷米，并多给了许多，孔子认为君子应该周济急需救济的人，而不是给富人添富。原思给孔子家做总管，孔子给他俸米九百，原思推辞，孔子表示，不要推辞，如果有多的可以分给邻里乡亲。[2]

鲁定公十年，孔子辅助定公在夹谷会齐侯，齐人归鲁侵地。摄行相事，与闻国政。十二年，使仲由为季氏宰，堕三都，最后失败。齐人送来女乐，鲁君与季桓子欣然接受，怠于政事，三日不朝。[3]郊祭后又不送祭肉给大夫，孔子无法接受如此无礼的举动[4]，在五十五岁时离开鲁国，开始长达十三年的流亡生活。

孔子先到卫国，住了十个月。想去陈国，路过匡地，被匡人错认作曾经为害当地的阳虎，被拘禁。当时弟子被冲散，颜渊一时没赶上，孔子推测他可能已经死了。后来颜渊说："先生在，我哪里敢轻易赴死？"[5]危

---

[1] 出自《论语·阳货》。公山弗扰以费畔，召，子欲往。子路不说，曰："末之也已，何必公山氏之之也。"子曰："夫召我者而岂徒哉？如有用我者，吾其为东周乎？"

[2] 出自《论语·雍也》。子华使于齐，冉子为其母请粟。子曰："与之釜。"请益。曰："与之庾。"冉子与之粟五秉。子曰："赤之适齐也，乘肥马，衣轻裘。吾闻之也，君子周急不继富。"原思为之宰，与之粟九百，辞。子曰："毋！以与尔邻里乡党乎！"

[3] 出自《论语·微子》。齐人归女乐，季桓子受之。三日不朝，孔子行。

[4] 出自《孟子·告子下》。孔子为鲁司寇，不用从而祭燔肉不至，不税冕而行。不知者以为为肉也，其知者以为为无礼也。乃孔子则欲以微罪行，不欲为苟去。君子之所为，众人固不识也。

[5] 出自《论语·颜渊》。子畏于匡，颜渊后。子曰："吾以女为死矣。"曰："子在，回何敢死？"

机解除后孔子回到卫国,其治国理念仍不被执政者接受。孔子慨叹说:"已矣乎!吾未见好德如好色者也。"(《论语·卫灵公》)又说:"鲁卫之政,兄弟也。"(《论语·子路》)

晋赵氏家臣佛肸据中牟叛乱,佛肸召孔子,孔子打算去,子路说:"我听老师说'亲自做坏事的人那儿,君子是不会去的',佛肸据中牟叛,您却要去,有什么说法吗?"孔子说:"对,我是说过这话。但是东西坚固磨不薄,器物洁白染不黑,我不能像只挂着而不给人吃的匏瓜那样。"[1]

孔子最后并没有去,到黄河边上又返回卫国。卫灵公居然问孔子军旅之事,孔子知道自己该离开了。[2]往南去陈国,在陈断了粮,子路非常不高兴,孔子告诫他说:"懂得德行重要的人真是少啊。"[3]

鲁哀公二年,孔子离开卫国。第二年到宋国,司马桓魋想杀孔子,孔子于是到陈国,大约停留了三年,非常想回鲁国。孔子说:"回去吧!回去吧!我们那里的学生们志向高大,文采斐然,真不知道该怎样去指导他们了。"[4]

鲁哀公六年,吴楚交兵,孔子离开陈国往南去蔡国,碰到楚狂接舆

---

[1] 出自《论语·阳货》。佛肸召,子欲往。子路曰:"昔者由也闻诸夫子曰:'亲于其身为不善者,君子不入也。'佛肸以中牟畔,子之往也,如之何!"子曰:"然。有是言也。不曰坚乎,磨而不磷;不曰白乎,涅而不缁。吾岂匏瓜也哉?焉能系而不食?"

[2] 《论语·卫灵公》。卫灵公问陈于孔子。孔子对曰:"俎豆之事,则尝闻之矣;军旅之事,未之学也。"明日遂行。

[3] 出自《论语·卫灵公》。子曰:"由!知德者鲜矣。"

[4] 出自《论语·公冶长》。子在陈曰:"归与!归与!吾党之小子狂简,斐然成章,不知所以裁之。"

及长沮、桀溺、荷蓧丈人等隐士[1][2][3]。楚昭王想以书社地封孔子，令尹子西不同意，孔子又返回卫国。但孔子认为卫国当时的国君蒯辄据国拒父，自己并不为其所用[4]。

　　冉求先返回鲁国，为季氏将，与齐战，有功，季康子召孔子，鲁哀公十一年，六十八岁的孔子回到鲁国。孔子对帮助自己回国的冉有时常提出批评。有一次，冉有退朝回来，孔子问他为什么回得这样晚，冉有说因为政务太多了。孔子说："大概是季氏家的私事吧。如果是政务，虽然不用我了，我还是会知道的。"[5]鲁哀公十四年，陈成子杀掉齐简

---

[1] 出自《论语·微子》。楚狂接舆歌而过孔子曰："凤兮！凤兮！何德之衰？往者不可谏，来者犹可追。已而，已而！今之从政者殆而！"孔子下，欲与之言。趋而避之，不得与之言。

[2] 出自《论语·微子》。长沮、桀溺耦而耕，孔子过之，使子路问津焉。长沮曰："夫执舆者为谁？"子路曰："为孔丘。"曰："是鲁孔丘与？"曰："是也。"曰："是知津矣。"问于桀溺，桀溺曰："子为谁？"曰："为仲由。"曰："是鲁孔丘之徒与？"对曰："然。"曰："滔滔者天下皆是也，而谁以易之？且而与其从辟人之士也，岂若从辟世之士哉？"耰而不辍。子路行以告。夫子怃然曰："鸟兽不可与同群，吾非斯人之徒与而谁与？天下有道，丘不与易也。"

[3] 出自《论语·微子》。子路从而后，遇丈人，以杖荷蓧。子路问曰："子见夫子乎？"丈人曰："四体不勤，五谷不分。孰为夫子？"植其杖而芸。子路拱而立。止子路宿，杀鸡为黍而食之，见其二子焉。明日，子路行以告。子曰："隐者也。"使子路反见之。至则行矣。子路曰："不仕无义。长幼之节，不可废也；君臣之义，如之何其废之？欲洁其身，而乱大伦。君子之仕也，行其义也。道之不行，已知之矣。"

[4] 出自《论语·述而》。冉有曰："夫子为卫君乎？"子贡曰："诺。吾将问之。"入，曰："伯夷、叔齐何人也？"曰："古之贤人也。"曰："怨乎？"曰："求仁而得仁，又何怨。"出，曰："夫子不为也。"

[5] 出自《论语·述而》。冉子退朝。子曰："何晏也？"对曰："有政。"子曰："其事也。如有政，虽不吾以，吾其与闻之。"

公,孔子请求哀公出兵征讨。[1]

孔子得不到任用,但他温、良、恭、俭、让[2],也不求仕。孔子对颜渊说:"用之则行,舍之则藏,唯我与尔有是夫!"[3]又说:"笃信好学,守死善道。危邦不入,乱邦不居。天下有道则见,无道则隐。邦有道,贫且贱焉,耻也;邦无道,富且贵焉,耻也。"(《论语·泰伯》)他说:"见善如不及,见不善如探汤。吾见其人矣,吾闻其语矣。隐居以求其志,行义以达其道。吾闻其语矣,未见其人也。"(《论语·季氏》)

孔子所求之志是恢复西周初年的礼乐秩序,他常说:"周监于二代,郁郁乎文哉!吾从周。"(《论语·八佾》)因为志在推行周公之道,孔子年轻时甚至经常梦见周公。年老而道不行,自叹说:"甚矣,吾衰也!久矣,吾不复梦见周公。"(《论语·述而》)于是,想乘桴浮于海[4],又想居九夷[5],最后只好慨叹"凤鸟不至,河不出图,吾已矣夫"(《论语·子罕》)。

"君子进则推斯道以觉天下,退则明斯道以淑其徒,所谓得英才而

---

[1] 出自《论语·宪问》。陈成子弑简公。孔子沐浴而朝,告于哀公曰:"陈恒弑其君,请讨之。"公曰:"告夫三子!"孔子曰:"以吾从大夫之后,不敢不告也。君曰'告夫三子'者。"之三子告,不可。孔子曰:"以吾从大夫之后,不敢不告也。"

[2] 出自《论语·学而》。子禽问于子贡曰:"夫子至于是邦也,必闻其政,求之与?抑与之与?"子贡曰:"夫子温、良、恭、俭、让以得之。夫子之求之也,其诸异乎人之求之与?"

[3] 出自《论语·述而》。子谓颜渊曰:"用之则行,舍之则藏,唯我与尔有是夫!"子路曰:"子行三军,则谁与?"子曰:"暴虎冯河,死而无悔者,吾不与也。必也临事而惧,好谋而成者也。"

[4] 出自《论语·公冶长》。子曰:"道不行,乘桴浮于海。从我者其由与?"子路闻之喜。子曰:"由也好勇过我,无所取材。"

[5] 出自《论语·子罕》。子欲居九夷。或曰:"陋,如之何!"子曰:"君子居之,何陋之有?"

教育之。"[1]孔子自三十而立就开始授徒讲学，短暂的出仕之余也学教不倦。从周梦碎之后的孔子，更对自己一生所学、所教的诗书六艺之文再次认真整理。司马迁说："乃叙书传礼记。序易彖、系、象、说卦、文言。"(《史记·孔子世家》) 这是孔子对中华民族、对人类文明的伟大贡献。

（三）学教不倦

孔子从不以圣人自居，也从来不确信自己是否真正做到了努力实行仁道而不厌不倦，是否真正做到了努力不厌不倦地帮助别人实行仁道，但对于好学这一点，孔子似乎颇为自信。

孔子说："十室之邑，必有忠信如丘者焉，不如丘之好学也。"(《论语·公冶长》) 即使在只有十户人家的小地方，也一定有像他这样忠信的人，就是未必像他这样好学。

孔子所好之学，是成德之学，一个重要内容就是广泛接受历史文化遗产。孔子说："我非生而知之者，好古，敏以求之者也。"(《论语·述而》) 孔子说自己并不是生来就知道那些道理的，只是爱好前人遗留下来的文化，然后勤奋敏捷地学习。

这里说的道理，就是孔子通过对诗书礼乐的学习，结合自己的生命实践，对诗书中的天命思想有了新的领悟，认为天命于人的就是内在于每个人的仁。求之而知之，知之而行之，而教之。行之，就是仁的实践，是在实践中学，就是迁善改过。孔子说："德之不修，学之不讲，闻义不能徙，不善不能改，是吾忧也。"(《论语·述而》) 孔子所忧虑的是没有修德，没有讲学，不能迁善改过，他认为能忧虑就能发愤，就能每天不断进步。《论语》中有一个孔子勇于改过的例子。孔子在陈国时，

---

[1] 叶采. 近思录集解 [M]. 北京：中华书局，2022：212.

司败问他昭公是否知礼，孔子说是。孔子出去后，司败就跟巫马期说："我听说君子无所偏袒，难道君子也会有偏袒的吗？昭公夫人娶自吴国，吴、鲁国君同姓，为掩盖事实，称夫人为吴孟子。这要算知礼，还有谁不知礼？"巫马期把这些话告诉了孔子。孔子曰："我如果有过错，一定会有人知道，这真是非常值得庆幸的事。"（《论语·述而》）

迁善改过表现于日用常行之间，就是孔子总是自省是否做到了"出则事公卿，入则事父兄，丧事不敢不勉，不为酒困"（《论语·子罕》）。

不论是好古敏求还是迁善改过，孔子都注意向别人请教，择善而从，他说："三人行，必有我师焉。择其善者而从之，其不善者而改之。"（《论语·述而》）孔子入太庙，每事问，有人就质疑说："孰谓鄹人之子知礼乎？入太庙，每事问。"[1]这里鄹人指孔子的父亲叔梁纥，曾做过鄹邑大夫。孔子听到后说："对于礼，能持诚敬谨慎的态度，这本身就是礼啊。"

大概孔子好学名声在外，所以在卫国时，公孙朝问子贡孔子都学了些什么，子贡说："文武之道，未坠于地，在人。贤者识其大者，不贤者识其小者，莫不有文武之道焉。夫子焉不学？而亦何常师之有？"（《论语·子张》）

孔子认为现实生活中的人有善有恶，天生的资质也有差异，成长环境又不一样，但通过接受教育，进行修习，就都能够日进于善而不为恶。这就是孔子"有教无类"（《论语·卫灵公》）的思想。所以孔子对于那些肯前来问学的人，哪怕见面礼薄，也从来不曾有不教的。[2]

《论语》中记载了一个例子。说互乡这个地方的人难以交流，孔子

---

[1]出自《论语·八佾》，当然也有学者认为孔子的问是诘问，是质疑当时鲁国太庙中种种失礼的行为。

[2]出自《论语·述而》。子曰："自行束脩以上，吾未尝无诲焉。"

却接见其中的一个童子，弟子感到疑惑。孔子解释说："我们应该赞许人进步，不赞许人退步，不能做得太过分。人家改正错误而来，便应当赞许他今日能够洁身，至于他往日的作为我们不能保证。"[1]

《论语》说："子以四教：文，行，忠，信。"（《论语·述而》）文就是诗书六艺之文；行就是孝悌之行，就是在家事父兄；忠就是出则事公卿；信就是与人交往言而有信。

因为孔子所教其实就是他自己之所求、之所知、之所行，所以孔子说："你们这些学生认为我对你们隐瞒了什么吗？我没什么隐瞒的。我没有什么行为不是在教你们。"[2]所求、所知、所行其实都是人的自觉与自反，所以一个人如果没有主动的发愤的努力，不自觉自反，就完全没有办法施教。孔子说："不愤不启，不悱不发，举一隅不以三隅反，则不复也。"（《论语·述而》）意思是，当人自己有心求通而不得通时才去开导他，当人有所得想表达却又表达不出时才去启发他。物有四面，告诉他一面却不能由此反推三面的，就不再教他了。孔子又说："不曰'如之何如之何'者，吾末如之何也已矣。"（《论语·卫灵公》）一个人不自己反复思量，只是率意妄行，即使是圣人也拿他没办法。

当然，孔子注意因材施教。他认识到："中人以上，可以语上也；中人以下，不可以语上也。"（《论语·雍也》）又说："民可使由之，不可使知之。"（《论语·泰伯》）弟子虽然众多，但深通六艺的不是太多，其他则可使由，不可使知。我们再来看几个例子。

一个叫孺悲的人想见孔子，孔子推说有病，拒绝接待。传命的人刚

---

[1]出自《论语·述而》。互乡难与言，童子见，门人惑。子曰："与其进也，不与其退也，唯何甚！人洁己以进，与其洁也，不保其往也。"
[2]出自《论语·述而》。子曰："二三子以我为隐乎？吾无隐尔。吾无行而不与二三子者，是丘也。"

出门，孔子便把瑟拿下来弹，并且唱着歌，故意使孺悲听到。圣人之门，来者不拒，如果不是有特别的原因，不会如此严厉地拒绝，但到底是因为什么事，已经无从得知。推说自己有病，这是因为义不当见。歌瑟使闻，这是不容自己的爱人之心，希望能通过这种方式，使对方能反省自己。[1]

《论语》还记载了一件事。有人认为孔子使阙党的童子传命是因为孔子要表扬他学有进益。其实依照当时的礼节，童子无事时应当站立在主人北边，随行成人应当走在稍后一点。孔子见此童子不循礼，不是一个能求益的人，只是想速成。能求益则在不知不觉间学问渐渐有长进，如果只求速成则似愈进而实无序。孔子虽然教人要敏于行，但也告诫人为学当循序渐进。所以孔子让这个童子传命，是想让他在这个过程中认识长幼之序，熟悉揖逊之容，使他能从洒扫应对开始循序而学，并不是要表扬他。[2]

还有原壤的例子。原壤两腿像八字一样张开坐在地上，非常不讲礼节地等着孔子。孔子先斥责他从年幼到年长，完全没有善的事迹和品行，却老而不死，久活于世，是败常乱俗的贼人，又用拐杖敲了敲原壤的小腿，提醒他这是非常无礼的。[3]

孔子学不厌、教不倦，实在是他一天天地对于於穆不已的天道有越来越多的体悟而使然。孟子说："君子所过者化，所存者神，上下与天

---

[1] 出自《论语·阳货》。孺悲欲见孔子，孔子辞以疾。将命者出户，取瑟而歌。使之闻之。
[2] 出自《论语·宪问》。阙党童子将命。或问之曰："益者与？"子曰："吾见其居于位也，见其与先生并行也。非求益者也，欲速成者也。"
[3] 出自《论语·宪问》。原壤夷俟。子曰："幼而不孙弟，长而无述焉，老而不死，是为贼！"以杖叩其胫。

地同流。"(《孟子·尽心上》)孔子就是这样一个过化存神的圣人,其完美的人格当时已经得到很多人的敬仰,认为孔子的地位是历代专制者捧起来的是意有别指的说法。

(四)过化存神

在同时代人的眼中,孔子是一个非常博学的人,他并不以某项特别的技能成名成家。达巷党人称赞孔子说:"大哉孔子!博学而无所成名。"孔子听到后,对门弟子说:"吾何执?执御乎?执射乎?吾执御矣。"(《论语·子罕》)

大多数注释都认为达巷党人既赞叹孔子博学,又惋惜他无所成名。其实如果是这样,应该表述成"大哉孔子之博学也,惜乎其无所成名。"显然,这种解释有增字解经的问题。联系到孔子称赞尧说:"大哉尧之为君也,巍巍乎!惟天为大,惟尧则之。荡荡乎!民无能名焉。"(《论语·泰伯》)达巷党人说的无所成名,其实与孔子说的民无能名是一个意思。对于如此高的赞誉,孔子自然是不肯接受,于是就顺着话说:我难道真的没有什么技能可以操持吗?是驾马车呢?还是做射手呢?我还是驾马车吧。

更有甚者,认为孔子是上天赋予以兴起天下文教的使命的人。孔子到卫国的仪这个地方,当地的一个小官求见,见过之后,出来对孔子的随从说:"你们夫子没有权位,有什么好担心的。天下无道已经很久了,上天让你们先生失去权位,正是要他担负起振兴天下文教的使命。"[1]

从时人的这些评论当中可以看出,孔子在当世已经获得了很高的声望,可是他自己一再说:"默而识之,学而不厌,诲人不倦,何有于我

---

[1] 出自《论语·八佾》。仪封人请见,曰:"君子之至于斯也,吾未尝不得见也。"从者见之,出,曰:"二三子何患于丧乎?天下之无道,久矣,天将以夫子为木铎。"

哉？"(《论语·述而》)他不停问自己，我是不是总是把仁道默记在心，努力地不厌不倦地去实行它，努力地不厌不倦地去帮助别人也能努力地去实行它。又说："若圣与仁，则吾岂敢？抑为之不厌，诲人不倦，则可谓云尔已矣。"公西华曰："正唯弟子不能学也。"(《论语·述而》)孔子不敢以仁圣自居，只是始终觉得应该为之不厌、诲人不倦，从来都没有确信自己真正做到了不厌不倦地实行仁圣之道。一个人如果自以为不厌不倦，事实上就必然会不再求进而有厌倦之心。

孔子南游到楚国叶地时，叶公问子路孔子的为人，子路没有回答，孔子说：你何不说他（孔子）是一个发愤忘食，乐以忘忧，不知老之将至的人。[1]发愤忘食是不懈怠，乐以忘忧是不求速，不知老之将至是在孜孜以求的提升中获得生命的成长，而不因为岁月不居带来的衰老而伤感。

孔子不厌不倦，博学多识，正如前面所指出的，当时确实是从博学多能来了解圣人的。孔子认为博学多能未必人人都能做得到，但每个人都应该努力去做君子，一步步地向圣人的境界提升。有一次太宰问子贡："夫子应该算是圣人吧？为什么这样多才多艺呢？"孔子听到后说："君子需要有很多技艺吗？不需要多技艺的。"[2]所以，孔子提醒子贡不要认为自己学得多记得多，一个人应该努力实行仁道，将之贯彻到整个生命中。

但是孔子也认为实践仁道要知得仁道，对仁道的知是最重要的知，是第一位的知。可能有无知妄作的人，但他不是。多闻并择善而从，多

---

[1] 出自《论语·述而》。叶公问孔子于子路，子路不对，子曰："女奚不曰'其为人也，发愤忘食，乐以忘忧，不知老之将至云尔。'"
[2] 出自《论语·子罕》。太宰问于子贡曰："夫子圣者与？何其多能也？"子贡曰："固天纵之将圣，又多能也。"子闻之，曰："大宰知我乎？吾少也贱，故多能鄙事。君子多乎哉？不多也。"牢曰："子云'吾不试，故艺。'"

见而默记于心,这是次要的知,不是第一位的。[1]宋代的张载就从这里讲德性之知与闻见之知。

孔子一直努力不厌不倦地实践仁道,从他自己始终不觉得自己已经做到了不厌不倦这一点看,他确确实实地做到了,他一再说何有于我哉,人们多认为这是圣人的谦虚,其实这正是圣人用生命去亲证的造道之言。我们从弟子对他的爱和敬当中可以认定孔子达到了他所祈求的念兹在兹的境界。

颜渊是孔子最满意的弟子,他这样赞叹孔子:"仰之弥高,钻之弥坚;瞻之在前,忽焉在后。夫子循循然善诱人,博我以文,约我以礼。欲罢不能,既竭吾才,如有所立卓尔。虽欲从之,末由也已。"(《论语·子罕》)

颜渊所赞叹的正是一个不厌不倦而多闻一贯的生命。弥高弥坚,是颜子亲见孔子德业永不停息地提升而自己需要不懈地追随。博文约礼,就是以德性之知驾驭闻见之知,多闻多见是为了更好地履行道德义务,实践仁道。

但是圣人行事,一般人很难被认识和了解。所以鲁大夫叔孙武叔就认为子贡贤于仲尼,子贡说:"譬之宫墙,赐之墙也及肩,窥见室家之好。夫子之墙数仞,不得其门而入,不见宗庙之美、百官之富。得其门者或寡矣。"(《论语·子张》)

叔孙武叔有一次甚至更直接地诋毁孔子,子贡告诉他:"仲尼不可毁也。他人之贤者,丘陵也,犹可逾也;仲尼,日月也,无得而逾焉。人虽欲自绝,其何伤于日月乎?多见其不知量也!"(《论语·子张》)

---

[1] 出自《论语·述而》。子曰:"盖有不知而作之者,我无是也。多闻,择其善者而从之。多见而识之,知之次也。"

陈子禽认为子贡这样说是太谦虚，孔子哪里会比子贡更贤，子贡又向他解释说："夫子之不可及也，犹天之不可阶而升也。夫子之得邦家者，所谓立之斯立，道之斯行，绥之斯来，动之斯和。其生也荣，其死也哀，如之何其可及也。"(《论语·子张》)子贡认为如果孔子得到任用，一定能植民生以富足，导民众于德行，修文德以来远人，兴礼乐而和万邦。

对中西语言和文化都有极高造诣的学者刘殿爵曾这样评论说："任何不抱成见地仔细读过孔子言论的人都会发现很难把孔子看成一个僵化顽固的保守主义者，更不用说他是个居心叵测的恶人。"[1]

孔子培养了一批非常出色的弟子，他们又弘扬了老师的学说。清代学者崔述认为，唐虞三代以圣人为天子，而孔子居大夫之位不过数年，听一国之政才数月，却能继尧舜禹汤文武之统而垂教万世，门弟子的传播流布功不可没。[2]

三、孔门诸贤

司马迁说孔子"弟子盖三千焉，身通六艺者七十有二人"，但根据《论语》，能确认的弟子不太多，即使孔子评论过的某些人，其弟子身份也很可疑。《论语》分四科记载从孔子于陈、蔡的十个出色弟子，即：德行科的颜渊、闵子骞、冉伯牛、仲弓，言语科的宰我、子贡，政事科的冉有、季路，文学科的子游、子夏。[3]我们依照这个顺序，先从十哲说起。

---

[1] 刘殿爵.采掇英华[M].香港：香港中文大学出版社，2004：29.
[2] 崔述.崔东壁遗书[M].上海：上海古籍出版社，2014.
[3] 出自《论语·先进》。子曰："从我于陈、蔡者，皆不及门也。"德行：颜渊，闵子骞，冉伯牛，仲弓。言语：宰我，子贡。政事：冉有，季路。文学：子游，子夏。

颜渊（颜回）是孔子最喜爱的弟子，孔子和颜渊的关系已经超出了一般的师生，孔子说："回也视予犹父也。"[1]孔子几乎从不以仁许人，但说颜回三月不违仁[2]，能和自己一样，用之则行，舍之则藏[3]。孔子肯定颜回在进德上达到了很高的境界，说："回也其庶乎，屡空。"（《论语·先进》）又说："贤哉，回也！一箪食，一瓢饮，在陋巷。人不堪其忧，回也不改其乐。贤哉，回也！"（《论语·雍也》）孔子甚至对子贡说："吾与女弗如也。"[4]

颜回的成就来源于他的好学。颜回对孔子的教诲从不懈怠[5]，终日间也没有什么反对意见，似乎是个愚人，回去后私下里的言行却足以畅发所学[6]。颜回对孔子所说，从来都是满心欢喜，似乎不能有教学相长之益，孔子说颜回不是对他有所帮助的人[7]，这看似遗憾，其实是深深的喜欢。颜回死时，门人厚葬，这与其家财不相称，是不符合礼的，颜路请孔子卖车替颜渊办外椁，孔子曾做过大夫，不能没有车，所以没同意[8]。但孔子哭得非常悲痛，哀伤竟至于不自知[9]，说颜渊的

---

[1]出自《论语·先进》。颜渊死，门人欲厚葬之，子曰："不可。"门人厚葬之。子曰："回也视予犹父也，予不得视犹子也。非我也，夫二三子也。"
[2]出自《论语·雍也》。子曰："回也，其心三月不违仁，其余则日月至焉而已矣。"
[3]出自《论语·述而》。子谓颜渊曰："用之则行，舍之则藏，唯我与尔有是夫。"
[4]出自《论语·子罕》。子谓子贡曰："女与回也孰愈？"对曰："赐也何敢望回。回也闻一以知十，赐也闻一以知二。"子曰："弗如也！吾与女弗如也。"
[5]出自《论语·子罕》。子曰："语之而不惰者，其回也与！"
[6]出自《论语·为政》。子曰："吾与回言终日，不违如愚。退而省其私，亦足以发。回也，不愚。"
[7]出自《论语·先进》。子曰："回也非助我者也，于吾言无所不说。"
[8]出自《论语·先进》。颜渊死，颜路请子之车以为之椁。子曰："才不才，亦各言其子也。鲤也死，有棺而无椁。吾不徒行以为之椁。以吾从大夫之后，不可徒行也。"
[9]出自《论语·先进》。颜渊死，子哭之恸。从者曰："子恸矣。"曰："有恸乎？非夫人之为恸而谁为！"

第四章 "四书"论修身的目的

早死是天要灭亡自己[1]。孔子深深地为颜回的早死惋惜，说只看见他不断进步，从没看见他止步不前[2]，一再说颜回好学，不迁怒，不贰过。感叹在颜回不幸短命，之后再也没有遇到好学的人[3][4]。同门曾子说颜回"以能问于不能，以多问于寡；有若无，实若虚，犯而不校"（《论语·泰伯》），可谓深得孔子"学而不厌，诲人不倦，何有于我"之旨。

颜回的好学，成为宋明新儒学讨论的一个话题。胡瑗掌教太学，宋仁宗皇祐二年以《颜子所好何学论》试诸生，十八岁的程颐即以答卷获得学职。

闵子骞，名损。和悦而明辨。[5]对于出、处有清醒的判断，知道在一个乱世，性刚而仕则取祸，如子路；性柔而仕则取辱，如冉有。坚决辞掉季氏让他做费宰的差使。[6]鲁人翻修收藏货财、兵器等的府库，他说："照旧不好吗？何必改作？"孔子认为他要么不说话，一说就非常在理。[7]国既不可为，还可以尽孝于家，父母兄弟称赞闵子骞，别人都没有什么异议，孔子也赞扬他的孝行。[8]

冉雍，字仲弓。其父身份低微，他却有人君之度。孔子说：祭祀不

---

[1] 出自《论语·颜渊》。颜渊死，子曰："噫！天丧予，天丧予。"
[2] 出自《论语·子罕》。子谓颜渊，曰："惜乎！吾见其进也，未见其止也。"
[3] 出自《论语·雍也》。哀公问："弟子孰为好学？"孔子对曰："有颜回者好学，不迁怒，不贰过。不幸短命死矣！今也则亡，未闻好学者也。"
[4] 出自《论语·颜渊》。季康子问："弟子孰为好学？"孔子对曰："有颜回者好学，不幸短命死矣！今也则亡。"
[5] 出自《论语·先进》。闵子侍侧，訚訚如也。
[6] 出自《论语·雍也》。季氏使闵子骞为费宰。闵子骞曰："善为我辞焉。如有复我者，则吾必在汶上矣。"
[7] 出自《论语·先进》。鲁人为长府。闵子骞曰："仍旧贯，如之何？何必改作？"子曰："夫人不言，言必有中。"
[8] 出自《论语·先进》。子曰："孝哉闵子骞！人不间于其父母昆弟之言。"

用耕牛作牺牲，但耕牛所产之子如果够得上作牺牲的条件，山川之神怎么会放弃接受这种祭享？像仲弓这样的人才，怎么可以因为父亲下贱而舍弃不用呢？[1]有人说冉雍有仁的品质却不善言辞，孔子说他仁不仁我不知道，但何必要能言善辩呢？用口舌同人家辩驳，常常被人讨厌。人为什么要善言辞呢？"[2]

冉求，字子有，鲁国人。孔子认为他很有才能[3]，做大夫也可以胜任[4]。但他似乎缺乏进德的毅力，说自己虽然喜欢孔子的学说，但是力不从心。孔子说他画地自限，不是力不足，而是不想做。[5]因为冉求不能制止季氏伐颛臾，又一再为季氏聚敛，孔子不想再认这个门徒，叫其他弟子鸣鼓而攻之。[6]但孔子也判定冉有也不至于随人去弑父弑君。[7]

子路，名仲由，一字季路，只比孔子小九岁。颜回视师如父，子路与孔子却十分近于朋友，经常质疑孔子的所作所为。子路做事有决断，

---

[1]出自《论语·雍也》。子谓仲弓曰："犁牛之子骍且角，虽欲勿用，山川其舍诸？"

[2]出自《论语·公冶长》。或曰："雍也，仁而不佞。"子曰："焉用佞？御人以口给，屡憎于人。不知其仁，焉用佞？"

[3]出自《论语·公冶长》。子曰："求也，千室之邑，百乘之家，可使为之宰。"

[4]出自《论语·雍也》。(季康子)曰："求也，可使从政也与？"曰："求也艺，于从政乎何有？"

[5]出自《论语·雍也》。冉求曰："非不说子之道，力不足也。"子曰："力不足者，中道而废。今女画。"

[6]出自《论语·先进》。季氏富于周公，而求也为之聚敛而附益之。子曰："非吾徒也。小子鸣鼓而攻之，可也。"

[7]出自《论语·先进》。季子然问："仲由冉求可谓大臣与？"子曰："吾以子为异之问，曾由与求之问。所谓大臣者，以道事君，不可则止；今由与求也，可谓具臣矣。"曰："然则从之者与？"子曰："弑父与君亦不从也。"

片言可以折狱，许下诺言绝不拖延[1]；在学的东西还没做到前，不想就去学新的[2]；好勇尚勇，孔子认为千乘之国可使治其赋[3]，才能胜任做大夫[4]；愿意把车马衣服与朋友共同使用，坏了也不会有不满；即使穿着破烂的旧丝绵袍和穿着狐貉裘的人一道站着，也不会觉得惭愧[5]。子路似乎不太喜欢诗书礼乐，孔子批评他粗俗[6]，说他鼓瑟发声和自己不一样[7]。子路想让高柴做费宰，孔子认为高柴为人谨厚却未见得道理[8]，子路说："有民人，有社稷，何必读书，才是为学？"孔子说他花言巧语让人讨厌[9]。子路的刚强很让孔子担心，怕他不得其死，不能善终。[10]后来子路果然死于卫国的孔悝之难。

宰我，也称宰予，字子我。他回答哀公夏殷周社主用木的提问，引起了孔子严正的批评，告诫他"成事不说，遂事不谏，既往不咎"[11]。

---

[1] 出自《论语·颜渊》。子曰。"片言可以折狱者，其由也与？"子路无宿诺。
[2] 出自《论语·公冶长》。子路有闻，未之能行，唯恐有闻。
[3] 出自《论语·公冶长》。孟武伯问："子路仁乎？"子曰："不知也。"又问。子曰："由也，千乘之国，可使治其赋也，不知其仁也。"
[4] 出自《论语·雍也》。季康子问："仲由可使从政也与？"子曰："由也果，于从政乎何有？"
[5] 出自《论语·子罕》。子曰："衣敝缊袍，与衣狐貉者立，而不耻者，其由也与？'不忮不求，何用不臧？'"子路终身诵之。子曰："是道也，何足以臧？"
[6] 出自《论语·先进》。由也喭。
[7] 出自《论语·先进》。子曰："由之瑟奚为于丘之门？"门人不敬子路。子曰："由也升堂矣，未入于室也。"
[8] 出自《论语·先进》。子曰：柴也愚。
[9] 出自《论语·先进》。子路使子羔为费宰。子曰："贼夫人之子。"子路曰："有民人焉，有社稷焉。何必读书，然后为学？"子曰："是故恶夫佞者。"
[10] 出自《论语·先进》。若由也，不得其死然。
[11] 出自《论语·八佾》。哀公问社于宰我。宰我对曰："夏后氏以松，殷人以柏，周人以栗，曰使民战栗。"子闻之曰："成事不说，遂事不谏，既往不咎。"

151

宰我有一次白天睡觉，孔子说他："朽木不可雕也，粪土之墙不可杇也，于予与何诛？"又说："始吾于人也，听其言而信其行；今吾于人也，听其言而观其行。于予与改是。"(《论语·公冶长》)宰我质疑三年丧制，孔子说他不仁。(《论语·阳货》)尽管这样，他对孔子还是无限钦佩，说："以予观于夫子，贤于尧舜远矣。"

子贡，名端木赐，卫国人。孔子在世时子贡已显名于诸侯，他曾问孔子自己是怎样的人，孔子说他是非常尊贵的有用之才。[1]孔子肯定他钻研《诗经》所取得的造诣[2]；认为他知识高明，通达事理，不但作大夫完全没有问题[3]，而且生殖货财，料事多中，因为他不愿把贫富贵贱完全交给命运[4]。子贡为人刚直，能守理义而无所回屈。[5]当子贡认为自己能行恕道时，孔子批评他自满，说这并非他所能做到的。[6]孔子委婉地建议子贡不要去比较他人的长短得失。[7]

子游，名言偃。以习熟礼乐见长。子游为武城宰，孔子问他有没有发现什么人才[8]，可见孔子认为管理者应该注意选拔人才，不能让人

---

[1] 出自《论语·公冶长》。子贡问曰："赐也何如？"子曰："女器也。"曰："何器也？"曰："瑚琏也。"

[2] 出自《论语·学而》。子贡曰："贫而无谄，富而无骄，何如？"子曰："可也。未若贫而乐，富而好礼者也。"子贡曰："《诗》云：'如切如磋，如琢如磨。'其斯之谓与？"子曰："赐也，始可与言《诗》已矣！告诸往而知来者。"

[3] 出自《论语·雍也》。（季康子）曰："赐也，可使从政也与？"曰："赐也达，于从政乎何有？"

[4] 出自《论语·先进》。"赐不受命，而货殖焉，亿则屡中。"

[5] 出自《论语·先进》。冉有、子贡，侃侃如也。

[6] 出自《论语·公冶长》。子贡曰："我不欲人之加诸我也，吾亦欲无加诸人。"子曰："赐也，非尔所及也。"

[7] 出自《论语·宪问》。子贡方人。子曰："赐也贤乎哉？夫我则不暇。"

[8] 出自《论语·雍也》。子游为武城宰。子曰："女得人焉尔乎？"曰："有澹台灭明者，行不由径。非公事，未尝至于偃之室也。"

才埋没。还有一次孔子到武城，听到弦歌之声，便肯定子游教民众修习礼乐的做法。[1]

子夏，名卜商，比孔子小四十四岁。有一次子夏问孔子，《诗经》里的"巧笑倩兮，美目盼兮，素以为绚兮"是什么意思？孔子说这正如画画，得先有白色底子。子夏就说这就像先有仁后有礼一样。孔子很受启发，说像子夏这样才是可以一起谈论《诗经》的人。[2]也许因为子夏过多专注小节，所以孔子就告诫他要为君子儒，不要为小人儒[3]，认为他在实践方面有不及的缺点[4]。

公西华，名赤，字子华，比孔子小四十二岁。公西华精通朝廷礼义，孔子认为他可以接待宾客[5]，所以在鲁国执政期间曾派他出使齐国。

宓不齐，字子贱，比孔子小四十九岁。孔子称赞宓不齐是个君子，能尊贤取友，成就德行[6]。但他在《论语》中只出现一次。

同样在《论语》中只出现一次的还有漆雕开。孔子想让他出仕，漆

---

[1] 出自《论语·阳货》。子之武城，闻弦歌之声。夫子莞尔而笑，曰："割鸡焉用牛刀？"子游对曰："昔者偃也闻诸夫子曰：'君子学道则爱人，小人学道则易使也。'"子曰："二三子！偃之言是也。前言戏之耳。"

[2] 出自《论语·八佾》。子夏问曰："'巧笑倩兮，美目盼兮，素以为绚兮。'何谓也？"子曰："绘事后素。"曰："礼后乎？"子曰："起予者商也！始可与言诗已矣。"

[3] 出自《论语·雍也》。子谓子夏曰："女为君子儒，无为小人儒。"

[4] 出自《论语·先进》。子贡问："师与商也孰贤？"子曰："师也过，商也不及。"曰："然则师愈与？"子曰："过犹不及。"

[5] 出自《论语·公冶长》。（孟武伯问：）"赤也何如？"子曰："赤也，束带立于朝，可使与宾客言，不知其仁也。"

[6] 出自《论语·公冶长》。子谓子贱，"君子哉若人！鲁无君子者，斯焉取斯？"

雕开说不能相信自己已经可以出仕。孔子听了很高兴。[1]程子因此把漆雕开同舞雩浴沂的曾点相提并论,说"曾点、漆雕开已见得大意"。近代学者如胡适等又根据《韩非子·显学》的记载,说漆雕开是儒家的武侠派。

公冶长,孔子认为他虽然曾被判入狱,但不是他本身的过错,孔子还把女儿许配给他。[2]南容(南宫适)崇尚德行,孔子表扬他有君子之风。南容曾经三复《大雅·抑》中"白圭之玷,尚可磨也;斯言之玷,不可为也"的话[3],可见非常谨言。孔子说他"邦有道,不废;邦无道,免于刑戮",把侄女许配给他。[4]崔述认为《论语》中没有公冶长的任何问答,南容羿、奡、禹、稷一问也非质疑问难可比,这二人是否在孔子弟子之列,值得怀疑。

类似还有申枨。孔子说:"吾未见刚者。"有人回答说申枨可以算刚者,孔子说:"枨也欲,焉得刚?"[5]因为这一段和评论其他弟子的章节编在一起,所以有人认为申枨也是孔子的弟子,但真实情况如何,只能存疑。

孔子的这些弟子中,在《论语》中有言论留下的是有子、子贡、子张、子游、子夏和曾子。据孟子说,"子夏、子张、子游以有若似圣人,欲以所事孔子事之"。(《孟子·滕文公上》)

---

[1] 出自《论语·公冶长》。子使漆雕开仕。对曰:"吾斯之未能信。"子说。
[2] 出自《论语·公冶长》。子谓公冶长,"可妻也。虽在缧绁之中,非其罪也"。以其子妻之。
[3] 出自《论语·先进》。南容三复白圭,孔子以其兄之子妻之。
[4] 出自《论语·公冶长》。子谓南容,"邦有道,不废;邦无道,免于刑戮"。以其兄之子妻之。
[5] 出自《论语·公冶长》。子曰:"吾未见刚者。"或对曰:"申枨。"子曰:"枨也欲,焉得刚?"

有子学以孝悌为践仁之本[1]，与孔子入孝出悌的教导一致。有子论礼则以和为贵[2]，朱子《集注》引范祖禹说，认为有子对于礼乐之本有透彻的认识。有子论修身则认为人的言行交际若能考虑最后的结果，在开始的时候就会谨慎小心：想到最后要兑现承诺，与人相约就会符合义；想到要远离耻辱，那么容貌恭敬要符合礼；想到他日所尊不失其亲，那么一开始就要依靠可亲的人。[3]有子论治国则建议鲁哀公采用十取一的彻法（田赋制度），认为如果百姓的用度充足，国君的用度不会不足；如果百姓的用度都不充足，国君的用度也不会充足。[4]

子贡和孔子对答之外的言论总共九章，颂扬孔子的六章。还有三章其他内容。一章批评棘子成认为君子惟质而非文的言论，说"文犹质也，质犹文也"[5]。子贡将文质等量齐观，没有看到文质之间存在本末轻重缓急的差别，朱子认为是矫枉过正。一章说："纣之不善，不如是之甚也。是以君子恶居下流，天下之恶皆归焉。"（《论语·子张》）子贡希望人能常自警省，不可立身于不善之地。一章说："君子之过也，如日月之食焉：过也，人皆见之；更也，人皆仰之。"（《论语·子张》）勉励人要勇于改过。

---

[1] 出自《论语·学而》。有子曰："其为人也孝弟，而好犯上者，鲜矣；不好犯上，而好作乱者，未之有也。君子务本，本立而道生。孝弟也者，其为仁之本与！"

[2] 出自《论语·学而》。有子曰："礼之用，和为贵；先王之道，斯为美。小大由之。有所不行；知和而和，不以礼节之，亦不可行也。"

[3] 出自《论语·学而》。有子曰："信近于义，言可复也；恭近于礼，远耻辱也；因不失其亲，亦可宗也。"

[4] 出自《论语·颜渊》。哀公问于有若曰："年饥，用不足，如之何？"有若对曰："盍彻乎？"曰："二，吾犹不足，如之何其彻也？"对曰："百姓足，君孰与不足？百姓不足，君孰与足？"

[5] 出自《论语·颜渊》。棘子成曰："君子质而已矣，何以文为？"子贡曰："惜乎！夫子之说，君子也。驷不及舌。文犹质也，质犹文也。虎豹之鞟，犹犬羊之鞟。"

子张，名颛孙师，陈国人。子张学干禄，问何如斯可谓达，孔子认为他虽习于容止而少诚实。[1]同门子游、曾子都批评子张。子游说："吾友张也为难能也。然而未仁。"曾子说："堂堂乎张也，难与并为仁矣。"（《论语·子张》）这些都使子张成为宋明新儒者眼里务外而遗内的典型，认为子张追求外在的声华，缺少内在的修养。但子张说："执德不弘，信道不笃，焉能为有？焉能为亡？"又说："士见危致命，见得思义，祭思敬，丧思哀，其可已矣。"子夏认为交友"可者与之，其不可者拒之"，子张反驳说："异乎吾所闻：君子尊贤而容众，嘉善而矜不能。我之大贤与？于人何所不容？我之不贤与？人将拒我，如之何其拒人也？"。（《论语·子张》）胡适认为这些都证明子张有仁者气象，与拘执守礼者不同。因为气象阔大，所以瞧不上曾子一般人的萎缩气象，不能不和他们分手，别立宗派。[2]

《论语》中子游本人的言论，除肯定子张难能可贵又期许他更进于仁的一章外，还有三章。一章论与君主、朋友的相处之道，说"事君数，斯辱矣；朋友数，斯疏矣"。（《论语·里仁》）君臣、朋友之间都是因道义而成立的关系，事君，谏不行则去；导友，善不纳则止。如果反复劝说，则求荣反辱、求亲反疏。和孔子"忠告而善导之，不可则止"的教导一致。一章说："丧致乎哀而止。"（《论语·子张》）子张认为丧事尽哀就可以。

与此相应，是子游对子夏学派的批评，说："子夏之门人小子，当洒扫应对进退，则可矣。抑末也，本之则无。如之何？"（《论语·子张》）提醒同门不可过于拘执礼节之末而忽视大道之本。子夏并不接受

---

[1]出自《论语·先进》。师也辟。
[2]胡适.中国哲学史大纲[M]//胡适全集：第5册.合肥：安徽教育出版社：2005.

这一批评，说自己并非以洒扫应对进退为末而先传，也不是以大道之本为后而倦教，只是学者所造有深浅，如同草木有大小，需要区别对待。不能不量深浅，不问生熟，初学就教以大道之本。[1]可见，虽然同在文学之科，但两人的门径与风格差别很大。

子夏说："日知其所亡，月无忘其所能，可谓好学也已矣。"（《论语·子张》）和孔子提醒子贡不要以多学而识看自己不一样。其实子夏并不认为对书本知识的博闻强识就是儒者之学的全部，他说："贤贤易色，事父母能竭其力，事君能致其身，与朋友交言而有信。虽曰未学，吾必谓之学矣。"（《论语·学而》）这是以尽人伦之道为学。子夏以"博学而笃志，切问而近思"（《论语·子张》）为求仁之方，也是孔子学思合一的矩范。又说："百工居肆以成其事，君子学以致其道。"（《论语·子张》）强调学对于成德的重要性。认为不管是求学还是出仕，都应该先尽心做好主要的事。已出仕的，仕有余力，当用心于学。在学的，学有余力，就可以出仕，以致君泽民。[2]子夏认为治理国家君臣上下之间的信任非常重要，统治者只有取得民众的信任才可以使用民力，否则民众会认为自己受到压榨。臣下要在获得人君的信任后进谏，否则君主会认为自己被诽谤。[3]子夏认为"小人之过也必文"（《论语·子张》），而君子不能文过饰非。君子让人看着觉得敬畏，接近后却感到温和可亲，说起话来认

---

[1] 出自《论语·子张》。子游曰："子夏之门人小子，当洒扫应对进退，则可矣。抑末也，本之则无。如之何？"子夏闻之曰："噫！言游过矣！君子之道，孰先传焉？孰后倦焉？譬诸草木，区以别矣。君子之道，焉可诬也？有始有卒者，其惟圣人乎！"
[2] 出自《论语·子张》。子夏曰："仕而优则学，学而优则仕。"
[3] 出自《论语·子张》。子夏曰："君子信而后劳其民，未信则以为厉己也；信而后谏，未信则以为谤己也。"

真不苟。[1]子夏认为即使是小技艺也有可取之处，但人光靠它们不能行远，内不足以成己，外不足以成物，所以君子不从事这些小技艺。[2]这也是孔子"君子不器"的立场。从"大德不逾闲，小德出入可也"（《论语·子张》）的话看，子夏未必是个拘执礼文的人。他告诉司马牛说："死生有命，富贵在天。君子敬而无失，与人恭而有礼。四海之内，皆兄弟也。君子何患乎无兄弟也？"（《论语·颜渊》）证明他对于儒学义命分立也有切实的体悟。

曾子，名参，字子舆，南武城人。孔子虽说曾参反应迟钝[3]，但仍然认为独有他能明忠恕一贯之道，子贡都不能相比，这显然与曾参诚意内省、坚定笃实有关。

曾参每日三省[4]，临深履薄[5]，思不出位[6]。曾参认为，动容貌，则远暴慢；正颜色，则近信；出辞气，则远鄙倍。[7]阳肤为士师，问于曾子。曾子说："上失其道，民散久矣。如得其情，则哀矜而勿喜。"（《论语·子张》）这些都足以表现曾子之学诚意内省的特色。

至于坚毅笃实，曾子说："君子可以托六尺之孤，可以寄百里之命，

---

[1] 出自《论语·子张》。子夏曰："君子有三变：望之俨然，即之也温，听其言也厉。"
[2] 出自《论语·子张》。子夏曰："虽小道，必有可观者焉；致远恐泥，是以君子不为也。"
[3] 出自《论语·先进》。参也鲁。
[4] 出自《论语·学而》。曾子曰："吾日三省吾身：为人谋而不忠乎？与朋友交而不信乎？传不习乎？"
[5] 出自《论语·泰伯》。曾子有疾，召门弟子曰："启予足！启予手！《诗》云：'战战兢兢，如临深渊，如履薄冰。'而今而后，吾知免夫！小子！"
[6] 出自《论语·宪问》。曾子曰："君子思不出其位。"
[7] 出自《论语·泰伯》。曾子有疾，孟敬子问之。曾子言曰："鸟之将死，其鸣也哀；人之将死，其言也善。君子所贵乎道者三：动容貌，斯远暴慢矣；正颜色，斯近信矣；出辞气，斯远鄙倍矣。笾豆之事，则有司存。"

临大节而不可夺也，君子人与？君子人也。"又说："士不可以不弘毅，任重而道远。仁以为己任，不亦重乎？死而后已，不亦远乎？"(《论语·泰伯》)又说："君子以文会友，以友辅仁。"(《论语·颜渊》)

最后是曾子的孝。曾子说："人未有自致者也，必也亲丧乎！"又说："孟庄子之孝也，其他可能也；其不改父之臣，与父之政，是难能也。"(《论语·子张》)而且曾子特别声明这是从孔子那儿听来的。曾子说："慎终追远，民德归厚矣。"(《论语·学而》)

小程子说："曾子之学，诚笃而已。圣门学者，聪明才辩，不为不多，而卒传其道，乃质鲁之人尔。故学以诚实为贵也。"清代的崔述虽然不以《大学》为曾子所著，但是依然认为其为曾子之学，指出"羽翼圣道于当时者，颜、闵、子贡、由、求之力，而子贡为尤著；流传圣道于后世者，游、夏、曾子、子张之功，而曾子为尤纯"(《洙泗考信馀录》)。曾子之学传于子思，子思传于孟子。

四、亚圣孟子

孟子说："士穷不失义，达不离道。穷不失义，故士得己焉；达不离道，故民不失望焉。古之人，得志泽加于民，不得志修身见于世，穷则独善其身，达则兼善天下。"(《孟子·尽心上》)孟子"序《诗》《书》，述仲尼之意"(《史记·孟子荀卿列传》)，完成了心性论儒学的建构，成为"守先王之道，以待后之学者"(《孟子·滕文公下》)的亚圣。

（一）时代困局的剖析

孟子曾说："颂其诗，读其书，不知其人，可乎？是以论其世也。是尚友也。"(《孟子·万章下》)对于自身所处的战国时代，孟子有一个基本判断，那就是从三王到五霸再到战国，是一步步走向衰败的历史。孟子说："五霸者，三王之罪人也；今之诸侯，五霸之罪人也；今之大夫，今之诸侯之罪人也。"(《孟子·告子下》)在夏商周盛时，礼乐征伐之权掌于天子，有征讨而无伐国，而五霸带着一帮诸侯去伐诸侯。齐桓公会诸侯于葵丘，申明天子之禁。"诛不孝，无易树子，无以妾为妻。""尊贤育才，以彰有德。""敬老慈幼，无忘宾旅。""士无世官，官事无摄，取士必得，无专杀大夫。""无曲防，无遏籴，无有封而不告。"曰："凡我同盟之人，既盟之后，言归于好。"当时诸侯，都已经破坏了这五条禁令，统治集团内部，为争夺国君之位，父子兄弟互相残杀，贤才也得不到任用。而大夫都在迎合国君的恶行。(《孟子·告子下》)

至于民众，则在苛政与暴政之下流离失所，朝不保夕。当梁惠王为自己用心行政好于邻国而民众并不比邻国有所增加感到困惑时，孟子告诉梁惠王这是因为他"狗彘食人食而不知检，途有饿莩而不知发"，如果不把遍地饥民归因于年成不好，而多从自己身上找找原因，不难发现民有饥色、野有饿莩是与庖有肥肉、厩有肥马的虐民之政联系在一起的。(《孟子·梁惠王上》)孟子认为鲁国民众之所以在邹鲁恶斗时没有为国君牺牲，是因为凶年饥岁，国君仓廪实，府库充，民众却老弱转乎沟壑，壮者散而之四方者。(《孟子·梁惠王下》)至于暴政，表现为当时"天下之人牧，未有不嗜杀人者也"(《孟子·梁惠王上》)；另外就是无休无止的战争，"争地以战，杀人盈野；争城以战，杀人盈城"(《孟子·离娄上》)。

孟子认为这些虐政与暴政是因为当时的人迷乱了义利关系。一国之内，上下交征利则国危(《孟子·梁惠王上》)，天下之人皆怀利以相接，则天下乱(《孟子·告子下》)。面对种种问题，墨道法等派别的巨子纷纷提出救济的方案，孟子认为这些方案不辨义利，造成了人心的迷乱，更加深了时代的困局。当认清了时代困局的原因后，孟子就努力去实现自己道援天下的救世方案。

（二）道援天下的努力

在跟淳于髡的一次对话中，孟子明确说挽救天下只能以道不能以手。淳于髡说："男女授受不亲，礼与？"孟子说："礼也。"淳于髡又说："嫂溺则援之以手乎？"孟子说："嫂溺不援，是豺狼也。男女授受不亲，礼也；嫂溺，援之以手者，权也。"淳于髡就问孟子："今天下溺矣，夫子之不援，何也？"孟子说："天下溺，援之以道；嫂溺，援之以手。子欲手援天下乎？"（《孟子·离娄上》）淳于髡建议孟子从权，其实就是陈代"枉尺直寻"之意。但是天下人都掉到水里，用手去救怎么救得及？所以孟子批评子产"惠而不知为政"。子产听郑国之政，以其乘舆济人于溱洧。孟子说："惠而不知为政。岁十一月徒杠成，十二月舆梁成，民未病涉也。君子平其政，行辟人可也。焉得人人而济之？故为政者，每人而悦之，日亦不足矣。"（《孟子·离娄下》）

孟子有平治天下、舍我其谁的自信心与使命感。他虽然推崇伯夷为圣之清，柳下惠为圣之和，但是明确表示不会走这两个人所选择的道路。因为伯夷非其君不事，非其友不友。不立于恶人之朝，不与恶人言。认为立于恶人之朝，与恶人言，如以朝衣朝冠坐于涂炭。这过于洁身自爱，难免器量狭窄。柳下惠不羞污君，不卑小官，进不隐贤，必以其道，遗佚而不怨，阨穷而不悯，曰："尔为尔，我为我，虽袒裼裸裎于我侧，尔焉能浼我哉？"看得太透，近于世故圆滑。所以孟子说："伯夷隘，柳下惠不恭。隘与不恭，君子不由。"（《孟子·公孙丑上》）在深造自得后，孟子等待机会，希望用仁政学说来挽救天下。

魏惠王（梁惠王）卑礼厚币以招贤者，孟子来到魏国国都大梁。可是魏惠王非常不仁，以其所不爱及其所爱，以土地之故，糜烂其民而战

161

之，大败，将复之，恐不能胜，驱其所爱子弟以殉之。(《孟子·尽心下》)魏惠王当然不会欣赏孟子的仁政学说，所以孟子在魏国只是以宾客身份和魏惠王交往，并没有接受爵禄。

公元前318年，梁襄王继位，望之不似人君，就之而不见可畏(《孟子·梁惠王上》)。当时齐宣王继位不久，开稷下学宫，礼聘天下贤士，于是孟子离开魏国前往齐国。

孟子认为齐国应该是最有可能实现他的王道理想的。就客观条件说，"夏后、殷、周之盛，地未有过千里者也，而齐有其地；鸡鸣狗吠相闻，而达乎四境，而齐有其民。地不改辟，民不改聚，行仁政而王，莫之能御。且王者之不作，未有疏于此时；民之憔悴于虐政，未有甚于此时。"所以孟子认为"以齐王，由反手也"，非常容易。(《孟子·公孙丑上》)

就齐宣王来说，孟子认为足用为善。与梁惠王见面就问何以利吾国不同，齐宣王似乎对王道有兴趣，问"德如何则可以王"，问"若寡人者，可以保民乎哉"，可见有向善之志。同时，有过而能自知，承认寡人有疾，寡人好勇，寡人好货，寡人好色。(《孟子·梁惠王下》)燕人叛，齐宣王说自己愧对孟子。孟子以孔距心能讼己过的事开导他，齐宣王也能勇于表示齐国不治是自己的罪过。(《孟子·公孙丑下》)而且，齐宣王确实佩服孟子的贤德，认为他非同一般，给予礼敬，以至宠臣王欢都想奉承孟子，希望得到孟子的欢心。

公元前316年，孟子在齐国任客卿。只是当时齐国朝廷上下贤人很少，孟子说："无或乎王之不智也，虽有天下易生之物也，一日暴之，十日寒之。未有能生者也。吾见亦罕矣，吾退而寒之者至矣。"(《孟子·告子上》)所以孟子很难有作为，淳于髡讥讽孟子无益于国，孟子说："君子之所为，众人固不识也。"(《孟子·告子下》)

第四章 "四书"论修身的目的

孟子因为只是客卿,无官守,无言责,进退绰绰然有余裕(《孟子·公孙丑下》),于是孟子决定离开齐国。原先齐国发生饥荒,孟子曾劝王发棠邑之仓以赈贫穷,这时齐国又饥,孟子却已决心离开齐国,不愿再为冯妇了。(《孟子·尽心下》)听说孟子想离开,齐宣王让时子转告孟子,说:"欲中国而授孟子室,养弟子以万钟,使诸大夫国人皆有所矜式。"孟子说我先前为卿,尝辞十万之禄,现在怎么会受此万钟之馈?(《孟子·公孙丑下》)孟子认为"只是供养而没有爱心,这是将贤才当猪来对待。有爱心而没有敬意,这是将贤才当犬马来圈养。恭敬虽因威仪币帛而尽现出来,然币之未将时已有此恭敬之心,非因币帛而后有。在上者不知有恭敬待贤之诚而只靠币帛之聘,君子不是这些虚文可以留住的。"(《孟子·尽心上》)

公元前312年,孟子差不多61岁了,他离开齐国都城临淄,准备返回故乡,途中宿于昼地,有人自作主张想为齐王挽留孟子,孟子当然没有理睬。(《孟子·公孙丑下》)离开临淄后,尹士说:"如果不知道宣王不可以为汤武,这是不明智;知道了还来,就是只为求好处;千里来见王,不遇而去,过了三天才离开临淄西郊的昼地,这也太拖拖拉拉了吧。"孟子说:"尹士哪里理解我?千里来见王,这是我所希望的;不遇而去,这是不得已。但是我怎么会轻易放弃呢?宣王还是足以为善的。如果王能用我,那么不只齐国民众能得到安宁,天下的民众就都能得到安宁。我还是希望王能改变主意。怎么会像器量狭小的人一样?君不受谏就怒形于色,然后快快地离开呢?"(《孟子·公孙丑下》)

途中,弟子充虞说:"我从前听先生说'君子不怨天,不尤人',可先生离开齐国,好像有不高兴的样子。"孟子说:"彼一时,此一时也。五百年必有王者兴,其间必有名世者。由周而来,七百有余岁矣。以其数则过矣,以其时考之则可矣。夫天未欲平治天下也,如欲平治天下,

当今之世，舍我其谁也？吾何为不豫哉？"(《孟子·公孙丑下》)

宋国大夫戴盈之与万章有交情，公元前312年，孟子应邀前去宋国。孟子告诉万章："不行王政那就算了，如果行王政，四海之内都举首推戴他为君主，不用害怕齐楚。"其实宋王偃王位夺自他哥，斑斑劣迹，诸侯都称他为桀宋。只是臣子戴不胜有心图治，说不能马上推行什一税制，请待来年，孟子说："如知道所行不义，改正从速，为什么要等到来年。"和在齐国一样，孟子跟戴不胜说："你说薛居州是善士，只是一个薛居州，能拿宋王怎么样？"所以公元前311年，孟子离开宋国，路经薛地返回故乡。(《孟子·滕文公下》)

在任齐国客卿时，滕国国君过世，孟子作为吊丧的特使曾到过滕国。居宋时，滕文公还是世子，有事去楚国，途中路过宋国曾见过孟子，返回途中再见孟子。滕定公之丧，使师傅然友到邹国请教孟子。丧毕继位，有意施行仁政，专程邀请孟子到滕国。

但是滕国实在太小了，夹在齐楚两个大国之间，事齐事楚都难以抉择，孟子说："要么学太王，不以其所以养人者害人，放弃土地，由大国来统治；要么以世守的土地而效死不肯去。"孟子还勉励滕文公说："苟为善，后世子孙必有王者矣。君子创业垂统，为可继也。若夫成功，则天也。君如彼何哉？强为善而已矣。"(《孟子·梁惠王下》)

孟子居滕有一段时间，实在难以有为，只好回到家乡。听说鲁国欲使乐正子为政，孟子喜而不寐，因为乐正子好善，四海之内，皆将轻千里而来告之以善，好善而治天下有余，何况鲁国？(《孟子·告子下》)乐正子向鲁平公举荐孟子，但嬖人臧仓说孟子"后丧逾前丧"，让鲁平公不要见。孟子说，道行不行，固有天命，不是单个人所能推动或阻止的。(《孟子·梁惠王下》)

孟子所说的天命，大概指当时的客观态势。司马迁说："当是之时，秦用商君，富国强兵；楚、魏用吴起，战胜弱敌；齐威王、宣王用孙子、田忌之徒，而诸侯东面朝齐。天下方务于合从连衡，以攻伐为贤，而孟轲乃述唐、虞、三代之德，是以所如者不合。"（《史记·孟子荀卿列传》）可是，大丈夫行事论万世不论一生，即便孟子当时不合，但他不枉道从君，述唐、虞、三代之德，守先王之道，以待后之来者，仍有所贡献于中华文化。

（三）以身殉道的坚持

孟子说自己不是那种谏君不听就悻悻然而去的小丈夫，可是有可能是他弟子的陈代怀疑他格局有点小。陈代说："见那些大的诸侯，则可以行王道，见小的也能图霸功。而且有记载说'枉尺而直寻'，看样子委屈一下自己，见诸侯而可以致王霸，屈小而伸大，这似乎应该可以值得一做呀。"孟子说："当初齐景公以招士的旌而不是以皮冠招守苑囿的小吏，小吏都不会去。孔子表彰他能守节不屈，不回应不正当的命召，说志士固守穷困，常念死无棺椁，弃沟壑而不恨；勇士轻视生命，常念战斗而死，丧其首而不顾。小吏都能如此，更何况士人？""而且说枉尺直寻，这是考虑利益。如果从利来说，难道枉寻直尺有利也要做吗？为什么要枉道而从君呢？而且自己邪曲怎么能端正别人呢？"（《孟子·滕文公下》）所以，孟子绝对不枉道从君，因为孟子的志向是以道救天下，而且孟子所说的王道也不只是统治天下，如果道被歪曲，就失去了用来救天下的道，从君之欲是没有什么价值的。

要以道救天下，必须君主乐道好善。孟子说："古之贤王好善而忘势，古之贤士何独不然？乐其道而忘人之势。故王公不致敬尽礼，则不得亟见之。见且由不得亟，而况得而臣之乎？"（《孟子·尽心上》）贤王好善，只知道善，所以尊重礼敬仁义之士，不会把自己看成君主，把贤士看成臣下。而贤士乐道，一定自尊自重，不会攀附君主的地位、权势以谋求好处。君主如果没有足够的尊敬礼遇，贤士不会去见他，更不会成为他的臣下。孟子在齐国，实际上处在宾师之位，不是齐王的臣下，齐宣王只可以来见孟子，却不能召见。所以，这时的孟子就是他自己所说的不召之臣。当时有人批评孟子不尊敬齐王，孟子就说："齐人无以仁义与王言者，岂以仁义为不美也？其心曰'是何足与言仁义也'云尔，则不敬莫大乎是。我非尧舜之道，不敢以陈于王前，故齐人莫如我敬王也。"又引曾子的话说："晋楚之富，不可及也。彼以其富，我以吾仁；彼以其爵，我以吾义，吾何慊乎哉？"（《孟子·公孙丑下》）天下公认值得尊崇的一是爵位、二是年长、三是德行。在朝廷论爵位，在乡党看年长，但是治理天下管理民众要靠德行。那些希望大有作为的君主，一定有不召之臣，如果要商量什么事情，一定是君主亲自去他那儿会见。这是因为不尊德乐道，就一定不能有所作为。像成汤和伊尹、桓公和管仲，都是先学习，然后任用为相，所以能图王图霸。"（《孟子·公孙丑下》）

孟子开导齐宣王说："治理国家要用仁义之道，不能让仁义之士放弃所学而完全听命于君主。这和要用玉匠琢玉是一个道理。"（《孟子·梁惠王下》）孟子认为，权势要接受道德的约束，道德原则高于现实政治，现实政治接受道德原则的指导。这就是儒家所谓道统应该高于政统的道理。

君主好善而忘势，尊重贤士为宾师。而贤士也一定自尊其道。孟子说："说大人，则藐之，勿视其巍巍然。堂高数仞，榱题数尺，我得志弗为也；食前方丈，侍妾数百人，我得志弗为也；般乐饮酒，驱骋田猎，后车千乘，我得志弗为也。在彼者，皆我所不为也；在我者，皆古之制也，吾何畏彼哉？"（《孟子·尽心下》）

所以孟子嘲笑那些以枉曲之道昏夜乞哀以求富贵利达，求得后又骄人于白日的人，就像是那个齐人，暗地里在东郭墦间乞讨祭者的余食，回家骄于妻妾面前。(《孟子·离娄下》)孟子希望得君行道，而不是获得富贵利达。而君只有向道才能行道，一个向道的君主不应该接受枉道干求的人。对于流传的种种曲说，孟子都进行了纠正。比如说伊尹自任以天下之重如此，不可能是枉己而正人的人，更不可能是自辱以正天下的人。伊尹是以尧舜之道要汤，不是以割烹要汤。孔子进以礼，退以义，得之不得曰有命。孔子若主痈疽与侍人瘠环，何以为孔子？以百里奚的智慧与贤能，也不可能自鬻以成其君。(《孟子·万章上》)所以在齐国时，孟子绝不讨好王的宠臣王驩，甚至在临公行子有子之丧(《孟子·离娄下》)及一同出吊于滕(《孟子·公孙丑下》)时，孟子一句话都不愿意和他说。因为所求不是富贵利达，所以孟子取予非常严，真正做到了孔子说的见得思义。孟子认为君子是不可以用金钱收买的，在齐国也没有接受俸禄。(《孟子·公孙丑下》)

孟子说："天下有道，以道殉身；天下无道，以身殉道。未闻以道殉乎人者也。"(《孟子·尽心上》)天下有道，我就以道殉身，可以出去服务，自己劳苦一点也没有关系；天下无道，实现不了建立王道政治的理想，那就独行其道。

孟子说："由尧舜至于汤五百有余岁，若禹、皋陶，则见而知之；若汤，则闻而知之。由汤至于文王五百有余岁，若伊尹、莱朱则见而知之；若文王，则闻而知之。由文王至于孔子五百有余岁，若太公望、散宜生，则见而知之；若孔子，则闻而知之。由孔子而来至于今百有余岁，去圣人之世，若此其未远也；近圣人之居，若此其甚也，然而无有乎尔，则亦无有乎尔。"(《孟子·尽心下》)孟子这段话虽然说他不敢说自己得道统之传，担忧后世会不得其传，但从中可以看出孟子传承圣人之道的使命感。程子说："孟子性善、养气之论，皆前圣所未发。"孟子完成了他的使命，他为道德生活和理想社会何以可能及如何可能所作的论证与指点永远给人以启迪。

第五章
"四书"论修身的工夫

作为修身目标的天人合一的最高境界并不在遥不可及的将来，而具体表现在当下的每一个具体的道德行为中，所以修身的工夫自然就落在了如何成就一个个道德行为上。一个行为的发生，由意志和技能促成，即为什么做和怎样去做。因此，成就德性的工夫包括纯化意志和强化能力两个方面。

纯化意志包括两个方面：一是端正整个生命的方向，也就是立志，由此确立生命的完整性，使人的生命不再是一块块碎片；二是纯化单个行为的动机，也就是辨志。强化能力也包括两个方面：一是获得对于应该做什么以及怎样去做的认知，用朱子的话说，就是广识事理之当然，稽考圣贤之成法，这是传统时代经史之学的核心目的，在当下通常的途径是诉诸道德哲学和社会科学；二是在生活实践当中不断提高行动的能力。这四个方面，有"'四子书'之阶梯"之称的《近思录》曾给出过道体、为学、致知、存养、克治等大节要目，而朱子三传史蒙卿在《果斋训语》中有更相应的概括，即把四者分别称为：尚志、居敬、穷理和反身。

"四书"篇章有的综括以上四种工夫，有的涉及其中某一方面，所以本章先讨论工夫总纲，再分别析述立志、辨志、博文、时习四种工夫。

第一节　工夫总纲

一、学思合一

纯化意志和强化能力的修身工夫在《论语》中主要表述为学思合一、笃信好学、博文约礼等，孔子又用"敬"来高度概括合本末内外的进德工夫，也就是修己以敬。

孔子告诉子路，要成为君子，就得修己以敬。修己以敬的工夫是在与他人、百姓相处的过程中展开的，故其功效自然及于他人，及于百姓，能修己，则他人、百姓自然安之、怀之、信之。[1]所以朱子认为敬的工夫乃圣门第一义，彻头彻尾，不可顷刻间断，实在是圣门之纲领、存养之要法。（《朱子语类》）

说敬是合本末内外的一贯工夫，是因为敬包含两方面的内容。首先，敬是意志的纯化。孔子说"出门如见大宾，使民如承大祭"（《论语·颜渊》），就是指恭慎、诚敬而言。其次，孔子讲"敬事而信"（《论语·学而》），"为礼不敬"（《论语·八佾》）及"行笃敬"（《论语·卫灵公》），是就认知与行为的习熟而言。所以，敬要求"内无妄思，外无妄动"而"孔门所指求仁之方，日用之间，以敬为主。不论感与未感，平日常是如此涵养，善端之发自然明著，察识存养，扩而充之，皆不难为力。造次颠沛，无时不习。心贯彻于动静语默之间，没有一息间断"（《朱子语类》）。

孔子说："志于道，据于德，依于仁，游于艺。"（《论语·述而》）

---

[1]出自《论语·宪问》。子路问君子。子曰："修己以敬。"曰："如斯而已乎？"曰："修己以安人。"曰："如斯而已乎？"曰："修己以安百姓。修己以安百姓，尧舜其犹病诸！"

立志向道是成德工夫的开始。这里的道当然是仁道，就是立志成为一个有德行的人。志一立，就会有点点滴滴的符合道德的行为，这些行为就是强化执行能力的经验积累的工夫。依于仁其实是行为的意志指向道德法则，这是在每一个行为上辨志的工夫。游艺是通过诗书六艺之文等的讲习获取行动的力量。所以这十二个字其实是孔门求仁之学的学思合一工夫的极其简明扼要的概括。

所谓学思合一，就是孔子说的"学而不思则罔，思而不学则殆"（《论语·为政》）。

这里的学，朱子解释为习其事，就是在经典学习及生活中积累道德认知，强化行动能力。主要有两个途径：一是博学于《诗》《书》六艺之文，就是通过认识前贤往行来增加对道德法则的根据、道德规范的内容等问题的认知。如孔子说博学于文，又说弟子"行有余力，则以学文"[1]。这里的文，东汉马融认为是古之遗文，郑玄说是道艺，清代刘宝楠认为郑玄说的艺指礼乐射驭书数六艺，其实意思都是相通的。孔子又以"食无求饱，居无求安，敏于事而慎于言，就有道而正焉"（《论语·学而》）为好学，以颜回不迁怒、不贰过为好学[2]，这都是以平时的生活实践为学。

思，朱子解释为求诸心，指道德意志的纯化，也包括两个部分。一是生命的自我反思，但孔子说"终日不食，终夜不寝，以思，无益，不

---

[1] 出自《论语·学而》。子曰："弟子入则孝，出则弟，谨而信，泛爱众，而亲仁。行有余力，则以学文。"

[2] 出自《论语·雍也》。哀公问："弟子孰为好学？"孔子对曰："有颜回者好学，不迁怒，不贰过。不幸短命死矣！今也则亡，未闻好学者也。"《论语·先进》也有记载。季康子问："弟子孰为好学？"孔子对曰："有颜回者好学，不幸短命死矣！今也则亡。"

如学"(《论语·卫灵公》),意思是,如果只是作生命的自我反观,即使废寝忘食,对进德也不会有什么益处。另一是在实践中让意志指向道德法则。孔子说:"君子有九思:视思明,听思聪,色思温,貌思恭,言思忠,事思敬,疑思问,忿思难,见得思义。"(《论语·季氏》)意思是,君子无时无刻不躬自省察,视则期于明无不见,听则期于聪无不闻,表现于面色则期于温婉,发抒于四体则期于恭敬,疑则思问而期于不蓄积,思难则忿必惩,思义则不苟得。

所以,学思合一是说,如果只有道德认知的积累而没有道德意志的纯化,则所谓认知始终只是外在的,并没有真正变成自己生命的一部分,不是真知,所以在实践中依然会感到迷惘。如果只是认识、了解到恭、慎、勇、直等的确是美德,在实行中却不接受道德规范的指引以纯化道德意志,则不免有徒劳、畏惧、狂乱、急切之蔽。[1]另一方面,如果只是反思自我生命而不见诸实际行动,或者虽然见诸实际行动而不稽考圣贤之成法,广识事理之当然,则可能无知妄作,因此难免危殆不安。孔子对子路说,如果只是将意志指向仁、知、信、直、勇、刚等德性,而不学以明其理,习以熟其事,则有流于愚、荡、贼、绞、乱、狂诸蔽的危险。[2]

与学思合一相应,孔子还教人以博文约礼的进德工夫。孔子说:"君子博学于文,约之以礼,亦可以弗畔矣夫!"(《论语·雍也》)博文就是广泛积累认知,获得经验的工夫;因为礼是道德法则的体现,所

---

[1]出自《论语·泰伯》。子曰:"恭而无礼则劳,慎而无礼则葸,勇而无礼则乱,直而无礼则绞。君子笃于亲,则民兴于仁;故旧不遗,则民不偷。"
[2]出自《论语·阳货》。子曰:"由也,女闻六言六蔽矣乎?"对曰:"未也。""居!吾语女。好仁不好学,其蔽也愚;好知不好学,其蔽也荡;好信不好学,其蔽也贼;好直不好学,其蔽也绞;好勇不好学,其蔽也乱;好刚不好学,其蔽也狂。"

以约礼就是在日常生活中让自己的意志始终指向道德法则。颜回也是用"博我以文,约我以礼"来赞叹孔子。

总而言之,学思合一实际上就是在行为上纯化意志,这一工夫,《大学》表述为格物致知,《中庸》表述为致中和,也就是孟子说的反身而诚,强恕而行(《孟子·尽心上》)。

二、格物致知

《大学》第一章,从"大学之道,在明明德,在亲民,在止于至善"到"此谓知本,此谓知之至也"这一段,主要是讲大学的宗旨和工夫次第。

> 大学之道,在明明德,在亲民,在止于至善。
>
> 知止而后有定,定而后能静,静而后能安,安而后能虑,虑而后能得。物有本末,事有终始,知所先后,则近道矣。
>
> 古之欲明明德于天下者,先治其国。欲治其国者,先齐其家。欲齐其家者,先修其身。欲修其身者,先正其心。欲正其心者,先诚其意。欲诚其意者,先致其知。致知在格物。物格而后知至,知至而后意诚,意诚而后心正,心正而后身修,身修而后家齐,家齐而后国治,国治而后天下平。
>
> 自天子以至于庶人,壹是皆以修身为本。其本乱而末治者,否矣;其所厚者薄而其所薄者厚,未之有也。此谓知本,此谓知之至也。

这一段语义连贯,不容分割,其主旨是明明德于天下以修身为本。朱子认为《大学》有经有传,从"大学之道"到"未之有也"为经,把最后一句划为传之五章，以"此谓知本"为衍文，"此谓知之至也"只是解释"格物致知之义"一段文字的结语，前面有缺文，补了128字，就是学术思想史上著名的"格物补传"。

最先用三事来说大学之道的是孔颖达。朱子以明明德、新民、止至善三者为大学之纲领，以格物、致知、诚意、正心、修身、齐家、治国、平天下八者为大学之条目。随着《大学章句》的影响逐渐扩大，三纲领八条目的说法广泛流行开来。

理解这段话，有两点需要注意，一是止于至善与知止不能割裂，二是对大学含义的认识。从"知止而后有定"一直到"知所先后，则近道矣"，是说大学工夫的先后本末。物有本末的物，是主体之外的对象，也就是身、家、国、天下，格物的物不能在此之外寻解释。事有终始的事，指主体行为，也就是格致诚正修齐治平。所谓知所先后，一是从知止到能得，明体在先，达用在后；二是下文详细展开的从格物到平天下，这是工夫次第的先后。

大学作为大人之学，其目的在于成就以天地万物为一体的大人。能以天地万物为一体的人，就是明德彰显于天下的人，反过来说，人能不间断地彰显其内在的明德于家、于国、于天下，就能真正成为以天地万物为一体的大人。所以说大学之道在明明德，就是说成为大人的学问的途径在明明德，通过明明德的工夫，才能成为大人，才能真正实现以天地万物为一体。这个思想的来源是孔子的"克己复礼为仁，一日克己复礼，则天下归仁焉"（《论语·颜渊》），天下归仁是归天下于我之仁的意思，是说能仁即能与天地万物为一体，以我的仁心觉润、感通天地万物，所以孔子接着说"为仁由己，而由人乎哉"。朱子用"天下之人皆与其仁，极言其效之甚速而至大"来解释天下归仁，似乎与为人由己不协。（《孟子集注》）归天下于我之仁，实际上就是与天下人相亲相近之意，亲亲而仁民，这就是大学之道在亲民之意。大学之道为什么又在止于至善？至善就是绝对的善，也就是康德说的善的意志，明明德的关键在止于至善，也就是把行为的意志真实地指向善，王阳明说"至善是心之本体，只是明明德到至精至一处便是"(《传习录》)，确实是对《大学》"在止于至善"最恰当的解释。《大学》开篇表达的正是孔门学思合一的修身工夫。

《大学》的明德，历来诠释多有不同，郑玄以至德解释明德，孔颖达认为明德就是光明之德。朱熹则认为明德是"人之所得乎天，而虚灵不昧，以具众理而应万事者""但为气禀所拘，人欲所蔽，则有时而昏；然其本体之明，则有未尝息者。"(《大学章句》) 朱熹从四个方面来规定明德：一是得于天，这是说明德具有普遍性和绝对性；二是虚灵不昧，这是说明德没有为后天的因素所染污；三是具众理，这指的是明德的道德性；四是应万事，这指的是明德的实践性。明明德就是使明德不受拘蔽，常保持其本然之明。王阳明则谓明德即仁，就是人之与天地万物为一体而没有人己之分、物我之间的本然之性。王阳明认为不管大人小人，其本然之性都是以天地万物为一体的，大人之学，只是去其私欲之蔽，以自明其明德，复其天地万物一体之本然，并不是于本体之外有所增益。(《大学问》)

从《大学》的文本脉络看。第一，就明德与天的关系说，《大学》认为明德乃天之所命，故为人人所同具。第二，就明德与心的关系说，明德具于心，如果心不拘于气禀，不蔽于物欲，则所发之意念皆为合理而无不正，如此则明德得到显明。第三，就明德与诸德性的关系说，明德是诸德性的总称，诸德性是明德在不同人伦关系中的表现。所以，明德是从外在表现说孔子所把握到的天命于每一个人的仁，明明德就是《论语》的为仁、求仁。

亲民，朱子根据程子之意，认为应该作"新民"。把新解释为革其旧之谓，就是说在自明其明德之后，又推以及人，使之亦有以去其旧染之污。这是教化民众的思想。作亲民，从文义上推没有什么道理；作新民，在传文上能找到证据。王阳明反对朱子的讲法，认为后文讲治国平天下的章节，并没有任何文字可以看作解释革新其民的，"如保赤子"之类，都是养民之义。所以王阳明认为亲民，就是孟子说的亲亲而仁民，亲民即仁民。明明德、亲民就是孔子说的修己以敬，修己以安百姓。作"亲民"，兼教、养义，作"新民"，意思就偏了。(《传习录》)从《大学》的文本看，其后文确实没有教化民众的意思。王阳明以爱民而养民、教民来解释亲民，也是从明体达用来说。就体用不二的观点看，把亲民解释为亲近于民，与民相亲，也许更恰当些。

改"亲民"为"新民"，朱子认为明明德于天下就是使天下人都有以明其明德。从应然和文本的角度，我们不采用朱子的解释。《大学》说"古之"，其依据是《尧典》"曰若稽古帝尧，曰放勋，钦明文思安安，允恭克让，光被四表，格于上下。克明俊德，以亲九族。九族既睦，平章百姓。百姓昭明，协和万邦。黎民于变时雍"(《尚书·尧典》)一段，所以孔颖达解释为"章明己之明德使遍于天下"(《礼记正义》)，是非常正确的。这与孔子"君子之德风，小人之德草，草上之风必偃"(《论语·颜渊》)的思想完全一致。

《大学》说"自天子以至于庶人，壹是皆以修身为本"，可见《大学》并不是写给天子的教科书，而是为天下人修身写的，人能修身，明德得到彰显，彰显于家则家齐；彰显于国，国人推以为君，于是国治；彰显于天下，天下人推以为天子，于是天下平。这是对孔子天下为公以及无为而治的德治思想的出色发挥。从这个解释出发，我们把《大学》的工夫次第重述如下。

明明德于天下，就是章明己德使遍于天下，己德章明于天下，天下人风从影响，也章明其德。治国、齐家也是如此。章明己之明德就是修身，修身就是由德行来显现德性。德行，简单地说，就是道德的行为，也就是事有终始的事。道德的行为基于道德的意志，一个纯粹由道德意志决定的行为才是一个有道德价值的行为。人要不间断地始终以道德意志作为行为的根据，就是心始终只根据道德法则而动，用《大学》的话说，也就是正心。所谓心始终仅仅根据道德法则行动，就是要排除道德法则之外的意志的干扰，把行为的意志真实地指向道德法则，这就是诚意。意志要能始终真实地指向道德法则，就要不断地拓展人的道德意识与道德知觉，这就是致知。人的道德意识与道德知觉的提升，需要在实践中反反复复在每一个行为上求正当，这就是格物。这正如挑担，从能挑二十斤一点点地加，力气越来越大，最后能挑一二百斤。《大学》说："物格而后知至，知至而后意诚，意诚而后心正，心正而后身修，身修而后家齐，家齐而后国治，国治而后天下平。"意思是人在每一件事上都能努力尽力去求正当，人的道德意识与道德知觉就能不断得到拓展。人的道德意识与道德知觉不断拓展，则其行为的意志就能排除道德法则之外的意志的干扰。人行为的意志排除了非道德意志的干扰，则其心能始终仅仅根据道德法则行动。

《大学》首章的主旨是讲明明德于天下以修身为本，其顺序是：物格而后知至，知至而后意诚，意诚而后心正，心正而后身修，身修而后家齐，家齐而后国治，国治而后天下平。平天下从格物致知开始。但在第一章之后，《礼记》本《大学》直接是"所谓诚其意者"这一章，朱子说："此经之序，自诚意以下，其义明而传悉矣，独其所谓格物致知者，字义不明而传复阙焉，且为最初用力之地，而无复上文语绪之可寻也。"（《四书或问》）朱子以为成德工夫最初要在格物致知上用力，从原文脉络

第五章　"四书"论修身的工夫

看，这当然没有问题，但是致知在格物，物格而后知至究竟如何理解，在学术思想史上有很多争论，成为讨论成德工夫的一个关键点。

首先我们来看郑玄、孔颖达对"致知在格物"的诠释。郑玄把格解释为来，把物解释为事，致知在格物，意思是人知于善深则来善物，知于恶深则来恶物。孔颖达认为：致知在格物者，言若能学习招致所知，已有所知，则能在于来物。若知善深则来善物，知恶深则来恶物。言善事随人行善而来应之，恶事随人行恶亦来应之。言善恶之来缘人所好也。（《礼记正义》）这一解释的特点是以物为事，也就是人的行为，而不是外在的物体；知是知善知恶，不是对事实的认知。这是非常有见解的，问题是格物与致知的关系被颠倒了，本来《大学》说物格而后知至，按照郑玄、孔颖达的解释，就变成知至而后物格了，所以郑玄认为"致知在格物"的"致"可能也应该为"至"。

郑玄、孔颖达认为知善知恶而后才有善行恶行，问题是：知行之间是先后关系吗？如果是先后关系，那么行善行恶前的知善知恶是如何可能的？

程伊川同意知而后行，认为不先知天下之理就不能勉力按照天下之理去做。所以《大学》先致知而后诚意，不能颠倒顺序。没有圣人的聪明睿智而只想勉强践其行事之迹，不可能动容周旋中礼。能致其知则思益明，至于久而后有觉，《尚书》所谓"思曰睿睿作圣"、董子所谓"勉强学问则闻见博而知益明"，说的就是这个道理。人见得理明，就能不待勉强，自然乐于根据理去行动。人性本无不善，本来并不难按照道德法则行动，但如果对道德法则认识不深，只是强力去做，一定感到苦难而不觉得快乐。如果知道不能做不善的事还去做，就不是真知。

致知又在格物，所谓格物，就是穷究物理。凡有一物必有一理，穷而致之。所谓穷究物理，指物之所以然之理。说天我知其高，地我

179

知其深，鬼神我知其幽显，都是对已然的描述，并不是穷理。穷理是要知其所以然，比如欲为孝，则当知所以为孝之道，如何而为奉养之宜，如何而为温清之节，莫不穷究而后能，非独守着一个孝字就可以。

格物也不是只有一种办法，途径很多：可以通过读书讲明道义，也可以通过讨论古今人物而辨别其所做的是是非非，还可以通过待人接物而处理得当，等等。今日格一物，明日格一物，积累多了，脱然有贯通处。自一身之中以至万物之理，理会得多，豁然有觉。

伊川甚至认为穷理固然应当求与修身关系密切的情性之理，但一草一木也都有理，不可不察。当然致知的关键是应当知道至善之所在，如父止于慈，子止于孝之类，不能泛然以观万物之理。格物重要的是要察之于身，不是要穷尽天下之物，于一事上穷尽，其他可以类推。如果一事上穷不得，就先别穷一事。或先其易，或先其难，随人浅深，譬如千蹊万径都可以到达，只要得一道而入，则其余可以类推。

朱子就把程子的这些思想，凝练成《大学章句》的格物补传，原文说："所谓致知在格物者，言欲致吾之知，在即物而穷其理也。盖人心之灵莫不有知，而天下之物莫不有理，惟于理有未穷，故其知有不尽也。是以大学始教，必使学者即凡天下之物，莫不因其已知之理而益穷之，以求至乎其极。至于用力之久，而一旦豁然贯通焉，则众物之表里精粗无不到，而吾心之全体大用无不明矣。此谓物格，此谓知之至也。"

程朱把致知在格物理解为即物而穷其理，心虚灵而能觉，觉知此理而后能行此理。王阳明依照朱学指示做工夫，一直不得其门而入，三十七岁时在谪居地贵州龙场，大悟格物致知之旨，认为"圣人之道吾性自足，向之求理于事物者误也"（《王阳明年谱》）。

王阳明认为程朱解格物为格天下之物，天下之物如何格得？一草一

第五章 "四书"论修身的工夫

木亦皆有理，今如何去格？纵格得草木来，如何反来诚得自家意？所以他把致知在格物理解为致吾心之良知于事事物物。吾心之良知即所谓天理，致吾心良知之天理于事事物物，则事事物物皆得其理。致知就是致吾心之良知，格物就是事事物物皆得其理。王阳明认为格是正的意思，与孟子说的"惟大人能格君心之非"中"格"的意思相同，格君心之非就是正君心，使其由不正而归于正。物其实是事，这也是原来郑玄已有的解释。格物，就是正事，就是在每一个行为上求正当。从训诂上说，王阳明的解释是有根据的。王阳明认为《大学》中修身的身，即耳目口鼻四肢，能视听言动。要修身，就要目非礼勿视，耳非礼勿听，口非礼勿言，四肢非礼勿动。但耳目口鼻四肢不能自作主宰，这里工夫用不上。心是身之主宰，要修身，就要体当自家心体，令心廓然大公，没有丝毫不正。所以修身在正心。但至善是心之本体，如今要正心，本体上也无工夫可做，只有就心之发动处着力。意为心之所发，不善不能免，就此处着力，便是在诚意，如一念发在好善上，便实实落落去好善；一念发在恶恶上，便实实落落去恶恶。意之所发既无不诚，则心不会不正。所以欲正其心在诚其意。诚意之本，又在于致知。致知的知，是人所不知而己所独知的知，是吾心的良知。知得善，却不依这个良知去做，知得不善，却不依这个良知不去做，是良知被遮蔽，被遮蔽便不能致，不能扩充到底，那么虽知好善，却不能着实好；虽知恶恶，不能着实恶，这便是意不诚。所以致知是意诚之本。良知要不被遮蔽，需要在实事上不断训练。如意在于为善，便就这件事上去为；意在于去恶，便就这件事上不为。去恶固然是格不正以归于正，为善则不善正了，亦是格不正以归于正。如此则良知得以致其极，而意之所发，好善去恶，无有不诚。所以诚意工夫的实下手处在格物。(《传习录注疏》)

以上三种对致知在格物、物格而后知至的典型理解，朱子的解释最接近常识，也最流行。可是，如果朱子经传分合有道理，那么在"所谓致知在格物者"的下一章，就应该解释"所谓诚其意在致其知者"，可即便我们依照朱子的改本，"所谓诚其意者"这一章，完全与致知无关，而是以慎独作为诚意的工夫。

"所谓诚其意者"章共五节。第一节讲诚意之要在慎独。《大学》说："所谓诚其意者，毋自欺也，如恶恶臭，如好好色，此之谓自谦，故君子必慎其独也。小人闲居为不善，无所不至，见君子而后厌然，掩其不善而著其善，人之视己，如见其肺肝然，则何益矣？此谓诚于中形于外，故君子必慎其独也。曾子曰：'十目所视，十手所指，其严乎？富润屋，德润身，心广体胖。'故君子必诚其意。"

这一段解释，诚意就是不自欺。诚是真实的意思，不自欺就是要如同一个人好好色是真好，恶恶臭是真恶一样，没有作伪的成分，自谦就是自己感到快乐，感到满足，感到满意，不是为了别人。接下来《大学》举君子小人为例子。小人闲居为不善，但见君子后也能做出有道德的行为，君子也会根据这些行为判断他是把意志指向了善，因为君子并不能知道小人真实的意志到底指向哪里，也不能诛心说小人道德的行为是出自非道德的意志。小人见君子著其善，这是喻于利，他怕君子知道他是小人，但是这只有他自己知道。所以诚意的关键在慎独，所谓慎独，就是仔细辨明他人不知己所独知的自己行为发生的意志是否包含有非道德的意志，是否真正地把行为发生的意志纯粹地指向了道德法则，而不是主观准则。为加深理解，可以再举一些例子。

好学尊师是学生基本的道德规范。有这样一个学生，在课程进行当中，他总是非常认真地向老师请教，也非常尊敬老师。老师据此对他的操行给出评价，认为他是一个好学尊师的好学生。但实际上，产生上述行为的意志只是有关于保研、出国的计划，对成绩有要求，他知道这样做能获得好成绩。所以这个学生的行为都是符合学生应该遵守的道德法则的，但是显然他不是出于对这些学生道德法则的尊重而做出这些行为的，看起来符合道德法则的意志并不是他的真实的意志，他真实的意志指向的是功利性的主观准则。这就叫自欺。但是他人并不知道这个学生如此行动的真实意志，那么这个学生就要慎独，仔细辨明自己的意志是为出国、保研而好学尊师，还是因为认为好学尊师是学生的道德规范而好学尊师。排除非道德的意志对行为的干扰，才能让自己的意志真实地指向道德法则。显然，这就是成德工夫中的纯化意志的工夫，也就是《论语》中提到的喻于义与喻于利的分辨。

我们以某个学生为例来了解所谓诚意的实际所指，可以类推到教书做工、为官经商的人，大家都有纯化意志的问题。教师爱学生广学识，商人童叟无欺，这些都是符合道德法则的行动，但是他们何以如此行动，就存在诚意的工夫。

《大学》首章说欲诚其意先致其知，致知在格物。所以这一章的第二节其实就是讲格物致知，那就是道学、自修，也就是《中庸》说的学问思辨的工夫。第二节先引《诗·卫风·淇澳》，说："瞻彼淇澳，绿竹猗猗。有斐君子，如切如磋，如琢如磨。瑟兮僩兮，赫兮喧兮。有斐君子，终不可谖兮。"君子通过道学、自修，有文章威仪、盛德至善表现在外，为民所不能忘。所以不能忘，是因为其能亲亲贤贤又能与民同乐利。

接着第二节的道学、自修，第三节说自明与自新的工夫不能间断。先引《康诰》的"克明德"，《大甲》的"顾諟天之明命"，《尧典》的"克明峻德"，意思是诚意是自谦，明明德也是自明其明德。接着引汤之《盘铭》"苟日新，日日新，又日新"和《康诰》"作新民"以及《诗·大雅·文王》"周虽旧邦，其命惟新"的话，强调诚其意以自明其德的工夫除了尽心尽力去做之外没有别的途径。

第四节就接着说如何去做。先引"邦畿千里，惟民所止""缗蛮黄鸟，止于丘隅""穆穆文王，于缉熙敬止"三段诗。最后一诗的解释是典型的望文生义，"敬止"的止与"惟民所止""止于丘隅"的止意思完全不一样，只是一个语气词，这是那时用《诗经》的典型做法，无关紧要。这一节主要是接着上节尽心尽力去做说的，尽心尽力去做止于仁、止于敬、止于孝、止于慈、止于信的事。

最后一节引孔子的话，"听讼，吾犹人也，必也使无讼乎！"意思是君子诚意则能使民也能各诚其意，没有情实就不敢贸然兴讼。强调诚意是修身之本。

王阳明提出，《大学》工夫即明明德；明明德只是个诚意；诚意的工夫只是格物致知。若以诚意为主，去用格物致知的工夫，即工夫始有下落，即为善去恶无非是诚意的事。先去穷格事物之理，即茫茫荡荡，都无着落处；须用添个"敬"字方才牵扯得向身心上来。然终是没根源。若须用添个"敬"字，缘何孔门倒将一个最紧要的字落了，直待千余年后要人来补出？正谓以诚意为主，即不须添"敬"字，所以提出个诚意来说，正是学问的大头脑处。于此不察，真所谓毫厘之差，千里之谬。大抵《中庸》工夫只是诚身，诚身之极便是至诚；《大学》工夫只是诚意，诚意之极便是至善：工夫总是一般。说这里补个"敬"字，那里补个"诚"字，未免画蛇添足。(《传习录注疏》)王阳明的这个看法是对儒家成德工夫非常重要的一个说明。但是，按照王阳明的见解，心体至善，心体上并无工夫可做，那么《大学》说"修身在正其心"又如何解释？

所谓身修是指一个人能遵循道德法则行动，心不正则行动不能如理，所以《大学》说修身的工夫在正心。人如果受愤怒、恐惧、好乐、忧患等情绪的影响，则行动又会受这些情绪的牵引而违反正理。《大学》说："所谓修身在正其心者，身有所忿懥，则不得其正；有所恐惧，则不得其正；有所好乐，则不得其正；有所忧患，则不得其正。心不在焉，视而不见，听而不闻，食而不知其味。此谓修身在正其心。"《大学》原文容易引起误解，因为人心本来就要应对事物，在应对过程中，便不能没有忿懥、恐惧、好乐和忧患等情感，如果以为有喜怒忧惧等情感心便不得其正，那不是心只有像槁木死灰那样才可以得其正吗？

朱子的解释立足其对于心的理解。朱子推崇张载"心统性情"的观点。心之本然湛然虚明，如鉴空，如衡平，这是心之体，也就是性，就是未发之中。感于物而动，于是有喜怒忧惧之情，这是心之用。如果所应中节，就是已发之和。所以朱子的正心工夫就是静时存养，动时省察。对于"不得其正"一段，朱子注释说：忿懥、恐惧、好乐和忧患四者，皆心之用，而人所不能无者。然一有之而不能察，则欲动情胜，而其用之所行或不能不失其正矣。对于"心不在焉"一段，朱子注释说：心有不存，则无以检其身，是以君子必察乎此而敬以直之，然后此心常存而身无不修也。

王阳明也说：人心不可能没有忿懥这四者，但是不能着一分意思在上面。也就是在当喜当怒的意志之外添加了别的意志，就不是纯粹的道德意志了。《大学》说"身有所忿懥"等，"身"不能改成"心"，也就是说忿懥等情感是因身而起，用王阳明的话说，心是从躯壳起念，是动于气，是在当忿懥之理外着了意思在上面，所以便不得其正。所谓当忿懥等，心体廓然大公，当怒则怒，当喜则喜，当忧则忧，当惧则惧，物来顺应，只要不着一分意思在上面，便不会不得其本体之正。

王阳明又打了一个比方，说：心体上着不得一念留滞，就如眼着不得些许尘沙。这一念不但是私念，便好的念头，亦着不得。如眼中放些金玉屑，眼亦开不得了。如果心体至善，心体上并无工夫可做，那么《大学》说"修身在正其心"又当如何解释？这其实是王阳明的弟子已经发觉的问题。

　　守衡问："《大学》工夫只是诚意，诚意工夫只是格物。修齐治平，只诚意尽矣。又有正心之功，有所忿懥好乐，则不得其正，何也？"先生曰："此要自思得之，知此则知未发之中矣。"守衡再三请。曰："为学工夫有浅深。初时若不着实用意去好善恶恶，如何能为善去恶？这着实用意便是诚意。然不知心之本体原无一物，一向着意去好善恶恶，便又多了这分意思，便不是廓然大公。《书》所谓无有作好作恶，方是本体。所以说'有所忿懥好乐，则不得其正'。正心只是诚意工夫里面体当自家心体，常要鉴空衡平，这便是未发之中。"（《传习录注疏》）

王阳明的解释意思非常清楚，就是认为诚意是着实用意去好善恶恶，正心是体当自家心体，常要鉴空衡平，好善恶恶之念也不再有，这是从好善恶恶到不作好恶。

以上是对《大学》所指点的在行为上纯化意志的修身工夫的详细阐释。

三、致中致和

《中庸》说："是故君子戒慎乎其所不睹，恐惧乎其所不闻。莫见乎隐，莫显乎微，故君子慎其独也。"《大学》举小人闲居为例，说诚意之要在慎独，则人很容易把慎独的独理解为独处。《中庸》用不睹不闻及隐微来描述独,这里的独为人所不知己所独知的意念的含义就非常清楚了。人的意念尚未发为行为和言语,则不为人所目睹、所耳闻,虽然没有显现,但并不是没有,对于人自己来说,意念恰恰是最为明显的东西。这样,《中庸》非常深刻地阐释了成德过程中的纯化意志的诚意慎独工夫。所谓慎独,就是仔细辨明他人不知己所独知的自己行为发生的意志是否包含有非道德的意志,是否真正地把行为发生的意志纯粹地指向了道德法则,而不是主观准则。人能慎独,则修养工夫就从不间断。

《中庸》说:"喜怒哀乐之未发谓之中,发而皆中节谓之和。中也者,天下之大本也;和也者,天下之达道也。致中和,天地位焉,万物育焉。"

王阳明说:"戒慎乎其所不睹,恐惧乎其所不闻,微之显,诚之不可掩也。修道之功若是其无间,诚之也夫!然后喜怒哀乐之未发谓之中,发而皆中节谓之和,道修而性复矣。致中和,则大本立而达道行,知天地之化育矣。非至诚尽性,其孰能与于此哉!是修道之极功也。"(《修道说》)

从程伊川与张载门人吕与叔、苏季明讨论中和之后,中和就成为程门如杨时等工夫论的核心问题。杨时传罗从彦,罗从彦传李侗,而朱子问学于李侗,与湖湘学派的张栻反复辩论中和问题。最后用静时涵养,动时察识而以敬贯动静来解说这一节。

朱子《章句》说:"自戒惧而约之,以至于至静之中,无少偏倚,而其守不失,则极其中而天地位矣。自谨独而精之,以至于应物之处,无少差谬,而无适不然,则极其和而万物育矣。"(《中庸章句》)朱子在这里把戒慎恐惧和慎独分作两截,戒惧是至静时涵养的工夫,慎独是应物时察识的工夫,君子之心常存敬畏以存天理之本然。

《中庸》这一节原本是接着慎独说的。而慎独关联的是诚意,如果依朱子说，则变成了欲诚其意者，先正其心了，显然与《大学》相违背。王阳明的解释则没有这个问题。

弟子陆澄问象山在人情事变上做工夫之说，王阳明回答说："除了人情事变，则无事矣。喜怒哀乐非人情乎？自视听言动，以至富贵贫贱、患难死生，皆事变也。事变亦只在人情里。其要只在致中和；致中和只在谨独。"（《传习录注疏》）又说："圣人亦只是至诚无息而已，其工夫只是时习。时习之要，只是谨独，谨独即是致良知。"（《与黄勉之（二）》）时习的"时"是时时之义，指成德工夫的不能间断而言。在王阳明看来，中和是修道的最高功效，能到中和，就能位天地，育万物。但致中和不是慎独之外的别样工夫，致中和只在谨独，谨独即致良知。所以，依王阳明说，《中庸》这一节与《大学》欲诚其意者先致其知吻合。

《中庸》开篇从本源上对人为什么能修身，为什么要修身以及如何修身给出极其简要精当的阐释。从第二章以下，《中庸》就对修身工夫进行详细的说明。

《中庸》第二章接着第一章君子行戒慎恐惧工夫而到中和位育之境，说这样至高的德性其实就是君子的中庸之德。这一章是引孔子的话，说："君子中庸，小人反中庸。君子之中庸也，君子而时中；小人之中庸也，小人而无忌惮也。"时中是无时不中的意思，也就是《论语》说的"君子无终食之间违仁，造次必于是，颠沛必于是"。第一章说戒慎恐惧，于不睹不闻时都能戒慎恐惧，自然就无时不中。无时不中，就是用中为常，庸就是平常、恒常之意，所以说君子中庸。"小人之中庸"应该是"小人之反中庸"，缺了一个"反"字。小人无忌惮，不能戒慎恐惧，不能慎独，所以不能用中为常，不能恒常地持守中道。无时不中当然非常不容易，所以第三章接着引孔子的话说："中庸其至矣乎！民鲜能久矣"；第四章引孔子的话，说中庸之道民鲜能久是因为智愚贤不肖的或过或不及；第五章用孔子"道之不行矣夫"的慨叹结束前面几章，开启下面几章如何行道的说明。

朱子说："此篇大旨，以知仁勇三达德为入道之门。故于篇首，即以大舜、颜渊、子路之事明之。舜，知也；颜渊，仁也；子路，勇也：三者废其一，则无以造道而成德矣。"(《中庸章句》)《中庸》的第六章到第十一章，就举具体历史人物的事迹为例，来说明行中庸之道的知、仁、勇的工夫。

《中庸》的第六章和第七章从正反两面讲知的工夫。第六章说舜是大知之人。如何才是知？这就是工夫。要成德，绝对不能予智自雄，自作聪明，这样就一定能好问，能取别人之善以为己善。所以孟子说："大舜有大焉，善与人同。舍己从人，乐取于人以为善。耕、稼、陶、渔以至为帝，无非取于人者。取诸人以为善，是与人为善者也。故君子莫大乎与人为善。"(《孟子·公孙丑上》)又说："舜之居深山之中，与木石居，与鹿豕游，其所以异于深山之野人者几希。及其闻一善言，见一善行，若决江河，沛然莫之能御。"(《孟子·尽心上》)孟子主张省察日常生活中的浅近之言，对于那些未必好的言论不去张扬它的过失，对于那些好的言论就加以宣扬传播，那么没有人不愿意尽量把自己觉得好的意见和建议告诉他，这样的人怎么会没有大智慧呢？所以孟子把好善作为政治人物的最重要的品德，有这种品德，治天下都绰绰有余。(《孟子·告子下》)因为能把善与人同的无私之德转化为治天下的实践，就一定不以自己的意见为意见，一定是权衡大多数民众的意见，执两用中，不走极端。孔子说："我有知乎哉？我无知也。有鄙夫问于我，空空如也，我扣其两端而竭焉。"(《论语·子罕》)执两用中是自己没有主观成见的结果。相反，那些认为自己有智慧、很聪明的人，不可避免会陷入非常糟糕的境地，驱而纳诸罟擭陷阱之中而莫之知辟，即使择乎中庸也不能期月守。

第八章说颜回其实是仁且知，所以孟子说颜回与孔子相比，是具体而微。颜回能择中庸，这是知；得一善则拳拳服膺而弗失，行为的意志指向善而不离开，这是仁。《中庸》后文说："力行近乎仁。"

第九到十一章讲要行道的第三种工夫，那就是勇。能把天下国家分给别人，能辞掉爵禄，能冒死犯难践蹈白刃，都算得上有勇。但中庸是无时不中，需要的是死而后已的弘毅，所以能做前面三件事，未必行得了中庸之道。要行中庸之道，必须和易而不随俗，立场端正而无所偏袒。在国家得到有效治理时，一定能以德行而出仕，出仕后能够不改变没有通显时的操守；在国家没有得到有效治理时，也能够终身保持自己的节操。只有这样的勇、这样的强，才能使人卓然有以自立。深求隐僻之理而过为诡异之行，有可能被当时及后世之人称述，但偏离了和易的常道，完全不是勇。能遵道而行，但半途而废，也不是勇。只是遵循中正恒常的大道，即使不被当世所有的人理解也不会感到后悔，这才是圣人行中庸的大勇。

以上是对《中庸》第二章到第十一章内容的诠释。这十章内容，开始用无时不中的中庸之德接续首章的戒慎恐惧、慎独的工夫和中和位育，接着讲中庸之道所以难行，最后用具体人物事迹指点行中庸之道的知、仁、勇的工夫。知、仁、勇即持续不断地在行为上纯化意志，仁关涉意志纯化，知关涉行动能力，而勇指强行不倦。生而知之，安而行之，是心之仁；学而知之，利而行之，乃心之知；困而知之，勉强而行之，为心之勇。所以修身工夫在于心之仁、知、勇发用。我不同意以生知安行、学知利行及困知勉行为三个不同层次的解释，而采取一心的三个面向的解释，无论其人何等资质，都必须经由心的三个面向的发用而成德。

四、反身强恕

孔子讲克己复礼天下归仁、忠信徙义;《大学》讲格致诚正修齐治平;《中庸》讲明善诚身,中和位育,诚意慎独终至于无声无臭。孟子说:"居下位而不获于上,民不可得而治也。获于上有道;不信于友,弗获于上矣;信于友有道:事亲弗悦,弗信于友矣;悦亲有道:反身不诚,不悦于亲矣;诚身有道:不明乎善,不诚其身矣。是故诚者,天之道也;思诚者,人之道也。至诚而不动者,未之有也;不诚,未有能动者也。"(《孟子·离娄上》)宋儒认为这一章可见孔子、曾子、子思、孟子相传无异道,而明善诚身实传道之要诀。明善即致知,诚身即诚意。这一章与《中庸》文句语义多所相同。以诚为天道的内容,人以合天道为使命、为目的、为最高最后的境界,而境界即在工夫当中,这就是明善诚身,诚身的关键是诚其意,诚身在悦亲、信友、获上的过程中得以完成。诚身之极便是至诚,即与天道合一,就能动,也就是《中庸》讲的诚则形,形则明,明则著,著则变,变则动,动则化。

人为什么能与天合一?因为天人本来是一,天创造万物,人也创造万物。所以孟子说:"万物皆备于我矣,反身而诚,乐莫大焉。强恕而行,求仁莫近焉。"(《孟子·尽心上》)万物如何备于我?我如何能备万物?万物之物含事、物两义。就事,万物皆备于我,实际上指人能创造一个又一个道德行为。就物而言,物虽然多,但可分成两大类别。一是天地山川花草树木等,这些自然物的备于我,其实是我赋予它们以意义,反身而诚,就是恢复吾心以天地万物为一体的本然,撤除物与我的间隔,用道德价值去赋予天地万物以价值。正如王阳明所说:"天没有我的灵明,谁去仰他高?地没有我的灵明,谁去俯他深?鬼神没有我的灵明,谁去辨他吉凶灾祥?天地鬼神万物离去我的灵明,便没有天地鬼神万物了。"(《传习录》)二是家国天下君臣父子夫妇兄弟朋友师生这些与我关涉的人类社会中的对象也因我的诚而有。刘宗周说:"盈天地间无所谓万物,万物皆因我而名。如父便是吾之父,君便是吾之君,君父二字可推之为身外乎?然必实有孝父之心,而后成其为吾之父;实有忠君之心,而后成其为吾之君。此所谓反身而诚。才见得万物非万物,我非我,浑然一体,此身在天地间无少欠缺,何乐如之?"(《孟子师说录》)至于强恕而行,并不是反身而诚之外的另一种工夫,因为孟子说的恕,已经具有反求诸己的积极意义,强是坚强、强固,就是《中庸》说的思勉,择善而固执之,就是行恕的工夫要不懈怠、不间断,这样就能虽愚必明,虽柔必强。离开不间断的行恕求仁工夫,就不会有反身而诚的莫大的乐。

诚身以极于至诚,孟子也说为尽心知性知天。孟子说:"尽其心者,知其性也。知其性,则知天矣。存其心,养其性,所以事天也。夭寿不贰,修身以俟之,所以立命也。"(《孟子·尽心上》)人始终不间断地让仁义礼智之心发挥作用,就能真切地知道人之所以为人的真性在于其不厌不倦的道德创造性,就能真切地知道生生不息、於穆不已的天道。天之创生万物之创造性完全由心之道德的创造性来证实,天之所以为天的具体而真实的意义完全由心之道德的创造性而见。心要始终发挥作用,就必须除去心累,就需要存养,也就是要始终操持保存好仁义礼智之心,培养好人之所以为人的真性,这样就能循着於穆不已的天道的要求而不会有所违犯。不管生命的长短,也无论是富贵还是贫贱,我们都应该培养我们的德性,把仁义礼智之心贯彻于我们的行为当中,至于那些不是我们自身所能完全左右的死生存亡、吉凶祸福,我们就平静地等待着,不用去考虑。只有这样,才能真正完成天所赋予人的使命,才能真正确立所谓命运的限制的范围。

第二节　立志

道德主体的自我确证与人自身使命的确立，是修身第一义工夫。孔子说志于道，孟子说先立乎大，都指明了立志对于修身的重要性。

一、志道知命

孔子非常强调立志，认为"三军可夺帅也，匹夫不可夺志也"(《论语·子罕》)。所谓志，就是关于自己应该成为什么样的人的坚定信念。比如立志做一个仁人，则可以杀身以成仁，不会求生以害仁，生命可夺，而志仍不可夺。假如可夺，就不足以称为志。所以明代刘宗周说："志立而学半。圣人才志于学，便贯到从心所欲不逾矩。"(《论语学案》)孔子说："人无远虑，必有近忧。"(《论语·卫灵公》)志向远大，思深虑远，则能动无不善，自然无所忧患。

孔子认为道就是人所共由的路，人的所作所为都应该出于此道，这就如同没有谁进进出出可以不经过门户一样。[1]但是人所共由的路，要靠人自己去走出来，道不会说话，不会提醒人应该走哪里，应该怎样走。只要越来越多的人行得此道，就会有更多的人认识到这是使人变得崇高而有尊严的大道，从而走到这条道上来。这就是孔子说的"人能弘道，非道弘人"(《论语·卫灵公》)。因此如果我们证得了此道，我们就认识到了人之为人的崇高与尊严，就全尽了天所赋予我们的使命，即使就此死去，也没有什么遗憾。孔子说："朝闻道，夕死可矣"(《论语·里仁》)其实就是以闻道作为人毕生的使命。

以立志确认生命方向，《论语》也表述为知命。孔子说："不知

---

[1] 出自《论语·雍也》。子曰："谁能出不由户？何莫由斯道也？"

命，无以为君子也。不知礼，无以立也。不知言，无以知人也。"（《论语·尧曰》）所谓知命，就是对命令、命限的了解与认识，一个人如果不知道什么是自己应该去做的（命令），什么是自己不可强求的（命限），就没有办法成为君子。一个人如果不了解道德规范，就没有办法立身处世。而知礼，事实上是要求在日常生活当中接受礼的约束，把行为的意志指向道德法则。这就是克己复礼。知言则与博文工夫相通。

二、先立乎大

陆象山说："吾之学问与诸处异者，只是在我全无杜撰，虽千言万语，只是觉得他底，在我不曾添一些。近有议吾者，云除了先立乎其大者一句全无伎俩，吾闻之，曰诚然。"（《象山语录》）可见先立乎大的重要。先立乎大，就是分辨性与命、大体与小体，确立道德的自我，这是成德工夫的开始，就是立志。

孟子说："口之于味也，目之于色也，耳之于声也，鼻之于臭也，四肢之于安佚也，性也，有命焉，君子不谓性也。仁之于父子也，义之于君臣也，礼之于宾主也，智之于贤者也，圣人之于天道也，命也，有性焉，君子不谓命也。"（《孟子·尽心下》）

孟子认为，口目耳鼻四肢等，人生而后，有自然欲求，如口欲食美味，目欲看美色，耳欲听好音，鼻欲闻香气，身体欲安逸，这固然是人性之自然，但是关涉外在的对象，能否获得满足有客观的限制在，这是孟子说的求之有道，得之有命的在外者。在外就是在吾人性分之外，所以君子不认为这是人的本质属性而必求得到它们。父子之间要表现仁爱，君臣之间要表现忠义，宾主之间要表现礼让，贤人要表现智测，圣人要体证天道，如何表现，表现多少，都是有人的禀赋和外在条件等方面的限制的，但这是求则得之、舍则失之的在我者。在我就是在吾人性分之内，所以人不能因为其有外在限制而不去表现，不去体证。这就是性命之辨，即辨明什么是人的性分之内为我当求而能必得的，认清什么是有外在限制而不能欲其必得的。

> 公都子问曰："钧是人也，或为大人，或为小人，何也？"孟子曰："从其大体为大人，从其小体为小人。"曰："钧是人也，或从其大体，或从其小体，何也？"曰："耳目之官不思，而蔽于物，物交物，则引之而已矣。心之官则思，思则得之，不思则不得也。此天之所与我者，先立乎其大者，则其小者弗能夺也。此为大人而已矣。"（《孟子·告子上》）

公都子问孟子，都是人，有的是大人，有的是小人，这是什么原因？孟子说，一个人如果接受大体的指引，就成为大人；接受小体的指引，就成为小人。耳目口体不思，虽然是在人身上，但其官能，跟在动物身上的是一样的，耳就是听，眼就是看，必定指向一个外在的听的看的对象，这就是物交物。因为不能自作主宰，不能以自身为目的，所以是小体。而心官会反思，能反思则能不蔽于物，不被外物遮蔽，不指向外在的对象，而以自身为目的，能自作主宰，所以是大体。也就是说，孟子认为耳目口体等感官与心官的职能不一样，感官没有思的职能，故会为物所遮蔽，随外在对象流转。而心官的职能是思，能思则能确定意志的方向，不致为耳目口体等小体所牵引。所以孟子认为，成德的首要工夫是"先立乎大"，确立起道德的自我，由道德意志作为行为的主宰，则不致为耳目口体等小体所牵引。

三、存心养心求放心

孟子以心善言性善，孟子所讲的心，就是每个人都有的仁义礼智之心。无论是大行之人还是穷居之人，无论是圣人还是众人，仁义礼智之心完全是一样的，圣贤之心跟众人之心只是一心，大舜和庶民的区别在于庶民不能完全地时时刻刻地随时随地地保有此心，而大舜能够存有此心不丧失。孟子说："大人者，不失其赤子之心者也。"(《孟子·离娄下》) 所以讲存养，也就是孟子说的存心，养心，求放心。

所谓存心，就是在生活中操持此仁义礼智之心不舍弃。

> 君子所以异于人者，以其存心也。君子以仁存心，以礼存心。仁者爱人，有礼者敬人。爱人者人恒爱之，敬人者人恒敬之。有人于此，其待我以横逆，则君子必自反也：我必不仁也，必无礼也，此物奚宜至哉？其自反而仁矣，自反而有礼矣，其横逆由是也，君子必自反也：我必不忠。自反而忠矣，其横逆由是也，君子曰：'此亦妄人也已矣。如此则与禽兽奚择哉？于禽兽又何难焉？'是故君子有终身之忧，无一朝之患也。乃若所忧则有之：舜人也，我亦人也。舜为法于天下，可传于后世，我由未免为乡人也，是则可忧也。忧之如何？如舜而已矣。若夫君子所患则亡矣。非仁无为也，非礼无行也。如有一朝之患，则君子不患矣。"(《孟子·离娄下》)

孟子说君子跟一般人不一样的地方，就是君子存心。存什么心呢？存仁心，存礼心，就是存此仁义礼智之心。人怎么知道自己还有没有存有此心呢？"仁者爱人，有礼者敬人。爱人者，人恒爱之，敬人者，人恒敬之。"如果有人以横逆待我，证明我仁义之心有可能是丢掉了。因为如果我有仁义之心的话，我一定会爱别人、敬别人，我爱别人、敬别人，别人就一定会爱我、敬我，一定不会以横逆待我。如果有人以横逆对我，我就要反求诸己，反思自己是不是已经失掉了仁义礼智之心。当然，有可能错误在别人，孟子不会不考虑这种情况。如果反思到最后，说我自己并没有不仁不礼的行动啊，那么就是那横逆人的问题了。但是我们先得做这个工作，时常去检查自己到底是不是存有仁义礼智之心。这就是所谓存心。

养心是什么意思？就是不断培护此仁义之心。怎么培护？就是不要让它受到物欲的伤害，这就需要克治。所以孟子讲："养心莫善于寡欲。其为人也寡欲，虽有不存焉者，寡矣；其为人也多欲，虽有存焉者，寡矣。"（《孟子·尽心下》）孟子承认人性中与动物相同的耳目口体之欲占大部分，但并不是人性的全部，如果让这些欲望充满，则人与禽兽区分的几希部分也必然被挤压，于是"违禽兽不远"（《孟子·滕文公下》）。所以一定要加以节制克治，这部分占得少，几希部分也就存得多，仁义礼智之心就得到培护。孟子说："人有不为也，而后可以有为。"（《孟子·离娄下》）不为，就是不为其所不当为，比如沉溺于物欲，人能不被物欲干扰则必能为其所当为。人心不可二用，精神气力只有这么多，如果专力为善则必无暇为恶，如果溺于好利，则必不能循义。所以孟子又说："无为其所不为，无欲其所不欲，如此而已矣。"（《孟子·尽心上》）

孟子肯定耳目口体之欲乃人性中所不能无，所以孟子只说寡欲，不说无欲。因为所不能无，所以也要有所养，但是正像不能让耳目口体之欲充满以致异于禽兽几希的恻隐羞恶辞让是非之心无以保存一样，也不能让小体之养妨碍大体之养，不能让生命中的精神气力全部用于养口腹以致不能养心。孟子认为，人对自己身体所有的一切都是爱的，因为无所不爱，所以也无所不养。考察一个人善养或不善养，没有别的办法，只在于他自己所选取的是大体还是小体，是贵的还是贱的。养小体为小人，养大体为大人。孟子说的小体指耳目口体，养小体就是满足耳目口体之欲；孟子说的大体指心，养大体就是养心。孟子认为不能以小害大，不能以贱害贵。

孟子认为饥渴妨碍口腹之养，而人对于富贵贫贱不能像舜那样无动于衷，那么心就会失其养。孟子说："饥者甘食，渴者甘饮，是未得饮食之正也，饥渴害之也。岂惟口腹有饥渴之害？人心亦皆有害。人能无以饥渴之害为心害，则不及人不为忧矣。"（《孟子·尽心上》）饮食有美恶，口腹固然能分辨，但饥渴时就来不及选择美恶，吃什么都香，喝什么都甜，就都以为美味，对于饮食的正味不再分辨。富与贵是人之所欲，但须以其道得之，人心固然能分辨其道之所在，但是人如果急于摆脱贫贱，也会选择非所当去之道，于是心失其养，不能分辨当然之理。所以，养心要不以富贵贫贱为念，人如果能不以富贵贫贱为念，就不用担心不如别人。

什么叫作求放心呢？求放心就是将逐物之心收回来。逐物，就是心随着外在的物欲走了。孟子说："仁，人心也；义，人路也。舍其路而弗由，放其心而不知求，哀哉！人有鸡犬放，则知求之；有放心，而不知求。学问之道无他，求其放心而已矣。"（《孟子·告子上》）孟子这里讲的学问，就是儒家的成德之学，孟子讲养成德性的学和问并没有什么别的内容，就是要把丢失的本然之心找回来。人放弃该走的路不走，本心放失而不去找，这是非常令人哀痛的。鸡犬丢了是到外面去找，但求放心不是到外面去找，其实是反躬自省，让天之所与我的而为所固有的同于他人的恻隐羞恶辞让是非之心呈现，一呈现，则当恻隐能恻隐，当羞恶能羞恶，当辞让能辞让，是谓之是，非谓之非。所以孟子强调:"人不可以无耻。无耻之耻,无耻矣。"又说:"耻之于人大矣。为机变之巧者,无所用耻焉。不耻不若人,何若人有?"(《孟子·尽心上》)能知耻就能反求,能反求,则放心可得。孟子说:"今有无名之指,屈而不信,非疾痛害事也,如有能信之者,则不远秦楚之路,为指之不若人也。指不若人,则知恶之;心不若人,则不知恶,此之谓不知类也。"(《孟子·告子上》)

以上是就道德心的操存、培护和呈现说。

第三节 辨志

单个行为动机的分辨,孔子用克己复礼、喻义喻利来说,在孟子则是舜跖之分、天爵人爵之辨。

一、克己复礼

克己复礼就是克治的工夫,就是排除行为的主观准则而使行为发生的意志指向道德法则。

颜渊问仁,孔子说:"克己复礼为仁。一日克己复礼,天下归仁焉。为仁由己,而由人乎哉?"颜渊又问具体怎么做,孔子说:"非礼勿视,非礼勿听,非礼勿言,非礼勿动。"(《论语·颜渊》)

经过孔子的重省,礼已经不再只是礼仪节文,而是内在于人的、每一个人所固有的仁的体现。克己就是用公心除去己私,让行为发生的依据超出个体自然生命之外。复礼,就是恢复人所固有的仁。破除了个体生命的限制,撤去了物与我的间隔,以我之仁心觉润、感通天地万物,人与天地万物为一体,归天地万物于我之仁,这就是天下归仁。具体去做,当然是让视听言动仅仅根据体现了人内在的仁的礼而发生,而不是根据个体生命的欲望而发生,不管这种欲望是生理性的,还是心理性的。

孔子的弟子原思说:"克、伐、怨、欲不行焉,可以为仁矣。"孔子说:"可以为难矣,仁则吾不知也。"(《论语·宪问》)孔子不同意原思以克、伐、怨、欲不行为仁,程伊川解释说:"人无克伐怨欲四者,便是仁也。只为原宪着一个'不行',不免有此心,但不行也,故孔子谓'可以为难'。"程子说原思有不行之心,就是说原思的不行克、伐、怨、欲带上了个体生命的主观欲望,不是一个纯粹的道德意志。刘宗周认为"克复、克伐怨欲二章,是学问大关键处,于此分晓,更无作说处"(《论语学案》),实在指出了道德意志之纯粹性在修身中的关键地位。

非礼勿视听言动,也就是孔子说的仁守。孔子说:"知及之,仁不能守之,虽得之,必失之。知及之,仁能守之,不庄以莅之,则民不敬。知及之,仁能守之,庄以莅之,动之不以礼,未善也。"(《论语·卫灵公》)知及之,就是知道了自己应该成为什么样的人,但如果不能付诸行动,视听言动一出于礼,就是不能守之以仁。就个体一面说,知及仁守,已经是工夫之全,但推扩到天下国家层面,还需要庄敬临民,礼让为国。

克治,是克制自己,不要放纵私欲。孔子说:"以约失之者,鲜矣。"(《论语·里仁》)约不只是简约,还有约束、约制的意思。能约制、约束自己守于规矩之中还会有过失的,那是很少的。所以孔子指出在人生不同阶段克治自然欲望的不同重点:"少之时,血气未定,戒之在色;及其壮也,血气方刚,戒之在斗;及其老也,血气既衰,戒之在得。"(《论语·季氏》)

人在富贵时不骄纵容易些,在贫贱之中也能不抱怨却很难。[1]不管怎样,人不可忽视容易做到的;但对于难的,更应该勉力去做。一个人如果不惯贫困而又好勇斗狠,一定胡作非为。厌恶不仁之人而不能克制自己,致使其无所容身,也会发生变乱。[2]

二、忠信徙义

子张问如何提高道德修养,孔子告以"主忠信,徙义"(《论语·颜渊》)。陈淳说:"主与宾相对,宾是外人,出入无常。主人是吾家之主,常存在屋里。主忠信,是以忠信为吾心之主,是心中常要忠信,盖无时而不在是也。心中所主者忠信,则其中许多道理便都实在这里,若无忠信,则一切道理都虚了。'主'字下得极有力。"[3]主忠信,就是心一直由忠信主宰,就是存养道德心的工夫。徙义指迁善改过,徙是迁徙,就是从这里到那里,徙义,就是到善那里去。主忠信是徙义的基础;能徙义不断,内心之忠信也会越守越固。内外、本末交相培养,德行日积日高。

孔子说:"主忠信。无友不如己者。过则勿惮改。"(《论语·学而》)改过,就是从不善到善,就是徙义的工夫。人有过,但能反省,是终究能够自己觉察到过错的,旋觉旋改,即觉即改,何过之有?过而不改,可谓大过。[4]不惮其实是勇德,人过而能改而不是文过饰非,实属不易,孔子以颜回"不贰过"为好学,是因为德业在"不贰过"中不断得到进步。所以孔子又慨叹:"已矣乎!吾未见能见其过而内自讼者也。"

---

[1]出自《论语·宪问》。子曰:"贫而无怨难,富而无骄易。"
[2]出自《论语·泰伯》。子曰:"好勇疾贫,乱也。人而不仁,疾之已甚,乱也。"
[3]宋代赵顺孙《四书纂疏》引陈淳说。
[4]出自《论语·卫灵公》。子曰:"过而不改,是谓过矣。"

(《论语·公冶长》)

要不断地趋向义趋向善，就要严辨义利。孔子说："苟志于仁矣，无恶也。"(《论语·里仁》)意志一直真实地指向仁，就一定不会为恶。一有间断，恶就又生。君子晓于义，以道德法则作为自己行动的依据；小人晓于利，以对己有利作为行动的依据。[1]如果凡事都只照顾自己的利益，自然就不会体恤别人，最后一定去害别人，而多怨恨。[2]君子能不间断地真实地把自己的意志指向善，所以一天比一天崇高；小人却不能这样，所以一日比一日卑下。[3]我们是要崇高，还是要卑贱，都只在我们自己。

孟子说："鸡鸣而起，孳孳为善者，舜之徒也。鸡鸣而起，孳孳为利者，跖之徒也。欲知舜与跖之分，无他，利与善之间也。"(《孟子·尽心上》)孟子认为舜与跖的分别并不是本性上有什么差别，而在于日常生活中的意志是指向善还是利，努力为善，就成为舜；一味求利，那就是跖。

孟子说："有天爵者，有人爵者。仁义忠信，乐善不倦，此天爵也；公卿大夫，此人爵也。古之人修其天爵，而人爵从之。今之人修其天爵，以要人爵；既得人爵，而弃其天爵，则惑之甚者也，终亦必亡而已矣。"(《孟子·告子上》)爵是爵位，是一种尊贵的东西。天爵，是来自天的。仁义忠信，乐善不倦，这是从恻隐羞恶辞让是非之心来的，而恻隐羞恶辞让是非之心，孟子说，是天之所与者，我固有之，所以孟子称之为天爵。人爵是来自人的，公卿大夫之位来自于他人之封赐，所以称

---

[1] 出自《论语·里仁》。子曰："君子喻于义，小人喻于利。"
[2] 出自《论语·里仁》。子曰："放于利而行，多怨。"
[3] 出自《论语·宪问》。子曰："君子上达，小人下达。"

人爵，这种尊贵不是良贵。古时候社会治理有序，人本其恻隐羞恶辞让是非之心而为仁义忠信乐善不倦之事，则必有公卿大夫之位。而当今的人为能获得公卿大夫之位而勉强为仁义忠信乐善不倦之事，得到公卿大夫之位后，就不再做仁义忠信乐善不倦的事了。

孟子又把仅遵照道德法则颁布的命令行动称作行法以俟命。孟子说："尧舜，性者也；汤武，反之也。动容周旋中礼者，盛德之至也。哭死而哀，非为生者也；经德不回，非以干禄也；言语必信，非以正行也。君子行法，以俟命而已矣。"（《孟子·尽心下》）《中庸》说："自诚明，谓之性。自明诚，谓之教。"尧舜率性而行，不假修为，自然充实完满。汤武不断进行自我修养，复其充实完满之性。动容周旋无不中礼，这是最高的德行。哀哭死去的人，并不是为了给活着的人看；持守恒常的德行而没有邪曲，并不是为了求取俸禄；说话一定守信用，并不是为了品行正直的名声。做这些，仅仅因为它们是道德法则所要求的，至于吉凶祸福，那是听由命来安排的，这其实就是"夭寿不贰，修身以俟之"（《孟子·尽心上》）的立命之学。

三、集义养气

无论是道德心的确立，还是道德心的操存、培护和呈现，都会受到外在的各种思想言论和人自身感性生命的影响，孟子关于此完整的阐述见于《孟子·公孙丑上》的"知言养气"章。

这一章是从不动心的讨论开始的。公孙丑问孟子，若得位而行道，有机会创立王霸之业，如此责任重大，心中是否会恐惧疑惑。孔子说勇者不惧，所以孟子的回答是以三个人为例提出三种养勇的途径。一是北宫黝，肌肤被刺也不挠曲，眼睛被刺也不逃避，有一毫挫于人就如同在大庭广众之下被鞭挞一般，无论这种侮辱是来自地位低下的人还是来自万乘之君，刺杀万乘之君和刺杀低贱的人一样，对于诸侯也毫不畏惧。有人辱骂了他，他一定骂回去。二是孟施舍，他不求必胜，但不会量敌虑胜而后进战，能做到不惧三军之众。三是曾子，说他曾从孔子那儿听到过什么是大勇，也即反躬自省，觉得不合理义，即使面对地位低下的人，也不会去恐吓；反躬自省，觉得合乎理义，即使面对千万人，也勇往直前。孟子评论说：孟施舍守自己之勇气比北宫黝一味求胜而向外曝其气更得要领，但还是不如曾子持守理义得养勇的要领。

　　孟子又对告子的不动心之道进行评论。告子说："不得于言，勿求于心；不得于心，勿求于气。"对于客观外在的思想主张没有了解，不要反求我心，只要向外求得这种思想主张关于义的标准，然后一意持守，用它约制自己的心，强制心不动就可以。如果心向外没有求得思想主张关于义的标准，就不能要求生命的力量来履行它。孟子认为，不得于心勿求于气勉强还说得过去，但不得于言勿求于心就完全不对了。因为志是心之所向，心是身的主宰，所以志是气的统帅，而气是充满生命的力量。生命的方向由意志决定，因此意志是最重要的，生命力是次于意志的。人的生命如果完全由道德意志决定，则感性生命会沿着道德意志的方向运动，所以要持守心志。但是如果人完全随感性生命行动，则心志也会受到影响，如人颠踬趋走时完全是以应付自然生命的需要为主，这时心志也会被这种需要所摇动。所以，人固然应当持守心志，也不可放纵感性生命。孟子说不得于心勿求于气勉强还说得过去，就是因为告子得于心求于气也是用心志来约制感性生命。孟子为什么又说不得于言勿求于心完全不对呢？因为孟子认为关于义的思想主张不在吾心之外，所以只要反求于吾心，就可以判定思想主张的是非邪正，怎么能不得于言勿求于心呢？

　　在听了孟子对告子不动心的途径的评论后，公孙丑就问孟子有什么长处,孟子说:"我知言,我善养吾浩然之气。"这就是知言养气。

孟子先解释养气。孟子说浩然之气至大至刚,塞于天地之间,这其实是对贯彻道德意志的生命力的形象描述。至大至刚,是说生命为道德法则和道德意志所贯注充满,也就是孟子说的配义与道,所以有最大最强的力量,其实就是孔子说的仁者必有勇。如果没有道德法则和道德意志的贯注,则生命所表现出来的勇力是不可靠的,最后一定会胆怯,不能无所畏惧。塞于天地之间,是说贯注了道德法则和道德意志的生命力能够履行天地间的一切道德义务。这种力量是需要培养的,是不能受到戕害的,所谓以直养而无害,直养就是集义,无害就是勿忘勿助。

所谓集义,就是在每一个行为中都将意志指向道德法则,而不是仅出于功利的目的让行为符合道德法则。为着功利的目的,比如财富、名声等,而做符合道德法则的事,就是孟子说的义袭而取。在这样的行为中,心志并不以本身为目的,就是《大学》说的自欺。最后一定是孟子说的"久假而不归,恶知其非有也"(《孟子·尽心上》)。所以孟子说:"行有不慊于心,则馁矣。"(《孟子·公孙丑上》)就是《大学》解释诚意时说的"此之谓自慊"的反面。

所谓勿忘勿助,孟子说:"必有事焉而勿正,心勿忘,勿助长也。无若宋人然:宋人有闵其苗之不长而揠之者,芒芒然归。谓其人曰:'今日病矣,予助苗长矣。'其子趋而往视之,苗则槁矣。天下之不助苗长者寡矣。以为无益而舍之者,不耘苗者也;助之长者,揠苗者也。非徒无益,而又害之。"(《孟子·公孙丑上》)勿忘,指工夫不能间断。孟子批评高子说:"山径之蹊间,介然用之而成路。为间不用,则茅塞之矣。今茅塞子之心矣。"(《孟子·尽心下》)工夫间断,履行道德义务的力量当然不能日生日长。勿助,指工夫不能作伪,不能义袭而取。

205

第四节 博文

学思合一的修身工夫，不外乎在行为中纯化意志，但意志只是行为发生的根据，能力则是行为发生的条件。关于能力的形成，"诗""书""易"等经典中就指出过积学师古、精义懿文等途径。[1]《尚书·说命》记载殷高宗武丁贤臣傅说的话："人求多闻，时惟建事，学于古训乃有获，事不师古以克永世，匪说攸闻。"要建立事业，就必须有广博的见闻，只有学习古先圣王的遗训，才能有所收获，不以古先圣王的遗训为师，就不能够长治久安。"惟学，逊志务时敏，厥修乃来。允怀于兹，道积于厥躬。"而学要谦虚好善，要坚持不懈，要专心致志。"念终始典于学，厥德修罔觉。监于先王成宪，其永无愆。"能终始念学，从不间断，则不觉其德修而德已修。再以先王之成法为借鉴，如此则可以长久不犯过错。《周易·系辞传下》说："善不积不足以成名，恶不积不足以灭身。"德性的形成绝非一朝一夕之功，所以君子要不间断地美文德，积道德。《周易·象传上·小畜》说："风行天上，小畜，君子以懿文德。"文，指德行表现在外的文节或者说节文，包括仪表、言语行为的方式等。懿，是美的意思。懿文德就是通过不断实践训练，让自己的文德变得越来越美。《周易·象传上·大畜》说："天在山中，大畜。君子以多识前言往行，以畜其德。"君子应当向前贤往哲的言行多多学习，以不断蓄聚自己的德行。

孔子认识到这些经典在成德过程中的作用，曾经把绝大的精力用于对古代历史文化典籍的整理，删述"六经"，垂教万世，为后人避免无

---

[1] 参考拙著《中国古典管理哲学》（北京：经济管理出版社2016年版）第二、三、四章，尤其是第87—97页、第123—133页。

知妄作提供了绝好的资粮。同时，孔子上承"六艺"，下开九流，"以仁发明斯道，其言浑无罅漏。至孟子十字打开，更无隐遁。"《论语》《大学》《中庸》《孟子》经宋明诸大儒的阐释，更成为"六经"之阶梯，其在修身中的重要性或转高于"六经"。

一、读书

孔子说："述而不作，信而好古，窃比于我老彭。"（《论语·述而》）孔子说他自己相信因而喜欢那些从先人那儿传下来的文献典籍，接着把这些文献典籍再传述给后人，自己并不去创制什么东西，只是希望自己能像古时候的贤人老聃和彭祖那样。孔子传述这些文献典籍的工作，就是司马迁说的删《诗》《书》，定礼乐，作《春秋》。所以后世人根据这些，说孔子删述六经，垂教万世。述而不作，其实是以述为作。

孔子把原先作为王官学的经典变成了君子成德的教材。孔子说："兴于《诗》，立于礼。成于乐。"（《论语·泰伯》）《诗经》所表达的是人的性情志趣，其语言相对《易经》《尚书》显得容易明白，吟唱咏叹之间，情为之感染，而兴起好善恶恶之心。人能用礼来约束自己的言行，再体会所以要如此行礼之义，一定能够卓然自立，而不为外在事物动摇。人遵守道德法则，接受礼的约束，久而久之，严毅而不失和乐，则一定能欣赏乐。所以，乐是学之成。

孔子的这个教法，由弟子陈亢和他儿子伯鱼之间的一段对话得到证明。陈亢问孔子的儿子伯鱼："您在老师那儿有没有听到一些特别的？"伯鱼回答说："没有。他曾独立庭中，我快步走过。他问我有没有学《诗》，我说没有，他说：'不学《诗》，就没什么用来交谈的。'我退回便学诗。过了几天，他又独立庭中，我又快步地走过。他问有没有学礼，我说没有。他说：'不学礼，便无法立身。'我退回便学礼。只听到这两件。"[1]正因为这样，孔子诵说诗书，执行礼仪，都用正言。[2]

正因为认识到《诗》《乐》在学与教的过程中的重要性，所以孔子一直在探究音乐之道。有一次孔子和鲁太师讨论，说："演奏音乐的道理大概是可以知道的：刚开始演奏时，先合五音；继续演奏下去，五音相合如五味相济，纯正和谐，皦然清晰，这样相连演奏下去，直到完成。"[3]又说："当太师挚开始演奏时，当结尾演奏《关雎》时，真是美盛啊，满耳朵都是音乐呀！"[4]孔子在齐国闻《韶》乐，专心学习三个月，叹美大舜时代竟然能制作如此美善的音乐。[5]这些都可以证明孔子对于乐是非常精通的。所以，孔子在结束流亡生活从卫国回到鲁国后，对《诗》《乐》重新整理。他说："吾自卫反鲁，然后乐正，《雅》《颂》各得其所。"（《论语·子罕》）

《论语》引《尚书》有两段，一是孔子引"孝乎惟孝"（《论语·为政》），另一是子张引"高宗谅阴，三年不言"[6]。孔子研习《尚书》的最重要成果，一是结合自己的生命实践，完成了对《尚书》所承载的

---

[1] 出自《论语·季氏》。陈亢问于伯鱼曰："子亦有异闻乎？"对曰："未也。尝独立，鲤趋而过庭。曰：'学《诗》乎？'对曰：'未也。''不学《诗》，无以言。'鲤退而学《诗》。他日又独立，鲤趋而过庭。曰：'学礼乎？'对曰：'未也。''不学礼，无以立。'鲤退而学礼。闻斯二者。"陈亢退而喜曰："问一得三，闻诗，闻礼，又闻君子之远其子也。"

[2] 出自《论语·述而》。子所雅言，《诗》《书》执礼，皆雅言也。

[3] 出自《论语·八佾》。子语鲁大师乐。曰："乐其可知也：始作，翕如也；从之，纯如也，皦如也，绎如也，以成。"

[4] 出自《论语·泰伯》。子曰："师挚之始，《关雎》之乱，洋洋乎！盈耳哉。"

[5] 出自《论语·述而》。子在齐，闻《韶》，三月不知肉味。曰："不图为乐之至于斯也！"

[6] 出自《论语·宪问》。子张曰："《书》云：'高宗谅阴，三年不言。'何谓也？"子曰："何必高宗，古之人皆然。君薨，百官总己以听于冢宰，三年。"

天命思想的转化；二是根据《尚书》所记载的圣王的事迹来思考政治问题，得出了两个重要的原则，即天下为公和无为而治。

孔子曾说："加我数年，五十以学《易》，可以无大过矣。"（《论语·述而》）引用过《易·恒》九三爻辞，还说不占而已矣[1]。《易传》十篇，向来多以为出于孔子，近现代学界很少认同这个观点。其实就《易传》把以吉凶行戒劝的《周易》变成道德性命之书，和孔子"不占"的立场是完全一致的。

综上所述，孔子对这些经典转化与发展，主要是基于成德作出的诠释。从修身的角度看读书，要注意参考《朱子读书法》的意见。《朱子读书法》一书总结的朱子读书方法有循序渐进、熟读精思、虚心涵泳、切己体察、着紧用力、居敬持志等六条。元代程端礼在《集庆路江东书院讲义》一文中对此作了扼要阐释，认为朱子平日教人，千言万语，总而言之，不外乎这六条，而六条总起来说又不外乎熟读精思、切己体察两条，因为熟读精思是博文之功，切己体察是约礼之事。这个概括完全相应于孔子博文约礼的学法与教法，而博文约礼正是孔子关于如何修身的总括性的说明。

朱子一生虽然著述宏富，但是并没有将自己的读书经验写成书。最早搜集朱子平生讲学记录文字的是辅广和魏了翁，时在朱子卒后五六年，后来有各种《语录》的搜集和刊刻。当时辅广还辑有朱子专门谈论读书的文字，并由朱子另外一个弟子巴川人度正嘱咐遂宁于和之校刊。南宋宁宗嘉定十二年（1219年），黄士毅将各家所记语录按讲学内容分类，其中有总论为学之方1卷（卷8）、专论读书之法2卷（卷10、卷

---

[1] 出自《论语·子路》。子曰："南人有言曰：'人而无恒，不可以作巫医。'善夫！""不恒其德，或承之羞。"子曰："不占而已矣。"

11)。南宋度宗咸淳元年（1265年），私淑朱子的鄱阳人张洪、齐熙利用《语类》《文集》等资料将辅广所编《朱子读书法》增广为4卷。咸淳六年（1270年），黎靖德搜集各种《语录》《语类》，依黄士毅原来的类目，补遗正误，比较异同，削去重复，纂成《语类大全》，这就是当今通行的《朱子语类》。与读书法相关的内容，卷次与黄本相同。

居敬持志，指用心专一。朱子说："心不定，故见理不得。今未要读书，且先定其心，屏去许多闲思乱想，使心如止水，如明镜。"但又不只是读书时集中注意力，也指读书的目的要端正，不要为功名利禄才读书。朱子说："君子之为学，庄敬涵养以立其本，而讲于义理以发明之，则其口之所诵也有正业，而心之所处也有常分矣。至于希世取宠之事，不惟有所愧而不敢，实亦有所急而不暇焉。"这其实也是我们现在修身读书首先要解决的问题。

着紧用力，指惜时发奋，不懒惰懈怠。朱子说："宽着期限，紧着课程。"又说："汲汲焉而毋欲速也，循循焉而毋欲惰也，毋牵于俗学而绝之以为迂且诞也，毋惑于异端而躐之以为近且卑也。"意思是不要贪多求快，但也不能荒废光阴。

虚心涵泳，指抛去成见，不要好尚新奇，杜撰新说。不要自己先有个意见，却用圣贤言语来凑合，凑合不成，便穿凿附会。朱子说："读书且要虚心平气，随他文义体当，不可先立己意，作势硬说，只成杜撰，不见圣贤本意。"

循序渐进的序，一指群书先后缓急之序。先经后史。经则先"四书"而后《诗》《书》《礼》《乐》。"四书"则是《大学》《论语》《孟子》《中庸》。朱子说："人自有合读底书，如《大学》《语》《孟》《中庸》，读此便知人不可不学底道理与为学之次第，然后更看《诗》《书》《礼》《乐》。某才见人说看《易》，便知他错了，未尝知为学之序。《易》

自别是个道理，不是教人底书。"又说："不先乎《大学》无以提挈纲领而尽《论》《孟》之精微，不参之《论》《孟》无以融贯会通而极《中庸》之归趣。然不会其极于《中庸》，则又何以建立大本、经纶大经而读天下之书、论天下之事哉？"详细的情况，可以看程端礼的《读书分年日程》。另一是每书诵读考索之序。朱子说："以二书言之，则通一书而后及一书；以一书言之，篇章句字，首尾次第，亦各有序而不可乱也，量力所至而谨守之，字求其训，句索其旨，未得乎前，则不敢求乎后，未通乎此，则不敢志乎彼，如是则志定理明，而无疏易陵躐之患。"

熟读精思，朱子说："横渠教人，读书必须成诵，真道学第一义。遍数已足，而未成诵，必欲成诵；遍数未足，虽已成诵，必满遍数。但百遍时，自是强五十遍时；二百遍时，自是强一百遍时。今所以记不得，说不去，心下若存若亡，皆是不精不熟之患。今人所以不如古人处，只争这些子。"又说："学者观书，先须读得正文，记得注解，成诵精熟，注中训释文意、事物、名件，发明经旨相穿纽处，一一认得，如自己做出来底一般，方能玩味反覆，向上有通透处。若不如此，只是虚设议论，如举业一般，非为己之学也。"

切己省察，朱子说："读书不可只专就纸上求义理，须反来就自家身上推究。秦汉以后无人说到此，亦只是一向去书册上求，不就自家身上理会，自家见未到，圣人先说在那里，自家只借他言语来就身上推究始得。"又说："学者读书，须要将圣贤言语体之于身，如克己复礼，如出门如见大宾等事，须就自家身上体，看我实能克己复礼、主敬行恕否，件件如此方有益。"又说："人之为学也是难，若不从读书上做工夫，又茫然不知下手处。若字字求、句句论而不于身上着工夫体认，则又无所益。且如孔子说我欲仁斯仁至矣，然亦未尝许弟子以仁，虽颜子之贤，亦以为不能不违于三月之后何也？学者盍亦于日用间体验我若欲仁其心如何，仁之至不至其意又如何？又如圣人说非礼勿视听言动，盍于每事省察，何者为非礼而吾又何以勿视勿听勿言勿动？若能如此读书，庶几有得。"

二、知言

孔子时代虽然有人不理解孔门"知其不可而为之"的精神，甚至认为孔子栖栖为佞，讽喻子路与其从避人之士，不若从避世之士，但是并没有形成纷然杂乱的众说。孔子说君子畏圣人之言，小人则侮圣人之言（《论语·季氏》），认为不知言则无以知人（《论语·尧曰》）。又说："攻乎异端，斯害也已。"（《论语·为政》）明代的王艮说："圣人之道，无异于百姓日用，凡有异者，谓之异端。"根据这一对异端的解释，可见孔子主张理论言说需要切于人伦日用，实际上已经开了根据是否肯定人人同具道德心来辨别异端曲学和歪理邪说的先河。孟子则明确提出并实践知言正言的修身工夫。知言正言的言，指古往今来各种各样的言说、理论。所谓知言，就是要认识和了解这些言说、理论，亲近、学习那些有助于成德的言说、理论，拒斥、辨破那些妨碍成德的言说、理论。

孟子活动在巨变的时代，为挽救时代危机，当时或在孟子稍前，出现种种救济的药方。群言淆乱，儒家的大中至正之道暗而不彰，更加深了时代的困局。孟子以继承大禹、周公、孔子为职志，对当时盛行的杨、墨、农、法、纵横家之说进行了辨破。孟子曾经自信地说："生于其心，害于其政；发于其政，害于其事。圣人复起，必从吾言矣。"当时"圣王不作，诸侯放恣，处士横议，杨朱墨翟之言盈天下。""杨墨之道不息，孔子之道不著，是邪说诬民，充塞仁义也。仁义充塞，则率兽食人，人将相食。"所以，要恢复秩序，首先必须在思想理论领域做正本清源的工作。孟子认为"禹抑洪水，而天下平；周公兼夷狄，驱猛兽，而百姓宁；孔子成《春秋》，而乱臣贼子惧。"孟子于是习先圣之道，正人心，息邪说，距诐行，放淫辞，以继承大禹、周公、孔子救乱的大业。(《孟子·滕文公下》)

墨子认为当时社会失序的根源是人不能兼相爱，以致互相攻伐，亏人自利，所以提出要兼相爱，交相利，要立正长，尚贤能，并以天志、鬼神监督约束统治者的行为。从物质实效的立场提出节葬、非乐、节用，不考虑文化活动对于人的意义和价值。

孟子批评墨者夷之以薄葬为贵，以厚葬为贱，试图让天下人都推行薄葬，却厚葬其父，这是以所贱事所亲。夷之反驳说：儒者推崇的"若保赤子"难道不是要兼爱天下人吗？我之所以厚葬父亲，是因为爱固然无差等，但爱的实施却先从自己的亲人开始。孟子说：立论要真诚，质疑夷之是否真能相信人对自己兄子的爱与对邻人之子的爱是同样的。《周书》"若保赤子"是说小民无知而犯法就如同赤子无知而入井，所以要慎刑罚，并非兼爱天下人之意。人物之生各本于父母，其爱也由父母而推以及人，自有差等，人理之应然符合天理之自然，所谓一本。夷子之言认为人对父母的爱与对路人的爱一样，没有差等，实施的时候却有差序，这就是出现了两条法则，也就是二本。孟子最后从葬礼之起源的角度论述人为什么该厚葬其亲，指出夷之之所以会厚葬其亲的真正根据是爱有差等，而不是爱无差等施之有序。(《孟子·滕文公上》)

孟子对墨家功利学说的批评见于与宋牼的辩论。宋牼希望用交战没有利益的理由制止秦楚之间的战争，孟子则认为君臣、父子、兄弟之间以功利原则相处，最终将不免于危亡；如果以仁义原则相处，"然而不王者，未之有也。何必曰利？"(《孟子·梁惠王下》)

孟子认为像杨朱那样"拔一毛而利天下不为也"，则完全不能建立社会、文化秩序,而如果没有了社会、文化秩序,人只能像蚯蚓那样生活,上食槁壤,下饮黄泉,无求于世,这是不可能的。所以孟子批评了齐国的所谓廉士陈仲子,他"以兄之禄为不义之禄而不食也,以兄之室为不义之室而不居也,辟兄离母,处于于陵。"孟子认为陈仲子所居所食完全不能离开社会,"天之所生,地之所养,惟人为大。人之所以为大者,以其有人伦也。仲子避兄离母,无亲戚君臣上下,是无人伦也。岂有无人伦而可以为廉哉。"(《孟子·滕文公下》)

许行治神农之学,主张贤者与民并耕而食,饔飧而治不应该有仓廪府库,君主不应该通过剥削百姓满足自己的享受;但也认为"百工之事,固不可耕且为",承认社会分工的合理性。孟子认为既然承认社会分工,则贤者与民并耕便不可能,因为社会上各种工作的展开,一定需要有人去选拔适合从事各种工作的人才,尧舜治天下绝不是无所用其心,而是担忧不能为天下人民选得合适的人才。其所以忧民者其大如此,不暇耕,也不必耕。因为许行的理论原以满足最低的物质生活需求为目的,分工的存在只是因为"百工之事固不可耕且为",并不承认最低的物质生活需求之上更高的价值,如果布帛的长短相同,麻缕丝絮的轻重相同,五谷的多寡相同,则价格差不多;屦的大小相同,则它们所满足的衣食方面的物质生活需要是一样的,所以它们的价格自然就应该是一样的。孟子则认为人除了要获得物质生活需要的满足外,还有更高的价值追求,而满足这些要求的事物自然是不同的,所谓"物之不齐,物之情也",不同的农产品和手工品应该有不同的价格。(《孟子·滕文公上》)孟子事实上是认为人一定有超出物质生活需要的更高的价值追求,而要获得这些价值,就牵涉社会、文化生活秩序的建立,这比直接从事物质生活资料的生产有更大的意义。所以孟子反对白圭二十而取一的主张,认为如果无城郭、宫室、宗庙、祭祀之礼,无诸侯币帛

饔飧，无百官有司，则二十取一而足。但去人伦，无君子，则无以为中国。(《孟子·告子下》)

对于当时主张耕战的法家学派，孟子也提出严厉批评，认为首要的是让国君向道，辟土地，充府库，约与国，战必克本身不能构成国家追求的目标。因为，"君不向道，不志于仁，而求富之，是富桀也。""君不向道，不志于仁，而求为之强战，是辅桀也。由今之道，无变今之俗，虽与之天下，不能一朝居也。"(《孟子·告子下》)

孟子认为对于能放弃旧说归向儒家学说的人，应该欣然接受，不要追咎其既往之失，可见孟子严辨异端，目的在让人知道异端之说的危害；宽待改过的人，目的是让人知道可以归向正道。可谓是仁至义尽。(《孟子·尽心下》)

孟子说："诐辞知其所蔽，淫辞知其所陷，邪辞知其所离，遁辞知其所穷。生于其心，害于其政；发于其政，害于其事。圣人复起，必从吾言矣。"(《孟子·公孙丑上》)各种思想言论学说与人的成德也有很大关系，生于其心，害于其政；发于其政，害于其事，邪说诬民足以充塞仁义。对于这些言论，决不能舍置而不必反求其理于心。因为言生于心，所谓知言，就是以心正言，反求言说之理于心，用内在于人的道德心为标准，衡断各种思想言论。孟子认为凡是不肯定人具有恻隐羞恶辞让是非之心的都是诐、淫、邪、遁之辞，要排除它们对成德的不良影响。

第五节 时习

道德心的确立、操存、培护和呈现的工夫，不能离开人伦日用，孔子说"学而时习"(《论语·学而》)，孟子说"必有事焉"(《孟子·公孙丑上》），其实都是强调人心的道德创造能力一定要表现为具体的道德实践。就其关涉外在对象说，孔子以忠恕为一以贯之之道；《大学》畅言"有诸己而后求诸人，无诸己而后非诸人"的絜矩之道；《中庸》则强调不可以远人为道；孟子所谓反身而诚、强恕而行，其实也不外是道德心的确立、操存、培护和呈现，行恕过程中的反求就是求放心的工夫。行恕当然是道德心的推己及人，也就是在扩充中呈现。推仁义之心，自家而国，自国而天下，家则父子兄弟，国则君臣朋友，亲亲而仁民，仁民而爱物，尽己之性，尽人之性，尽物之性，以至于赞化育，参天地。

一、忠恕一贯

虽然学和思的修身工夫都包含动静、语默，但孔子尤其强调见于言行的部分，所以特别重视庸言之谨和庸德之行。《中庸》引孔子的话说：忠恕违道不远，施诸己而不愿，亦勿施于人。君子之道四，丘未能一焉：所求乎子，以事父，未能也；所求乎臣，以事君，未能也；所求乎弟，以事兄，未能也；所求乎朋友，先施之，未能也。庸德之行，庸言之谨，有所不足，不敢不勉，有余不敢尽。言顾行，行顾言，君子胡不慥慥尔。"就是平常说话要谨慎信实，做事要努力践行父子兄弟君臣之间常行的道德法则。也就是言要信，行要谨，事父要以孝，事君应尽礼。

孔子认为言行应该一致，以巧言令色鲜仁[1]，以刚毅木讷近仁[2]。

---

[1] 出自《论语·学而》。子曰："巧言令色，鲜矣仁！"
[2] 出自《论语·子路》。子曰："刚毅、木讷，近仁。"

认为巧言乱德[1]，言忠信行笃敬即使到蛮貊之邦也是通行的[2]。试想一下，一个人一天到晚总是费尽心思用漂亮的言辞、奉承的脸色讨好别人，怎么可能有进德的工夫。刚毅的人必不屈于物欲，木讷的人必不至于以言辞取荣，这都是有助于成德的。所以当司马牛问如何才是仁者时，孔子回答：仁者不轻易说话。司马牛觉得这也太简单了，于是追问：不轻易说话就可以算得上是仁吗？孔子回答：做起来难，怎么还会轻易说话呢？[3]从这段对答中，可以知道要进德，就应当谨言语，存此心。人如果爱胡乱说话，轻易言语，心奔驰四出，怎么会有仁？

孔子不只从言行关系的角度来说如何成为仁者，还把行胜于言看成君子的重要品质。行胜于言，故或行而后言，或行而不言。子贡在言语之科，问如何成为君子时，孔子回答"先行其言而后从之"（《论语·为政》）。其实君子之学为己，闇然而日章（《中庸》），正可以行而不言，所谓"君子欲讷于言而敏于行"（《论语·里仁》）。但对于言语科的子贡，孔子只是因病施药，告诉他要在未言之前，专力于行；行而后言，其言信实。孔子又说："君子耻其言而过其行。"（《论语·宪问》）如果以言过其行可耻，就不会说自己能力所不及的话。[4]相反，如果大言不惭，就不会有必成之志，也就很难做成事。[5]刘宗周在《论语学案》引了一个事证。靖难之役，金川失守，杨士奇、胡俨、解缙、金幼孜、黄

---

[1] 出自《论语·卫灵公》。子曰："巧言乱德，小不忍则乱大谋。"
[2] 出自《论语·卫灵公》。子张问行。子曰："言忠信，行笃敬，虽蛮貊之邦行矣；言不忠信，行不笃敬，虽州里行乎哉？立，则见其参于前也；在舆，则见其倚于衡也。夫然后行。"子张书诸绅。
[3] 出自《论语·颜渊》。司马牛问仁。子曰："仁者其言也讱。"曰："其言也讱，斯谓之仁已乎？"子曰："为之难，言之得无讱乎？"
[4] 出自《论语·里仁》。子曰："古者言之不出，耻躬之不逮也。"
[5] 出自《论语·宪问》。子曰："其言之不怍，则为之也难。"

淮、周是修在吴溥邸会集，相约死节，慷慨激发，而周是修只是哭泣，并不说话。吴溥就问当时才七岁的儿子吴与弼，与弼说："这些人只有周叔会死节。"

孔子说："文，莫吾犹人也。躬行君子，则吾未之有得。"(《论语·述而》) 勉励人要做躬行君子，不要做言语的巨人、行动的矮子。言辞只求能表达意思，不要追求富丽豪华。[1] 人应该常谨于言，不能不说的，也只是假言辞以达其意，达意之外的言辞，不是累赘就是诬妄。

孔子又告诫，人要在该说话的时候才说，不可以妄言语。孔子说："言未及之而言谓之躁，言及之而不言谓之隐，未见颜色而言谓之瞽。"(《论语·季氏》) 又说："多闻阙疑，慎言其余，则寡尤；多见阙殆，慎行其余，则寡悔。言寡尤，行寡悔，禄在其中矣。"(《论语·为政》) 多闻见，阙疑殆，慎言行不只是干禄，学者进德修业也是一样。

言行方面，孔子还有一则教导："邦有道，危言危行；邦无道，危行言孙。"(《论语·宪问》) 无论所处之世是无道还是有道，人都应该保持高尚的行为，但是无道之世，为避开灾祸，可以不用说出全部的真话。

孔子谨日用常行的忠恕之道在古本《大学》第四章到第六章有明晰的发挥。《大学》第二章和第三章从心、意本身讲明明德的工夫，但是心、意上的这些工夫必然关涉外在的对象，也就是《大学》"物有本末"的物，所以《大学》第四章到第六章就讲家、国范围的明明德工夫。

第四章讲的是以能近取譬为修身之方。《大学》说："所谓齐其家在修其身者，人之其所亲爱而辟焉，之其所贱恶而辟焉，之其所畏敬而辟焉，之其所哀矜而辟焉，之其所敖惰而辟焉。故好而知其恶，恶而知其

---

[1] 出自《论语·卫灵公》。子曰："辞达而已矣。"

美者，天下鲜矣。故谚有之曰：'人莫知其子之恶，莫知其苗之硕。'此谓身不修不可以齐其家。"孔子说："夫仁者，已欲立而立人，已欲达而达人，能近取譬，可谓仁之方也已。"（《论语·雍也》）。所以我们认同郑玄读"辟"为"譬"的解释。之其所而辟，就是适彼而以心度之的意思。具体地说，于所亲爱的，我就反躬自问：为什么会亲爱他？难道不是因为他品德高尚吗？于所傲惰的，我也反躬自问：为什么会傲惰他？难道不是因为他志行轻薄吗？反以喻己，如果我为人所亲爱抑或为人所傲惰，那么就可以知道自己德性培养得如何了。看见品德高尚的人为我所亲爱，我也应当培养品德，也能使众人亲爱我。看见志行轻薄的人为我所贱恶，我应当想到我如果没有德行他人也会贱恶我。看到那些我所敬畏的人，我应当想到如果我能庄敬自强，他人也会敬畏我。看到那些我所同情怜悯的人，我应当想到如果我慈善柔弱，也只能为他人所同情怜悯。看到那些我所傲惰的人，我应当想到如果我放僻邪侈，也会为人所傲惰。因此见贤思齐，见不贤而内自省，不断培养自己的德行，能为家人所爱敬。对《大学》这一章能近取譬的求仁之方的详尽说明，后来孟子又明确地表述为反求诸己，也就是"仁者爱人，有礼者敬人。爱人者人恒爱之，敬人者人恒敬之"（《孟子·离娄下》）一段，通过他人是否爱我敬我判断自己是否存有仁义之心。

孟子说："我爱别人但是别人并不亲我，则反求诸己，看看自己的爱人之仁是否还没有尽到。安定别人却没有得到结果，则反求诸己，看看自己的智慧是否不足。尊敬别人却没有得到别人的答复，则反求诸己，看看自己是否没有足够的恭敬。任何行为只要没有得到当有的效果，都应该反求诸己，立身正则能得到天下人的赞许。"（《孟子·离娄上》）孟子认为实践仁道犹如射箭，先端正自己，后发于行为，没有得到当有的效果，不埋怨胜过自己的人，只是反求诸己而已。（《孟子·公孙丑上》）可见反求诸己就是在行恕中求放心，在人伦日用之间让仁义之心呈现。孟子认为为善的途径，也就是道德实践的工夫只是扩充这个当恻隐能恻隐当羞恶能羞恶是知其是非知其非的本心于天下人。这个本心，孟子又用良能良知说。

孟子说："人之所不学而能者，其良能也；所不虑而知者，其良知也。孩提之童，无不知爱其亲者；及其长也，无不知敬其兄也。亲亲，仁也；敬长，义也。无他，达之天下也。"（《孟子·尽心上》）孟子认为二三岁的幼童，没有不知道爱父母的，等长大了，没有不知道敬兄长的，亲亲敬长就是人的良能良知。创造仁义礼智这些道德价值，只是推此亲亲敬长之心，广泛施于天下之人。

孟子进一步强调推扩仁义之心要不间断，就是强恕而行中"强"的意思。孟子说："仁之实，事亲是也；义之实，从兄是也。智之实，知斯二者弗去是也；礼之实，节文斯二者是也；乐之实，乐斯二者，乐则生矣；生则恶可已也？恶可已？则不知足之蹈之、手之舞之。"（《孟子·离娄上》）强恕而行，日进日生，创造不息，万物皆备，所以孟子说乐莫大焉。

人皆有恻隐之心，所以皆有所不忍。人皆有羞恶之心，所以皆有所不为。这不忍不为的心就是仁义的发端，能推这不忍不为之心至于所不当忍而忍、所不当为而为之地，这就是仁义的行为。人能充满不想加害于人的心，那他所爱养的人是没有穷尽的；人能充满不想挖洞跳墙的心，那他所成就的正义的事是没有穷尽的。[1]

---

[1] 出自《孟子·尽心下》。孟子曰："人皆有所不忍，达之于其所忍，仁也。人皆有所不为，达之于其所为，义也。人能充无欲害人之心，而仁不可胜用也。人能充无穿逾之心，而义不可胜用也。人能充无受尔汝之实，无所往而不为义也。士未可以言而言，是以言餂之也；可以言而不言，是以不言餂之也。是皆穿逾之类也。"

孟子认为仁义之心的推扩是有远近之序的。孟子说:"君子之于物也,爱之而弗仁;于民也,仁之而弗亲。亲亲而仁民,仁民而爱物。"(《孟子·尽心上》)南宋真德秀说:"凡生于天壤之间者,莫非天地之子而吾之同气者也,是之谓理一。然亲者吾之同体,民者吾之同类,而物则异类矣,是之谓分殊。以其理一,故仁爱之仁无不遍;以其分殊,故仁爱之施则有差。"

君子亲亲,所以孝友于家。君子爱民,所以用道正君心,安社稷,平天下。

二、事亲以孝

首先,孔子认为孝顺父母要以父母之心为心。孔子说:"父在观其志,父没观其行,三年无改于父之道,可谓孝矣。"(《论语·学而》)这里的道,自然是"朝闻道,夕死可矣"(《论语·里仁上》)的道,所以三年无改于父之道,就是《中庸》"夫孝者善继人之志,善述人之事"之意。为人子女,心中实在不忍改父之道。但是到底是终身不改,还是三年而改,抑或迫不得已不待三年而改,要根据具体情况,以合适不合适、应该不应该为原则加以考量。只是无论如何都不能没有不忍改父之道的存心。

孟武伯问孝,孔子说"父母唯其疾之忧"(《论语·为政》)。父母爱子女之心无所不至,唯恐子女有疾病,常常担忧。为人子女,能够体谅父母的用心而以父母之心为心,一定能小心谨慎爱护身体,以免让父母担忧,还要保持节操,不让父母蒙羞。

子女能以父母之心为心,所以"父母在,不远游,游必有方"(《论语·里仁》)。在当时的条件下,远游意味着要长时间离开父母,父母一定念我不忘。即使出游也必定告诉父母出游的所在,让父母知道自己去了哪里而不用担忧，如果有急事要叫自己回去也一定能做到。孟子讲孝最重视养志，也就是以父母之心为心。孟子说："事孰为大？事亲为大；守孰为大？守身为大。不失其身而能事其亲者，吾闻之矣；失其身而能事其亲者，吾未之闻也。"（《孟子·离娄上》）守身，有节操，不会让父母受到羞辱。

其次，孔子认为孝顺父母一定要"生，事之以礼；死，葬之以礼，祭之以礼。"（《论语·为政》）必须思考为什么要以礼事亲，然后学习事亲所需要的各种礼节。孟子也主张孝当尽礼。孟子引用"生，事之以礼；死，葬之以礼，祭之以礼，可谓孝矣"的话，认为三年丧制是三代所共，应该遵行。劝滕文公行三年之丧（《孟子·滕文公上》），反对齐宣王短丧（《孟子·尽心上》）。曾子说他听孔子说："人未有自致者也，必也亲丧乎？"孟子也说："亲丧，固所自尽也。"（《孟子·滕文公上》）所以孟子对于丧礼尤其重视，孟子说："养生者不足以当大事，惟送死可以当大事。"（《孟子·离娄下》）需要遵守礼制，所以丧父以士礼、丧母以大夫礼，丧父以三鼎、丧母以五鼎。当有人以棺椁衣衾之美指责他"后丧逾前丧"时，他说是因为贫富不同的缘故。（《孟子·梁惠王下》）这也是孔子丧具要与其家资产的有无多寡相称的思想。所以孟子又说："君子不以天下俭其亲。"（《孟子·公孙丑下》）

最后，孔子认为孝顺父母要有爱敬。子夏问孝，孔子说："色难。有事弟子服其劳，有酒食先生馔，曾是以为孝乎？"（《论语·为政》）孝子对父母有深爱，跟父母说话必定和和气气，表现在脸色上一定是欢愉的，表现在容貌上一定是温婉的。所以说事亲之际唯色为难，服劳奉养是不足称孝的。

子游问如何才是孝，孔子说："今之孝者，是谓能养。至于犬马皆能有养；不敬，何以别乎？"（《论语·为政》）孔子批评当时世俗仅以能供养父母为孝。那么人也供养犬马，难道能说成是孝于犬马吗？如果只是供养而没有爱敬，那么和供养犬马又有什么两样？这是非常荒唐的，也是非常令人痛心的。因为对父母有深深的爱敬，所以对于孝顺的子女来说，"父母之年，不可不知也，一则以喜，一则以惧"（《论语·里仁》）既为他们长寿高兴，又害怕他们衰老。

孔子认为善事父母并不是盲从父母，而是要尽力帮父母改过。子女事奉亲，父母有过不容不谏，但一定是在几微之间，出以爱心，和颜悦色，下气柔声。如果父母不听从，只有不惮辛劳，不起疾怨，反反复复劝说。因为父母不听从、害怕触怒父母而不劝，最后导致父母得罪乡党邻里，遗患社会，是非常不对的。一定要置父母于无过之地，一意犯颜直谏，不惜触怒父母，也是不对的。[1]

孟子列举了一些不孝的行为，在民间流传很广。比如"不孝有三，无后为大"（《孟子·离娄上》），又比如孟子说："世俗所谓不孝者五：惰其四支，不顾父母之养，一不孝也；博弈好饮酒，不顾父母之养，二不孝也；好货财，私妻子，不顾父母之养，三不孝也；从耳目之欲，以为父母戮，四不孝也；好勇斗狠，以危父母，五不孝也。"（《孟子·离娄下》）

三、事君尽礼

萧公权先生认为，孔子论君臣关系之精义，在于"以道事君，不可则止"[2]这八个字。以道事君，不从君之欲；不可则止，必行己之志。

---

[1] 出自《论语·里仁》。子曰："事父母几谏。见志不从，又敬不违，劳而不怨。"
[2] 出自《论语·先进》。季子然问："仲由、冉求可谓大臣与？"子曰："吾以子为异之问，曾由与求之问。所谓大臣者：以道事君，不可则止。今由与求也，可谓具臣矣。"曰："然则从之者与？"子曰："弑父与君，亦不从也。"

君子出仕的真正目的是以爱人之心行仁者之政。可以行道而不出仕，是放弃责任；没有行道的条件而出仕，是干禄，是志于穀谷，二者皆孔子所不取。出处既以行道为标准，则个人对于君主本身并没有绝对之义务。[1]

鲁定公问君如何使臣，臣如何事君，孔子说："君使臣以礼，臣事君以忠。"（《语论·八佾》）因为君臣之间是因道义而成立的关系，君主任用臣下，能尽礼遇，守礼节，那么大臣侍奉君主就应该忠于职守。所谓忠，就是"敬其事而后其食"（《论语·卫灵公》）。君子出仕，先敬其事。官有职守的要认真尽职，不能先有求禄之心。有进言责任的，要恪尽言责，不能阿谀从顺，回互隐伏，发现人君行政失误却不想挽救，知道君主所用非人却不愿纠正，都是不对的，要犯言直谏，要"勿欺也，而犯之"。（《论语·宪问》）但是犯颜直谏也不是说对人君可以桀骜不驯，孔子说："奢则不孙，俭则固。与其不孙也，宁固。"（《论语·述而》）骄奢则不逊以犯上，俭约则固陋不文。孔子认为与其不逊犯上，不如固陋不文。恪尽职守意味着不在其位则不任其事，孔子说"不在其位，不谋其政"（《论语·泰伯》）。

孔子认为一个患得患失的人不可能事君以忠，这样的人所考虑的只是自己的利欲，只问这样做是否可以更多满足自己的利益，不去问这样做是不是符合理义，最后一定无所不至，什么恶事都做得出来。[2]

孔子自己是尽礼事君的，却被当时很多人看成谄媚君主。[3]这也许是他对于君臣之间如何相处提出这么多说法的一个原因。

---

[1] 萧公权.中国政治思想史［M］.北京：新星出版社，2010：48-49.
[2] 出自《论语·阳货》。子曰："鄙夫！可与事君也与哉？其未得之也，患得之；既得之，患失之。苟患失之，无所不至矣。"
[3] 出自《论语·八佾》。子曰："事君尽礼，人以为谄也。"

孟子发展了孔子"以道事君，不可则止"的思想，提出"无罪而杀士，则大夫可以去；无罪而戮民，则士可以徙"。孟子对齐宣王说："君之视臣如手足；则臣视君如腹心；君之视臣如犬马，则臣视君如国人；君之视臣如土芥，则臣视君如寇雠。"(《孟子·离娄下》)说贵戚之卿君有大过则谏，反复之而不听，则易位；而异姓之卿君有过则谏，反复之而不听，则去。(《孟子·万章下》)臣对君并无绝对之义务。

孟子认为无论是在国的市井之臣还是在野的草莽之臣，都是庶人，于义都不当见诸侯，诸侯如果认为其多闻见或者有贤德，那这个人就可以做诸侯的宾师，但天子都不能召宾师，何况诸侯，所以君子遵行礼义，不会干进，必须等待君王的礼聘。(《孟子·离娄下》)

对当时的大臣，孟子说："有事君人者，事是君则为容悦者也。有安社稷臣者，以安社稷为悦者也。有天民者，达可行于天下而后行之者也。有大人者，正己而物正者也。"(《孟子·尽心上》)大人并不简单地就用人行政提供具体的修改意见，而是要格君心之非，使君心由不正而归于正，因为君仁莫不仁，君义莫不义，君正莫不正，一正君而国定。(《孟子·离娄上》)

四、知人择友

孔子指点成德工夫，一而再提到无友不如己者，不要与不志于道的人为友，因为在成德过程中，师友之间的相互切磋与帮助非常重要。这正如程门弟子尹彦明引《诗序》说"自天子至于庶人，未有不须友以成者"。

子贡问如何培养仁德，孔子说：工欲善其事，必先利其器。培养仁德，要事奉那些贤能的大夫，和那些有仁德的士人交朋友。[1]这样，就

---

[1] 出自《论语·卫灵公》。子贡问为仁。子曰："工欲善其事，必先利其器。居是邦也，事其大夫之贤者，友其士之仁者。"

会有可以敬畏的榜样，就会有可以切磋的同道，见贤思齐，有敬畏则能不怠惰；以友辅仁，有切磋则能自勉励。子贡就问如何与朋友相处，孔子说："忠告而善道之，不可则止，无自辱焉。"（《论语·颜渊》）尽心相告，好言相导，如此则不辜负朋友；劝告后依然不听，那就算了，不要自取其辱以伤友谊。

我们再看应当如何对待兄弟和对待朋友。孔子告诉子路，作为士，对朋友切切、偲偲，对兄弟怡怡。[1]就是说，教告朋友应该恳切且不张扬他的过错，详尽劝导而不勉强他听从；规劝兄弟，应该和颜悦色，不能影响彼此之间的恩情。

孔子说：正直的人要求我们为善而无所回护，忠信的人择善固执而无所改易，见多识广的人能提供意见从而使我们避免偏见。我们应该与直、谅、多闻的人交朋友，不要结交那些谄媚奉承的人、当面恭维背后毁谤的人、夸夸其谈的人。[2]

在老师面前，我们应该谦让，但是对于本来就属于自己的东西就不用谦让，比如内在于我的仁。孔子说："当仁不让于师。"（《论语·卫灵公》）因为仁属于我自己，我求仁并不是取师之仁以予我，所以这不是争。

孔子重视师友在进德过程中的作用，孟子认为应该"不挟长，不挟贵，不挟兄弟而友"，因为友是友其德，不可以有挟。孟子认为圣人是百世之师，所以提出了尚友古人的思想。孟子说："一乡之善士，斯友一乡之善士；一国之善士，斯友一国之善士；天下之善士，斯友天下之

---

[1] 出自《论语·子路》。子路问曰："何如斯可谓之士矣？"子曰："切切、偲偲、怡怡如也，可谓士矣。朋友切切、偲偲，兄弟怡怡。"

[2] 出自《论语·季氏》。孔子曰："益者三友，损者三友。友直，友谅，友多闻，益矣。友便辟，友善柔，友便佞，损矣。"

善士。以友天下之善士为未足,又尚论古之人。颂其诗,读其书,不知其人,可乎?是以论其世也。是尚友也。"(《孟子·万章下》)

自老师、朋友推而广之,我们培养仁德,其实可以从所有人那里获得帮助。孔子说:"三人行,必有我师焉:择其善者而从之,其不善者而改之。"(《论语·述而》)又说:"见贤思齐焉,见不贤而内自省也。"(《论语·里仁》)见人之贤,知其德行可尊可贵,就必须勇猛精进,努力像贤者一样,以至于可尊可贵之地。见人不肖,就惕然省察,自问是否也有同样的恶潜伏于内而不知觉。

孔子说:"德不孤,必有邻。"(《论语·里仁》)同类相求,德必有从,就如同居必有邻。我们修习仁德,不能孤而自足,所有仁德之人都是我的师友,邻之亲之,善之有之,我道不孤。孔子说:"里仁为美。择不处仁,焉得知?"(《论语·里仁》)居必择乡,熏陶染习以成德,赒恤保爱以全生,所以择仁而居,是知者所为。

要得到他人的帮助,必须正确地对待他人的劝告。孔子说:我们面对直言相劝,会听从,但重要的是一定要改正;那些委婉的劝告,我们听着高兴,但一定要仔细思索,明白他规劝的隐微意思。如果当面表示听从但不努力改正,只是觉得舒心但不思量微意,不要说师友,就是整天跟圣贤在一起,圣贤也拿你没办法。[1]

既然成德过程中来自他人的帮助如此重要,那么一定不能没有知人之功。所以接下来我们看孔子指点的观人之法。

孔子说:"视其所以,观其所由,察其所安。"(《论语·为政》)看一个人,先看他的行动,为善的是君子,为恶的是小人。再仔细看他为

---

[1]出自《论语·子罕》。子曰:"法语之言,能无从乎?改之为贵。巽与之言,能无说乎?绎之为贵。说而不绎,从而不改,吾末如之何也已矣。"

什么会如此行动，因为没有善意也可以做善事，如果为自身利益而为善，那也算不上是君子。最后省察他是否内心乐于为善，为了善而为善，但内心并不乐意为善，那么他就不会持久为善。

孔子说：不知言则无以知人，知人之明能辨明那些慢慢渗透到人心里的谗言，能感受切肤之痛的诬告。[1]一个贤者不预先怀疑别人有欺诈，不会没有根据就推断别人不老实，却能预先察觉一个人的为人。[2]但是孔子也提醒：人不能仅根据一个人认同言论笃实就判定他是君子，有可能他只是假装神色庄重而已。[3]也不能根据众人的意见来判断一个人到底是好是坏。乡人皆好皆恶不能判定此人是贤还是不肖。乡人皆好的，可能是同流合污之人；乡人皆恶的，可能是诡世戾俗之人。贤与不肖取决于善者之好、不善者之恶。为乡人之善者所好的，则有可好的实际；为乡人之不善者所恶的，则无苟合的行为，那么就是善人。[4]所以孔子说："众恶之，必察焉；众好之，必察焉。"(《论语·卫灵公》)

孔子还指点了该如何分辨君子和小人。对于人和人之间的言论、行动上的分歧，君子根据道德准则和事实本身来判断，不会存心标新立异，也不会盲目地附和众人。小人却根据是否有利于自己来裁量，喜欢阿谀奉承别人，却不肯表示不同意见。[5]君子容易共事，讨他欢喜却难。不用正当方式去讨他喜欢，他不会喜欢；到用人时，能

---

[1]出自《论语·颜渊》。子张问明。子曰："浸润之谮，肤受之愬，不行焉。可谓明也已矣。浸润之谮肤受之愬不行焉，可谓远也已矣。"

[2]出自《论语·宪问》。子曰："不逆诈，不亿不信。抑亦先觉者，是贤乎！"

[3]出自《论语·先进》。子曰："论笃是与，君子者乎？色庄者乎？"

[4]出自《论语·子路》。子贡问曰："乡人皆好之，何如？"子曰："未可也。""乡人皆恶之，何如？"子曰："未可也。不如乡人之善者好之，其不善者恶之。"

[5]出自《论语·子路》。子曰："君子和而不同，小人同而不和。"

随才任使，不会求全责备。小人很难共事，讨他喜欢却容易。用不正当的方式去讨他喜欢，他也会喜欢；到用人时，他却求全责备，百般挑剔。[1]

孔子也注意从气质的种种偏差来了解人。孔子说：什么样的人犯什么样的错误，仔细考察人所犯的错误，就可以知道他是什么样的人。[2]人的气质上的缺失与长处往往不可分，狂傲者较容易趋向正直，无知者较容易趋向厚道，无能者较容易趋向守信。可是当时有一些人只是轻狂却不直率，无知但不厚道，无能而不守信用。[3]孔子又说：古时候的狂者只是不拘小节，而当时狂者完全荡越于礼法之外；古时候持守太严的人棱角阶厉，而当时持守太严的人是忿怒乖戾；古时候不明理义的人只是直性而行，而当时不明理义的人是挟私妄作。[4]对这些人，孔子无法理解，简直无从施教。孔子说还有一种人，整天同大家在一块，不说一句有道理的话，只喜欢卖弄小聪明，这种人也很难教导。[5]

还有这样几种人也让孔子相当失望。孔子把那些表面疾言厉色但内心十分怯弱的人比作挖洞翻墙的小偷[6]，这样的人用表面的厉色掩盖内心的柔弱，为的是人前隐瞒，生怕内心被人知道，就像做贼一样。还有道听途说的人，听于道路，又于道路上说给别人听，如此自弃其德，

---

[1] 出自《论语·子路》。子曰："君子易事而难说也：说之不以道，不说也；及其使人也，器之。小人难事而易说也：说之虽不以道，说也；及其使人也，求备焉。"

[2] 出自《论语·里仁》。子曰："人之过也，各于其党。观过，斯知仁矣。"

[3] 出自《论语·泰伯》。子曰："狂而不直，侗而不愿，悾悾而不信，吾不知之矣。"

[4] 出自《论语·阳货》。子曰："古者民有三疾，今也或是之亡也。古之狂也肆，今之狂也荡；古之矜也廉，今之矜也忿戾；古之愚也直，今之愚也诈而已矣。"

[5] 出自《论语·卫灵公》。子曰："群居终日，言不及义，好行小慧，难矣哉！"

[6] 出自《论语·阳货》。子曰："色厉而内荏，譬诸小人，其犹穿窬之盗也与？"

因此也必为有德者所弃。[1]有些人不能及时迁善改过，活到四十岁依然被人厌恶，那这种人一生差不多就完了。[2]

孔子认为与人相处，要"躬自厚而薄责于人"[3]。责己厚，则身益修；责人薄，则人易从，所以不会招来人的埋怨。

做事不要谋于不同道的人，如果和不同道的人共谋，则方圆凿枘，做不成事。[4]

我们深爱一个人，如父母对于子女，就应该尽力成全。我们忠于一个人，如忠臣对于君主，就应该规劝帮助。[5]

我们和人相处，应该成人之美，不成人之恶。[6]

对于有恩德于我们的人，我们要用恩德去回报他。对于和我们有旧怨的人，我们要公正地对待他。[7]比如断案的法官，对于一个与他有旧怨而又犯下罪行的人，应该根据他所犯的罪行予以公正的裁决，不能以公权报私怨而予以重判，但也不能为释旧怨而以公权市私恩。

孔子认为君子和小人虽然不同，但都可以任用。君子在小事上未必可观，而材德足以任重；小人虽器量浅狭，却未必无一长可取。一事能否做成不足以尽君子之蕴，故不可小知；任天下重而不惧，故可大受。

---

[1] 出自《论语·阳货》。子曰："道听而途说，德之弃也。"
[2] 出自《论语·阳货》。子曰："年四十而见恶焉，其终也已。"
[3] 出自《论语·卫灵公》。子曰："躬自厚而薄责于人，则远怨矣。"
[4] 出自《论语·卫灵公》。子曰："道不同，不相为谋。"
[5] 出自《论语·宪问》。子曰："爱之，能勿劳乎？忠焉，能勿诲乎？"
[6] 出自《论语·颜渊》。子曰："君子成人之美，不成人之恶。小人反是。"
[7] 出自《论语·宪问》。或曰："以德报怨，何如？"子曰："何以报德？以直报怨，以德报德。"

小人有一技之长，也可以用其所长，但不可以任大事。[1]不能根据一个人的言论荐举他，也不能根据一个人的为人否定他的一切言论。[2]对于一个可以向他进言的人却不进言，这样会失去帮助别人的机会；对于一个无法向他进言的人却向他进言，这是白费口舌。[3]

孔子说：与家中的婢女和下人相处确实不容易，如果慈爱而不庄重，他们可能对你不逊；如果庄重而不慈爱，他们可能会埋怨你。[4]只要慈爱而不失庄重，就可以避免招来不逊和埋怨。

孔子说："吾之于人也，谁毁谁誉？如有所誉者，其有所试矣。斯民也，三代之所以直道而行也。"（《论语·卫灵公》）可见孔子不只将知人之法和处人之术指点出来，孔子认为要真正地全面认识和了解一个人，还需要结合具体的生活实践，而不能只是根据抽象的道德原则，最典型的例证莫过于他对管仲的评论。孔子虽然认为管仲器量格局很小而不是俭约，更不理解并依据礼制行事（《论语·八佾》），但对桓公杀公子纠，召忽死之，管仲不死，子路、子贡都以此认为管仲未仁，孔子认为："桓公九合诸侯，不以兵车，管仲之力也。如其仁！如其仁！"（《论语·宪问》）孔子当然不认为管仲是一位仁人，而只是说我们为什么要把仁还是未仁作为判断人的唯一标准呢？又说："管仲相桓公，霸诸侯，一匡天下，民到于今受其赐。微管仲，吾其被发左衽矣。岂若匹夫匹妇之为谅也，自经于沟渎，而莫之知也。"（《论语·宪问》）同样，

---

[1]出自《论语·卫灵公》。子曰："君子不可小知，而可大受也；小人不可大受，而可小知也。"

[2]出自《论语·卫灵公》。子曰："君子不以言举人，不以人废言。"

[3]出自《论语·卫灵公》。子曰："可与言而不与之言，失人；不可与言而与之言，失言。知者不失人，亦不失言。"

[4]出自《论语·阳货》。子曰："唯女子与小人为难养也，近之则不孙，远之则怨。"

如果认为孔子在这里是主张可以枉尺而直寻（《孟子·滕文公下》），恐怕也是错解。孔子应该是引导子贡论人要全面地看，不死公子纠，小节上管仲容有所亏，但也要注意到他后来成就的大功。

五、家国天下

有一次有人问孔子为什么不去从事政治，孔子回答说："《书》云：'孝乎惟孝，友于兄弟，施于有政。'是亦为政，奚其为为政？"（《论语·为政》）孔子之所以会认为孝友即为政，修身即治国，是因为孔子认为政治的功能是让天下人都能拥有德性的人生，而达成这一目的的途径，主要不是刑政，而是礼乐。这里所谓礼乐，也与后世的名教观念不同，主要指君子自身用礼乐来修身。这就是所谓德治。德治其实就是儒家的无治主义，或者说无为而治，无为而治又与儒家的天下为公的理想紧密相连。因为主张不以天下为私有，所以孔子推崇那些使天下治理之权和平转移给贤者的人，比如尧舜。甚至只要能让天下，他都推崇，说泰伯三以天下让，有至高的德行[1]。因为不以天下为私有，所以能举天下贤能共治天下，实现无为而治。把这两条原则运用到治国上，就是礼让为国，以德行仁。

（一）以德行仁

孔子说："能以礼让为国乎？何有？不能以礼让为国，如礼何？"（《论语·里仁》）礼的实质、礼的根本是谦让，以礼让为国则何难之有？因为礼让为国，其实就是推行恕道，反求诸己。孔子说为政以正名为先，认为"名不正，则言不顺；言不顺，则事不成；事不成，则

---

[1]出自《论语·泰伯》。子曰："泰伯，其可谓至德也已矣！三以天下让，民无得而称焉。"

第五章 "四书"论修身的工夫

礼乐不兴；礼乐不兴，则刑罚不中；刑罚不中，则民无所措手足"[1]。

所谓正名，其实是要求不同职位的人能反省自身是否做到了本身所居职位要求于自己的，也就是孔子说的"君君，臣臣，父父，子子"[2]，若臣不臣则君需反省自身是否不君，若子不子则父需反省自身是否不父，反之亦然。人人礼让，人人反身自省，则国可治。

反求诸己延伸到执政者与民众的关系上，就是正身正人的思想。

季康子问盗贼太多怎么办，孔子说：这是你自己的贪欲造成的，如果你不贪，即使给那些盗窃的人奖励，他们也不会偷盗。[3]季康子又认为为政就是杀掉无道的人，去亲近有道的人，问孔子有什么意见。孔子说：如果有无道的人，那也是为政者自己不善造成的。如果为政者好善，民众也会好善，哪里还会有无道的人呢？与其用刑杀去统治百姓，不如自身修德，为政者自身的德性就像风，小民的德性就像草，以德化民，风行草偃。[4]孔子告诉樊迟"上好礼，则民莫敢不敬；上好义，则

---

[1] 出自《论语·子路》。子路曰："卫君待子而为政，子将奚先？"子曰："必也正名乎！"子路曰："有是哉，子之迂也！奚其正？"子曰："野哉由也！君子于其所不知，盖阙如也。名不正，则言不顺；言不顺，则事不成；事不成，则礼乐不兴；礼乐不兴，则刑罚不中；刑罚不中，则民无所措手足。故君子名之必可言也，言之必可行也。君子于其言，无所苟而已矣。"

[2] 出自《论语·颜渊》。齐景公问政于孔子。孔子对曰："君君，臣臣，父父，子子。"公曰："善哉！信如君不君，臣不臣，父不父，子不子，虽有粟，吾得而食诸？"

[3] 出自《论语·颜渊》。季康子患盗，问于孔子。孔子对曰："苟子之不欲，虽赏之不窃。"

[4] 出自《论语·颜渊》。季康子问政于孔子曰："如杀无道，以就有道，何如？"孔子对曰："子为政，焉用杀？子欲善，而民善矣。君子之德风，小人之德草。草上之风，必偃。"

民莫敢不服；上好信，则民莫敢不用情"[1]。孔子认为"上好礼，则民易使"(《论语·宪问》)。

季康子问怎么样才能让民众做事认真、尽心尽力而且互相劝勉，孔子说："要你自己先严肃认真地对待民众的事情，孝顺父母，慈爱幼小，提拔善人又能教育能力差的人，这样才行。"[2]孔子认为只有提拔正直的人放在邪曲的人之上，让正直的人而不是邪曲的人做民众的表率，民众才会服从。[3]

孔子明确提出为政就是端正自己，如果能以正当的行为为民众的表率，那么没有谁敢不正当而行。[4]为政者只要自己立身端正，治理国家处理政务就不会有什么困难，如果自己立身不端正，怎么能让别人端正呢？[5]治国者其实并不需要颁布什么命令，因为治国者自己立身端正，即使不发布命令，事情也能得到执行；如果自己立身不端正，那么即使发布命令也得不到执行。[6]

端正自己，就是统治者自身砥砺德行，所以孔子提倡无为而治的德治。

---

[1] 出自《论语·子路》。樊迟请学稼，子曰："吾不如老农。"请学为圃。曰："吾不如老圃。"樊迟出。子曰："小人哉，樊须也！上好礼，则民莫敢不敬；上好义，则民莫敢不服；上好信，则民莫敢不用情。夫如是，则四方之民襁负其子而至矣，焉用稼？"

[2] 出自《论语·为政》。季康子问："使民敬、忠以劝，如之何？"子曰："临之以庄则敬，孝慈则忠，举善而教不能，则劝。"

[3] 出自《论语·为政》。哀公问曰："何为则民服？"孔子对曰："举直错诸枉，则民服；举枉错诸直，则民不服。"

[4] 出自《论语·颜渊》。季康子问政于孔子。孔子对曰："政者，正也。子帅以正，孰敢不正？"

[5] 出自《论语·子路》。子曰："苟正其身矣，于从政乎何有？不能正其身，如正人何？"

[6] 出自《论语·子路》。子曰："其身正，不令而行；其不正，虽令不从。"

孔子说："为政以德，譬如北辰，居其所而众星共之。"（《论语·为政》）以德为政，不用刑赏，不动声色，无为而为天下人所归往，就如同北极星居于其所，不移动而为众星所围拱一样。孔子认为用政令来指导民众，用刑罚来划一民众，民众只求能免于犯罪，却不会有廉耻。用道德来引导民众，用礼教来划一民众，民有廉耻，同至于善。[1]用道德来引导，当然不只是颁布道德准则让民众去遵守，而是统治者自身以道德为民众的表率。

孔子认为正是统治者自身的失德造成了国家与社会的治理危机，所以要重建社会秩序，只有代虐以宽，化苛为简，具备恭、宽、信、敏、惠五种政德。[2]

恭是内心行敬而外见于容貌，在五德中最根本。下面四德是治国者需要遵守的职业伦理。

宽是居上位者以仁为本，仁德表现于治国，就是宽以待下。不敢侮鳏寡，而为众所归附；不宽则苛刻，苛刻则众叛亲离。宽仁为政其实就是居敬行简。弟子冉雍宽宏简重，孔子认为他有人君之度。冉雍因孔子称许自己，就问子桑伯子怎么样。孔子说：其人简而不烦，还算可以。冉雍说：如果以敬自处，严于自治，这样就可以行简以临民，事不烦而民不扰。如果自处以简，疏于自治，所行又无法度可守，则一定失之太

---

[1] 出自《论语·为政》。子曰："道之以政，齐之以刑，民免而无耻；道之以德，齐之以礼，有耻且格。"

[2] 出自《论语·阳货》。子张问仁于孔子。孔子曰："能行五者于天下，为仁矣。"请问之。曰："恭、宽、信、敏、惠。恭则不侮，宽则得众，信则人任焉，敏则有功，惠则足以使人。"

简。孔子认为冉雍说得对。[1]居敬行简,就是以德自持,见于施政,则无为而化天下。

信指统治者表里如一,言行一致,名实相副,只有这样才能取信于民。取信于民对于治国最重要,比兵、食还重要,必不得已,兵可去,食可去,而信不可去[2]。统治者"宁死而不失信于民",则"民亦宁死而不失信于我",要勇于任事,敢于承担责任。

敏是敏捷,敏是灵敏,指统治者处理事情快速而正确的反应能力,是保证事业取得成功的一项政德。

惠是顺的意思。用人要顺应人情,考量人才的长处而不苛责其短处,并且经常体念人所处的情势和所付出的辛劳,给予必要的休整,如此则足以使人。《论语》记载了周公对于任用人才的意见,指出"无求备于一人"。[3]孔子认为应该先修习礼乐然后进用[4],人只要有贤能就不会被埋没[5]。

孔子还提出了惠而不费,劳而不怨,欲而不贪,泰而不骄,威而不

---

[1] 出自《论语·雍也》。子曰:"雍也可使南面。"仲弓问子桑伯子,子曰:"可也简。"仲弓曰:"居敬而行简,以临其民,不亦可乎?居简而行简,无乃大简乎?"子曰:"雍之言然。"

[2] 出自《论语·颜渊》。子贡问政。子曰:"足食,足兵,民信之矣。"子贡曰:"必不得已而去,于斯三者何先?"曰:"去兵。"子贡曰:"必不得已而去,于斯二者何先?"曰:"去食。自古皆有死,民无信不立。"

[3] 出自《论语·微子》。周公谓鲁公曰:"君子不施其亲,不使大臣怨乎不以。故旧无大故,则不弃也。无求备于一人。"

[4] 出自《论语·先进》。子曰:"先进于礼乐,野人也;后进于礼乐,君子也。如用之,则吾从先进。"

[5] 出自《论语·子路》。仲弓为季氏宰,问政。子曰:"先有司,赦小过,举贤才。"曰:"焉知贤才而举之?"曰:"举尔所知。尔所不知,人其舍诸?"

猛的要求。[1] 泰而不骄，是要求统治者谦虚好善，不骄不傲，要允许不同意见存在，这是国家存亡的关键。如果统治者以唯其言而莫予违为快乐，最终会导致一言丧邦。[2] 相反，如果统治者认识到治理之难，不专己裁断，勇于接受他人不同意见，国家就会强盛。统治者即使有周公之才之美，但既骄且吝，那么也不用再考察其他的了。[3] 欲而不贪，是说统治者应该把仁作为自己欲求的对象，"敬事而信，节用而爱人，使民以时"[4]。

《大学》"治国必先齐其家"和"平天下在治其国"两章，把孔门的忠恕之道进一步明确地贯彻到治国平天下的领域。孔子跟曾子说吾道一以贯之，又告诉子贡自己非多学而识之，而是一以贯之，主要都是就修身说的。至于治国方面，孔子主要讲礼让为国，为政以德。《大学》则明确地表示：修身是行忠恕，齐家治国也是行忠恕，一以贯之。所谓治国行忠恕，就是治国者自己善才能要求民众善，自己不为恶才能要求民众不为恶，所令不能反其所好，要求于民众的也是自己所好的，或者反

---

[1] 出自《论语·尧曰》。子张问于孔子曰："何如斯可以从政矣？"子曰："尊五美，屏四恶，斯可以从政矣。"子张曰："何谓五美？"子曰："君子惠而不费，劳而不怨，欲而不贪，泰而不骄，威而不猛。"子张曰："何谓惠而不费？"子曰："因民之所利而利之，斯不亦惠而不费乎？择可劳而劳之，又谁怨？欲仁而得仁，又焉贪？君子无众寡，无小大，无敢慢，斯不亦泰而不骄乎？君子正其衣冠，尊其瞻视，俨然人望而畏之，斯不亦威而不猛乎？"子张曰："何谓四恶？"子曰："不教而杀谓之虐；不戒视成谓之暴；慢令致期谓之贼；犹之与人也，出纳之吝，谓之有司。"

[2] 出自《论语·子路》。定公问："一言而可以兴邦，有诸？"孔子对曰："言不可以若是其几也。人之言曰：'为君难，为臣不易。'如知为君之难也，不几乎一言而兴邦乎？"曰："一言而丧邦，有诸？"孔子对曰："言不可以若是其几也。人之言曰：'予无乐乎为君，唯其言而莫予违也。'如其善而莫之违也，不亦善乎？如不善而莫之违也，不几乎一言而丧邦乎？"

[3] 出自《论语·泰伯》。子曰："如有周公之才之美，使骄且吝，其余不足观也已。"

[4] 出自《论语·学而》。子曰："道千乘之国，敬事而信，节用而爱人，使民以时。"

过来说，要民之所好好之，民之所恶恶之。把自己的好恶通贯于民众，必然要求许多合理的政治行为与设施。自己要享受什么，便想到民众也应当有这种享受，自然不能不有许多作为。政治的腐化，必然来自统治者生活的腐化；政治的残暴，必然来自统治者以法令要求于人民，而自己处于法令之外。这就发展了孔子礼让为国、为政以德的德治思想。孟子则直接将与民同好恶的思想作为不忍人之政的重要内容。所以《大学》这两章的内容在儒家政治理论中有相当重要的地位。

《大学》"治国必先齐其家"一章说，人在家中表现出的孝、悌、慈等德性，也正是其在国中事君、事长、使众所需要的德性。就是说家、国适用的道德原则具有同一性，这种同一性的根据在于孝、悌、慈都是基于人对他人的出于其内在本性而非后天学习而来的仁爱。

> 所谓治国必先齐其家者，其家不可教而能教人者，无之。故君子不出家而成教于国。孝者，所以事君也；弟者，所以事长也；慈者，所以使众也。《康诰》曰："如保赤子。"心诚求之，虽不中不远矣。未有学养子而后嫁者也。（《大学》）

在家能善事父、兄，在国就能善事君、长；在家能慈爱子女，在国就能慈爱民众，如保爱自己所亲爱的子女一样。赤子不会说话，但母亲对他的慈爱之心出于至诚，所以推求赤子之所意欲，虽然有时会不合，但是也不至于相差太远，这并不是通过学习而来的，因为从来没有人学习怎样养育子女后才出嫁。所以，推爱子女的赤诚之心以爱万民，则国可治。

《大学》接着说："一家仁，一国兴仁；一家让，一国兴让；一人贪戾，一国作乱。其机如此。此谓一言偾事，一人定国。尧、舜率天下以仁，而民从之。桀、纣率天下以暴，而民从之。其所令反其所好，而民不从。是故君子有诸己而后求诸人,无诸己而后非诸人。所藏乎身不恕而能喻诸人者,未之有也。故治国在齐其家。"这段话与孔子所说"君子之德风,小人之德草,草上之风,必偃"(《论语·颜渊》)、"君子笃于亲则民兴于仁"(《论语·泰伯》)、"苟正其身矣,于从政乎何有?不能正其身,如正人何?"(《论语·子路》)、"苟子之不欲,虽赏之不窃"(《论语·颜渊》)等思想高度一致,正是为政以德的德治思想的主要内涵。

接下来三次引用《诗经》,强调君子的表率作用与治国的密切关联。君子彰显其明德于家,宜其家人,宜其兄弟,足以令父子兄弟效法,而后能为民效法,民也各自彰显其明德,于是国得以治。

《诗》云:"桃之夭夭,其叶蓁蓁。之子于归,宜其家人。"宜其家人而后可以教国人。《诗》云:"宜兄宜弟。"宜兄宜弟而后可以教国人。《诗》云:"其仪不忒,正是四国。"其为父子、兄弟足法,而后民法之也。此谓治国在齐其家。(《大学》)

总起来说,这一章事实上也是说君子修身与治国的关系,强调修身的重要,自己能做到仁让才可以要求民众仁让,自己做不到不贪戾就不可能让民众不贪戾。自己贪戾却要求民众仁让,民众不会听从。

古本《大学》第六章也就是"所谓平天下在治其国者"章有四节。第一节讲治国的关键在于治国的君子能推行絜矩之道。为什么要推行絜矩之道呢?民众能孝能悌,不遗弃鳏寡孤独之人,也就是说民众都能有教养,就可以说这是一个得到很好治理的国家。而这只有民众之上的统治者能尊老为老,能敬长为长,能忧恤孤弱才可能实现。所谓絜矩之道,就是"所恶于上,毋以使下;所恶于下,毋以事上;所恶于前,毋以先后；所恶于后，毋以从前；所恶于右，毋以交于左；所恶于左，毋以交于右"。能行絜矩之道，则民之所好已能好之，民之所恶已能恶之。相反，如果不能行絜矩之道，好恶与民相反，施政悖谬乖张，则为天下人所戮。

第二节讲得国之道在于得到民众支持，而要得到民众支持必须贵德而贱财。《大学》说："君子先慎乎德。有德此有人，有人此有土，有土此有财，有财此有用。"就是说统治者彰显明德，民众就会归附，民众大量归附就会拥戴他做国君，也就是所谓有土。虽然有国就会有财，但是必须知道德是本，财是末，如果外本内末，以德为外，以财为内，贵财而贱德，争财于民，行劫夺之事，必然导致民众涣散，失去统治。

第三节讲保国之道在进贤黜恶，要进贤黜恶，只有忠信以行仁。《大学》说：唯仁人为能爱人，能恶人。见贤而不能举，举而不能先，这是对贤人的怠慢；见不善而不能退，退而不能远，这是大过错。这都是因为不能忠信以行仁以致好恶与人相反。

从"生财有大道"到篇末，是本章最后一节，主要讲足国之道在于发展生产，减少开支，好仁义而不务财用。《大学》说："生之者众，食之者寡，为之者疾，用之者舒，则财恒足矣。仁者以财发身，不仁者以身发财。未有上好仁而下不好义者也，未有好义其事不终者也，未有府库财非其财者也。"

孔子认为，为政以德要着眼于长远，不要贪图通过兵刑威逼、名利诱导可以收功于一时的小利[1]；即使有王者兴起，也一定需要三十年才能大行仁政[2]；如果是善人治理国家，就要用一百年时间才能感

---

[1]出自《论语·子路》。子夏为莒父宰，问政。子曰："无欲速，无见小利。欲速，则不达；见小利，则大事不成。"

[2]出自《论语·子路》。子曰："如有王者，必世而后仁。"

化残暴，清除刑杀[1]，所以孔子希望"齐一变，至于鲁；鲁一变，至于道"(《论语·雍也》)。

既然治理国家积久而后能致，那么不厌不倦的努力就非常重要了。所以孔子告诉子张，为政应该"居之无倦，行之以忠"(《论语·颜渊》)；告诉子路，为政应该"先之、劳之""不倦"(《论语·子路》)。

孔子面对礼坏乐崩的时代问题，通过对三代礼乐制度及生活礼仪的研习，建立仁的理论，将礼乐秩序内在化、生命化，希望达到重建礼乐秩序的目的。孟子痛心于当时"天下人牧无不嗜杀人者"的现实，回顾二帝三王以来的社会政治历史，序诗书、仲尼之意，提出以不忍人之心行不忍人之政的王道政治理论，阐述了以德行仁以建立王道政治的实施方案。

孟子说："以力假仁者霸，霸必有大国。以德行仁者王，王不待大，汤以七十里，文王以百里。以力服人者，非心服也，力不赡也；以德服人者，中心悦而诚服也，如七十子之服孔子也。"(《孟子·公孙丑上》)以力假仁，本来没有仁义之心，只是假借仁的名义，利用武力胁迫别人服从，建立霸业。以德行仁，就是像尧那样，从钦明文思安安、允恭克让，到亲九族，平章百姓，协和万邦；或者像汤、武，以圣人之德居天子之位，本仁义之心，行一不义、杀一不辜而得天下也不做，但是东面而征西夷怨，南面而征北狄怨，天下人向往他如同大旱之望云霓，人心归附，心悦诚服。本于不忍人之心，拯救斯民出于水火。所以孟子说："先王有不忍人之心，斯有不忍人之政矣。以不忍人之心行不忍人之政，治天下可运之掌上。"(《孟子·公孙丑上》)

王、霸的区别也是以善服人和以善养人的区别。孟子说："以善服人者，未有能服人者也；以善养人，然后能服天下。天下不心服而王

---

[1] 出自《论语·子路》。子曰："善人为邦百年，亦可以胜残去杀矣。诚哉是言也！"

者，未之有也。"(《孟子·离娄下》) 以善服人，为善是为了让别人服，所以唯恐别人也进于善；以善养人，就是养人以善，希望别人也同进于善，这也是有没有仁义之心的区别。

孟子认为，要得到民心，人君的仁德比法度禁令更重要。有利于民的善政让民众敬畏而不敢犯，民众遵守法度禁令，财用充足，人君财用也因而充足。本于人君仁德的善教让民众亲爱如父母，善教能得民心。(《孟子·尽心上》)

孟子认为，要让天下的士立于其朝，必须尊贤使能，俊杰在位。要让天下的商藏于其市，必须或赋其市地之廛而不征其货，或治之以市官之法而不赋廛。要让天下之旅都出于其路，设置的关市之吏必须只是稽查异服异言之人而不征商贾之税。要让天下之农耕于其野，必须只是让农人出力以助耕公田而不税其私田。要让天下之民愿为之氓，必须取消夫里之布。信能行此五者，则无敌于天下，可以王天下。(《孟子·公孙丑上》)

具体的做法是因先王之道，行仁者之政。因先王之道的思想显然来自孔子三代礼制因革损益的思想，行仁者之政则与孔子庶富而教的为政观一脉相承。

（二）因时损益

颜渊问如何治理国家，孔子说："行夏之时，乘殷之辂，服周之冕，乐则韶舞。放郑声，远佞人。郑声淫，佞人殆。"(《论语·卫灵公》) 兴利除弊是治理国家的万世常行之道。兴利之要在因时损益，如同三代之制皆因时损益，或因或革，随时变通。除弊重在清除那些足以摇荡人心的东西，远离那些以如簧巧舌搬弄是非的坏人。所以孔子说自己"恶紫之夺朱也，恶郑声之乱雅乐也，恶利口之覆邦家者"(《论语·阳货》)。

孟子说："尧舜之道，不以仁政不能平治天下。今有仁心仁闻而民不被其泽，不可法于后世者，不行先王之道也。故曰：'徒善不足以为政，徒法不能以自行。'遵先王之法而过者，未之有也。既竭心思焉，继之以不忍人之政，而仁覆天下矣。故曰为高必因丘陵，为下必因川泽。为政不因先王之道，可谓智乎？"（《孟子·离娄上》）

就施政措施，孟子说："不信仁贤，则国空虚。无礼义，则上下乱。无政事，则财用不足。"（《孟子·尽心下》）

尧舜天下为公，所以一定举天下仁贤，与天下仁贤共治天下。所以孟子说："惟仁者宜在高位。不仁而在高位，是播其恶于众也。"

孟子说："上无道揆也，下无法守也，朝不信道，工不信度，君子犯义，小人犯刑，国之所存者幸也。故曰：城郭不完，兵甲不多，非国之灾也；田野不辟，货财不聚，非国之害也。上无礼，下无学，贼民兴，丧无日矣。"这里的治礼义主要是就朝廷的臣子说，不是就庶民说的。因为孟子说："事君无义，进退无礼，言则非先王之道者，犹沓沓也。故曰：责难于君谓之恭，陈善闭邪谓之敬，吾君不能谓之贼。"（《孟子·离娄上》）行先王之道，就是"贵德而尊士，贤者在位，能者在职。国家闲暇，及是时明其政刑"（《孟子·公孙丑上》）。

就师法对象说，孟子说的先王之道主要指尧舜文王之道。孟子说："规矩，方员之至也；圣人，人伦之至也。欲为君尽君道，欲为臣尽臣道，二者皆法尧舜而已矣。不以舜之所以事尧事君，不敬其君者也；不以尧之所以治民治民，贼其民者也。"（《孟子·离娄上》）尧之道是爱民，舜之道是敬君，也就是陈善闭邪。

孟子说："伯夷辟纣，居北海之滨，闻文王作，兴曰：'盍归乎来！吾闻西伯善养老者。'太公辟纣，居东海之滨，闻文王作，兴曰：'盍归乎来！吾闻西伯善养老者。'二老者，天下之大老也，而归之，是天下之父归之也。天下之父归之，其子焉往？诸侯行文王之政，七年之内，必为政于天下。"(《孟子·尽心上》)文王之道是使天下人民能得其养。"文王之治岐,耕者九一,仕者世禄,关市讥而不征,泽梁无禁,罪人不孥。老而无妻曰鳏。老而无夫曰寡。老而无子曰独。幼而无父曰孤。此四者,天下之穷民而无告者。文王发政施仁,必先斯四者。"(《孟子·梁惠王下》)孟子告诫当时天下小国大国以文王为师,能师文王,大国五年,小国七年,必为政于天下。(《孟子·离娄上》)要养民,就必须行仁者之政。

(三)庶富而教

行仁者之政的具体治理程序,孔子认为先庶、而富、而教,即增殖人口,改善民生,教化民众。[1]如果一时不庶,民众寡少,也不用急,就先让民众能各得其分。如果一时不富,财富不多,也不用急,就先让民众能上下相安。如果能各得其分,就不怕一时财富不足。如果能四境和平,就不怕一时民众寡少。如果能上下相安,就不用担心国家会有倾覆之患。能如此,而远方之人还不归服,就修文德招他们来。招他们来了,就要使他们安心。[2]如果统治者以修文德为政,一定会有"近者

---

[1] 出自《论语·子路》。子适卫,冉有仆。子曰:"庶矣哉!"冉有曰:"既庶矣。又何加焉?"曰:"富之。"曰:"既富矣,又何加焉?"曰:"教之。"

[2] 出自《论语·季氏》。季氏将伐颛臾。冉有、季路见于孔子曰:"季氏将有事于颛臾。"孔子曰:"求!无乃尔是过与?夫颛臾,昔者先王以为东蒙主,且在邦域之中矣,是社稷之臣也。何以伐为?"冉有曰:"夫子欲之,吾二臣者皆不欲也。"孔子曰:"求!周任有言曰:'陈力就列,不能者止。'危而不持,颠而不扶,则将焉用彼相矣?且尔言过矣。虎兕出于柙,龟玉毁于椟中,是谁之过与?"冉有曰:"今夫颛臾,固而近于费。今不取,后世必为子孙忧。"孔子曰:"求!君子疾夫舍曰欲之而必为之辞。丘也闻有国有家者,不患寡而患不均,不患贫而患不安。盖均无贫,和无寡,安无倾。夫如是,故远人不服,则修文德以来之。既来之,则安之。今由与求也,相夫子,远人不服而不能来也;邦分崩离析而不能守也。而谋动干戈于邦内。吾恐季孙之忧,不在颛臾,而在萧墙之内也。"

说，远者来"[1]的成效。即使迫不得已要发动战争，也要先对民众进行必要的教育训练，如果民众接受了七年的教育训练，有需要，就可以让他们去作战了。[2]如果用未经教育训练的民众去作战，就是人为剥夺民众的生命。[3]因为强调四境和平，所以孔子主张息讼，民众之间应该尽量避免争斗。[4]

孔子说仁者爱人，仁者之政就是爱人之政。孟子说仁之于父子，用仁来说父子之间的爱，所以行仁政就是要为民之父母，要让民众免于饥寒，要让民众孝悌忠信，要以民众之好恶为己之好恶。

首先，让民众免于饥寒，必须制民之产，使上足以事父母，下足以养妻子，乐岁终身饱，凶年免于死亡。老者能够衣帛食肉，黎民可以不饥不寒。必须恭俭礼下，取于民有制。孟子说："有布缕之征，粟米之征，力役之征。君子用其一，缓其二。用其二而民有殍，用其三而父子离。"（《孟子·尽心下》）所以孟子主张十税一。说夏后氏五十而贡，殷人七十而助，周人百亩而彻，其实都是十税一也。孟子认为要从制度上保障民众能不饥不寒，应该推行井田制。孟子说："仁政必自经界始。野九一而助，国中什一使自赋。卿以下必有圭田，圭田五十亩。余夫二十五亩。死徙无出乡，乡田同井。出入相友，守望相助，疾病相扶持，则百姓亲睦。方里而井，井九百亩，其中为公田。八家皆私百亩，同养公田。公事毕，然后敢治私事，所以别野人也。"经界既正，分田制禄可坐而定。（《孟子·滕文公上》）

其次，要让民众孝悌忠信，就必须谨庠序之教，申之以孝悌之

---

[1] 出自《论语·子路》。叶公问政，子曰："近者说，远者来。"
[2] 出自《论语·子路》。子曰："善人教民七年，亦可以即戎矣。"
[3] 出自《论语·子路》。子曰："以不教民战，是谓弃之。"
[4] 出自《论语·颜渊》。子曰："听讼，吾犹人也，必也使无讼乎！"

义。(《孟子·梁惠王上》)设为庠序学校以教之。庠者，养也；校者，教也；序者，射也。夏曰校，殷曰序，周曰庠，学则三代共之，皆所以明人伦。人伦明于上，小民亲于下。

孟子强调要与民偕乐，人君与民偕乐自己才能乐，如果不与民偕乐，民则欲与之偕亡，虽有台池鸟兽，岂能独乐？(《孟子·王惠王上》)与百姓同乐，则可以王天下。[5]为民上而不与民同乐，是不对的。乐民之乐者，民亦乐其乐；忧民之忧者，民亦忧其忧。乐以天下，忧以天下，然而不王者，未之有也。[6]所以孟子建议齐宣王如好货，则与百姓同之；如好色，则与百姓同之，则能王天下。(《孟子·梁惠王下》)

（四）天与人归

以上是孟子关于王政的主要内容。王政反面之极致就是残民虐民的暴政，孟子认为，对暴政，民众可以在有圣人之德的人的率领下推翻它。这就是孟子关于政权转移问题的思考。

当孟子时，各诸侯国互相攻伐，政权存亡兴废时时发生，周王室权威日益下坠，完全不能依靠它重建王道政治。同时，孟子通五经，尤长于《诗》《书》，非常熟悉三代政权更迭的历史事实以及周公对于历史与政治的道德化诠释。因此，孟子提出了他关于政权合法性问题的思考。这一思考包括几个要点：一是天下之得失系于民心之向背，二是道德权威发动吊民伐罪的战争具有正当性，三是政权之根据在于人民之意志。

孟子说：三代之得天下也以仁，其失天下也以不仁。国之所以废兴存亡者亦然。天子不仁，不保四海；诸侯不仁，不保社稷；卿大夫不仁，不保宗庙；士庶人不仁，不保四体。恶死亡而乐不仁，是犹恶醉而强酒。(《孟子·离娄上》)

《大学》讲得众则得国，失众则失国。孟子这段话所表达的也正是天下的得失在于能否获得民众的支持的思想。夏、商、周三代之所以有天下，是因为天下民众的归附。《孟子》书中提到成汤、文王仁爱民众的史实，就是支持孟子这一观点的证据。而其最后失去天下，是因为残害人民，失去了人民的支持。战国各诸侯国兴废存亡的原因也是一样的。

> 桀纣之失天下也，失其民也；失其民者，失其心也。得天下有道：得其民，斯得天下矣；得其民有道：得其心，斯得民矣；得其心有道：所欲与之聚之，所恶勿施尔也。民之归仁也，犹水之就下、兽之走圹也。(《孟子·离娄上》)

孟子进一步指出得民心的途径在于与民同恶欲，民之所欲，便给予满足；不要将民之所恶强加给民众。《大学》说："民之所好好之，民之所恶恶之，此之谓民之父母。"孟子说，率其子弟攻其父母，自生民以来，未有能济的。孟子以汤武和桀纣的例子告诫当时的诸侯国君，要好仁而不要不志于仁。

在这一点上，还要注意孟子对国与天下的区分。孟子所谓得天下，不仅指把持政权，更重要的是要得民心。这里就隐含着后世顾炎武的"亡国""王天下"之辨。孟子说："不仁而得国者，有之矣；不仁而得天下，未之有也。"(《孟子·尽心下》) 意思是不仁之人骋其私智可以盗千乘之国，而不可以得丘民之心。

孟子对于三代天下得失的诠释与《尚书》中汤、武、周公用天命来解释夏殷周政权的更替的思想存在继承与发展的关系。《尚书》中旧政权失德，天用剿绝其命，新政权的建立者于是恭行天之罚，发动吊民伐罪的战争，完成政权更替。孟子对于汤武革命的解释继承发展了这一思想，完全用民心代替了天命。

孟子的理论基础是不忍人之心，就是人都不忍伤害别人和不忍看到别人受到伤害，而正如其所描绘的，战国时代频发的战争给人民带来深重的灾难，所以孟子认为春秋无义战。但是孟子肯定了汤放桀、武王伐纣这两次战争。

  齐宣王问曰："汤放桀，武王伐纣，有诸？"孟子对曰："于传有之。"曰："臣弑其君，可乎？"曰："贼仁者谓之贼，贼义者谓之残，残贼之人谓之一夫。闻诛一夫纣矣，未闻弑君也。"（《孟子·梁惠王下》）

所谓贼仁贼义，就是桀纣推行暴虐之政破坏了仁义的原则，伤害了人民，被民众彻底厌弃，成为一夫，就是独夫，也就是只剩下他一个人的意思。汤武因为推行仁政，人民拥护他们发动战争将独夫民贼流放或诛杀。从这里可以看出，孟子继承了天命不会永远赐予一家一姓的思想，君权也不是最高的权威。

根据这一原则，孟子对当时燕齐之间的一场战争作出道德裁决，所引的例子就是汤武。

齐人伐取燕国，诸侯将谋救燕。齐宣王问孟子怎么办。孟子说汤以七十里东征西讨，诛其君而吊其民，而为政于天下。如燕虐其民，王往而征之，民众以为将拯己于水火之中，一定箪食壶浆以迎王师。在另一场合孟子又说，齐人伐燕，取与不取，完全取决于燕民悦还是不悦。（《孟子·梁惠王下》）事实上孟子并不认为齐宣王可以发动伐燕的战争，只有天吏才可以这样做。（《孟子·公孙丑下》）所谓天吏，就是汤武那样以道德权威而居人君之位，执行天对天下国家废兴存亡的处置决定，而其目的只能是拯民众于水火，以免民众受到暴君污吏的伤害。

孟子以民意为政权之根据的思想更明确地表现在他与万章的对话中。

万章问尧有没有把天下给舜，孟子认为天子不能把天下给人，但他可以向天推荐继位的人，虽然并不能保证天就会给被推荐者以天子之位。天子之位来源于天的授予和民的授予，但是天不会说话，只能通过被推荐者的行事来看他是否得到天与民的授予，那就是"使之主祭而百神享之""使之主事而事治，百姓安之"。最后孟子引《太誓》说："天视自我民视，天听自我民听。"天子、诸侯国君、大夫等职位不能私相授受，是因为一个人不可能处置不属于自己的东西，这无疑是公天下的理想。(《孟子·万章上》)

以民意为政权的根据，民意又以能保障自己福祉的有德者为依归，而民众并没有办法知道匹夫之有德者是否能保障自身的福祉，因此就需要在位者的推荐。这是孟子关于政权转移问题的主要立场。他不但以此来解释尧舜禅让，还以此来解释夏后殷周继。

万章问为什么会发生从传贤向传子的转变，孟子说舜相尧、禹相舜时间长，施泽于民久。启贤，能敬承继禹之道。益相禹时间短，施泽于民未久。传贤、传子都是民心归于有德的结果。孟子又说："匹夫而有天下者，德必若舜禹，而又有天子荐之者，故仲尼不有天下。"(《孟子·万章上》)孔子有德，但为匹夫，没有机会施仁政于民，民众并不知道他是否能保障自己之福祉，而当时天子又没有推荐他为天子，所以孔子没有天下。孟子又说："继世以有天下，天之所废，必若桀纣者也，故益、伊尹、周公不有天下。"继世时代，政权已有所属，民众不是遇到像桀纣这样的暴君，不会选择通过暴力实行政权更替，因为这并非民众福祉之所在。孟子引用孔子的话说："唐虞禅，夏后、殷、周继，其义一也。"(《孟子·万章上》)我们推测，这同一个道理就是：政权的更迭以民意为根据，而民意以自己的福祉能否得到保障为依归。

所以孟子提出诸侯之宝三：土地，人民，政事。宝珠玉者，殃必及身。这三项中，人民是最为根本的。孟子说："民为贵，社稷次之，君为轻。是故得乎丘民而为天子，得乎天子为诸侯，得乎诸侯为大夫。诸侯危社稷，则变置。牺牲既成，粢盛既洁，祭祀以时，然而旱干水溢，则变置社稷。"(《孟子·尽心下》)政治权力如果危害国家，伤及人民，则应该被更替。社稷之神受到其应得的祭祀，却无法使人民免于水旱之害，则其祭祀场所应该予以毁弃更换。

参考资料

[1] 班固. 汉书［M］. 北京：中华书局，2012.

[2] 陈澧. 东塾读书记［M］// 陈澧集（贰）. 上海：上海古籍出版社，2008.

[3] 陈确. 陈确集［M］. 北京：中华书局，2009.

[4] 陈寿祺. 尚书大传辑校［M］// 清经解续编：第2册. 上海：上海书店，1988.

[5] 程颢，程颐. 二程集［M］. 北京：中华书局，1981.

[6] 崔述，顾颉刚（编订）. 崔东壁遗书［M］. 上海：上海古籍出版社，1983.

[7] 杜预，孔颖达. 春秋左传正义［M］// 阮元校刻十三经注疏. 北京：中华书局，2009.

[8] 段玉裁. 戴东原先生年谱［M］// 戴震全书：第6册. 合肥：黄山书社，1996.

[9] 辅广原，张洪，齐熙. 朱子读书法［M］. 天津：天津社会科学院出版社，2019.

[10] 韩愈，马其昶（校注）. 韩昌黎文集校注［M］. 上海：上海古籍出版社，1986.

[11] 何晏（集解），皇侃义（疏）. 论语义疏［M］. 北京：中华书局，2013.

[12] 黄宗羲. 宋元学案［M］// 黄宗羲全集：第3-6册. 杭州：浙江古籍出版社，2015.

[13] 纪昀，等. 四库全书总目［M］. 北京：中华书局，1995.

[14] 焦循. 孟子正义［M］. 北京：中华书局，1986.

[15] 黎靖德. 朱子语类［M］// 朱子全书：第14册. 上海：上海古籍出版社，2014.

[16] 刘宝楠. 论语正义［M］. 北京：中华书局，2015.

[17] 刘宗周. 论语学案［M］// 刘宗周全集：第2册. 杭州：浙江古籍出版社，2012.

[18] 司马迁. 史记［M］. 北京：中华书局，2015.

[19] 王弼，韩康伯，孔颖达. 周易注疏［M］. 北京：中华书局，2009.

[20] 王夫之. 四书笺解［M］// 船山全书：第6册. 长沙：岳麓书社，2005.

[21] 王守仁. 书顾维贤卷（辛巳）［M］//王文成公全书：卷之八. 北京：中华书局，2015.

251

［22］王阳明. 王文成公全集［M］. 北京：中华书局，2016.

［23］卫湜. 礼记集说［M］// 通志堂经解：第13册. 扬州：广陵书社，2007.

［24］张洪. 朱子读书法［M］. 天津：天津社会科学院出版社，2019.

［25］张载. 张载集［M］. 北京：中华书局，1978.

［26］赵顺孙. 四书纂疏［M］// 通志堂经解：第15册. 扬州：广陵书社，2007.

［27］郑玄. 孔颖达. 礼记正义［M］// 阮元校刻十三经注疏. 北京：中华书局，2009.

［28］朱熹. 晦庵先生文集［M］// 朱子全书：第21册. 上海：上海古籍出版社，2014.

［29］朱熹. 论孟精义［M］// 朱子全书：第7册. 上海：上海古籍出版社，2014.

［30］朱熹. 四书或问［M］// 朱子全书：第6册. 上海：上海古籍出版社，2014.

［31］朱熹. 四书章句集注［M］. 北京：中华书局，2011.

［32］朱彝尊. 经义考［M］. 上海：上海古籍出版社，2014.

［33］蔡仁厚. 《论语》人物论［M］. 台北：台湾商务印书馆，1997.

［34］蔡仁厚. 孔门弟子志行考述［M］. 台北：台湾商务印书馆，1969.

［35］蔡仁厚. 孔孟荀哲学［M］. 台北：台湾学生书局，1984.

［36］蔡尚思. 孔子思想体系［M］. 上海：上海人民出版社，1984.

［37］蔡沈. 书经集传［M］. 北京：中国书店，2018.

［38］陈槃. 大学中庸今释［M］. 台北：正中书局，1984.

［39］陈寅恪. 金明馆丛稿初编［M］. 上海：三联书店，2012.

［40］程树德. 论语集释［M］. 北京：中华书局，2010.

［41］邓艾民. 传习录注疏［M］. 上海：上海古籍出版社，2014.

［42］冯友兰. 中国哲学史［M］. 北京：中华书局，2014.

［43］何炳棣. 何炳棣思想制度史论［M］. 北京：中华书局，2017.

［44］贺麟. 文化与人生［M］. 北京：商务印书馆，1988.

［45］胡适. 胡适全集［M］. 合肥：安徽教育出版社，2005.

［46］胡适. 中国哲学史大纲［M］. 合肥：安徽教育出版社，2005.

［47］黄俊杰. 孟子传［M］. 上海：三联书店，2014.

［48］金观涛. 中国思想史十讲（上）［M］. 北京：法律出版社，2015.

［49］金观涛. 中国现代思想的起源［M］. 香港：香港中文大学出版社，2000.

［50］康有为. 康有为全集［M］. 北京：中国人民大学出版社，2007.

[51] 劳思光. 大学中庸译注新编[M]. 香港：香港中文大学出版社，2000.

[52] 劳思光. 书简与杂忆[M]. 台北：时报出版公司，1987.

[53] 劳思光. 新编中国哲学史[M]. 上海：三联书店，2015.

[54] 劳思光. 哲学问题源流论新编[M]. 香港：香港中文大学出版社，2000.

[55] 劳思光. 中国文化要义新编[M]. 香港：香港中文大学出版社，1998.

[56] 李明辉. 儒家视野下的政治思想[M]. 北京：北京大学出版社，2004.

[57] 李圃，郑明. 古文字释要[M]. 上海：上海教育出版社，2010.

[58] 李学勤. 先秦儒家著作的重大发现[M]//郭店楚简研究. 辽宁：辽宁教育出版社，2000.

[59] 梁启超. 治国学的两条大路[M]//梁启超全集：第16集. 北京：中国人民大学出版社，2018.

[60] 梁启超. 中国学术思想变迁之大势[M]. 饮冰室合集. 北京：中华书局，1996.

[61] 梁启超. 中国历史研究法[M]. 上海：上海古籍出版社，2019.

[62] 梁漱溟. 中国文化要义[M]//梁漱溟全集：第3卷. 济南：山东人民出版社，1989.

[63] 梁涛. 郭店楚简与《中庸》公案[M]//中国经学思想史. 北京：中国社会科学出版社，2003.

[64] 刘殿爵. 采掇英华：刘殿爵教授论著中译集[M]. 香港：香港中文大学出版社，2004.

[65] 刘钝，王扬宗. 中国科学与科学革命：李约瑟难题及相关问题研究论著选[M]. 吉林：辽宁教育出版社，2002.

[66] 牟宗三. 心体与性体[M]. 台北：正中书局，1990.

[67] 牟宗三. 中国哲学十九讲[M]. 上海：上海古籍出版社，2009.

[68] 钱基博. 国学要籍解题及其读法[M]. 上海：上海古籍出版社，2012.

[69] 钱穆. 孔子传[M]. 上海：三联书店，2002.

[70] 钱穆. 两汉经学今古文平议[M]. 台北：东大图书公司，1978.

[71] 钱穆. 中国历史研究法[M]. 上海：三联书店，2001.

[72] 唐君毅，等. 唐君毅全集[M]. 北京：九州出版社，2016.

[73] 唐君毅. 中国文化之精神价值[M]. 北京：九州出版社，2015.

[74] 唐君毅. 中国哲学原论[M]. 北京：九州出版社，2015.

[75] 唐庆增. 中国经济思想史[M]. 北京：商务印书馆，2010.

[76] 唐文治. 四书大义 [M]. 上海：上海人民出版社，2018.

[77] 吴承仕. 经典释文序录疏证 [M]. 北京：中华书局，1984.

[78] 吴通福. 国学导论 [M]. 上海：复旦大学出版社，2013.

[79] 吴通福. 中国古典管理哲学 [M]. 北京：经济管理出版社，2016.

[80] 萧公权. 迹园文录 [M]. 北京：中国人民大学出版社，2014.

[81] 徐复观. 儒家思想与现代社会 [M]. 北京：九州出版社，2014.

[82] 徐复观. 学术与政治之间 [M]. 北京：九州出版社，2014.

[83] 徐复观. 中国经学史的基础 [M]. 台北：台湾学生书局，1990.

[84] 徐复观. 中国人性论史：先秦编 [M]. 北京：九州出版社，2014.

[85] 徐复观. 中国思想史论集 [M]. 北京：九州出版社，2014.

[86] 徐复观. 中国思想史论集续编 [M]. 北京：九州出版社，2014.

[87] 徐复观. 中国艺术精神 [M]. 北京：九州出版社，2014.

[88] 徐旭生. 中国古史的传说时代 [M]. 桂林：广西师范大学出版社，2003.

[89] 杨树达. 论语疏证 [M]. 上海：上海古籍出版社，2002.

[90] 张之洞. 张之洞全集 [M]. 武汉：武汉出版社，2008.

[91] 章太炎. 章太炎演说集 [M]. 上海：上海人民出版社，2017.

[92] 周予同，朱维铮. 周予同经学史论著选集 [M]. 上海：上海人民出版社，1996.

[93] 朱维铮. 中国经学史十讲 [M]. 上海：复旦大学出版社，2002.

[94] 朱维铮. 走出中世纪 [M]. 上海：复旦大学出版社，2008.